Daniel Mullis

Recht auf die Stadt

UNRAST

Daniel Mullis (Jg. 1984) studierte nach einer Berufsausbildung in Bern und Frankfurt/M. Geographie und Geschichte. Er beschäftigt sich insbesondere mit der Neoliberalisierung des Städtischen, politischer Theorie und sozialen Bewegungen. Der Autor ist aktiv in politischen Zusammenhängen, die sich mit Stadt- und Krisenpolitik befassen, sowie im AK Kritische Geographie.

Daniel Mullis

Recht auf die Stadt

Von Selbstverwaltung und radikaler Demokratie

UNRAST

Bibliografische Information der Deutschen Bibliothek
Die Deutsche Bibliothek verzeichnet diese Publikation in der Deutschen Nationalbibliografie; detaillierte bibliografische Daten sind im Internet über http://dnb.ddb.de abrufbar.

Daniel Mullis
Recht auf die Stadt
1. Auflage, März 2014
ISBN 978-3-89771-544-8

Postfach 8020 | 48043 Münster | Tel. (0251) 66 62 93
info@unrast-verlag.de | www.unrast-verlag.de
Mitglied in der assoziation Linker Verlage (aLiVe)

Umschlag: UNRAST-Verlag, Münster
Satz: Andreas Hollender, Köln
Druck: CPI – Ebner & Spiegel, Ulm

MIX
Papier aus verantwortungsvollen Quellen
FSC www.fsc.org FSC® C006701

Unter dem Pflaster liegt der Strand
Straßenparole
Paris, Mai 1968

Inhalt

Vorwort

Mit diesem Buch, dessen Text in der Grundfassung als Abschlussarbeit am Institut für Humangeographie der Goethe-Universität in Frankfurt am Main entstanden ist, hatte ich mir vorgenommen, das politische Potential des *Rechts auf die Stadt* nach Henri Lefebvre auszuloten und in Bezug zur aktuellen und viel diskutierten radikalen Demokratietheorie nach Ernesto Laclau und Chantal Mouffe zu setzen. Ausgangspunkt war hierbei zum einen mein persönliches Engagement in diversen stadtpolitischen Kontexten, in denen der Slogan verwendet wird, zum anderen aber auch ein wachsendes Interesse an Henri Lefebvre und seinen Arbeiten, zumal die Arbeiten Lefebvres für mich einen der spannendsten Zugänge zu einem undogmatischen, egalitären und emanzipatorischen Marxismus darstellen. Gleichzeitig hat es mir auch der Zugang von Laclau und Mouffe angetan, insofern ich deren Arbeiten als enorm inspirierend empfand, um über Gesellschaft, Macht, Herrschaft und deren Interaktion nachzudenken. Beide Zugänge, und nicht zuletzt auch deshalb finde ich sie spannend, weisen zudem in der Betonung der Alltäglichkeit als Ort des Wandels und der sukzessiven ›Revolution‹ ein erhebliches Potential der Annäherung an zeitgenössische anarchistische Positionen auf, die durch eine fundamentale Herrschaftskritik, eine vorwegnehmende Politik und eine grundsätzliche Ergebnisoffenheit gekennzeichnet sind (vgl. Gordon 2010: 49-74).

So ist dieser Text entstanden, der nun überarbeitet als Buch erscheint, worüber ich mich sehr freue und wofür ich mich beim Unrast Verlag bedanke. Auch wenn es eine theoretische Auseinandersetzung geblieben ist, bin ich dennoch der Ansicht, dass die Arbeit Anstöße zum Nachdenken über das *Recht auf die Stadt* sowie die *radikale Demokratie* und allgemein über die Möglichkeiten, Gesellschaft zu verändern, bieten kann. Dies ist auch das Ziel des Textes. Es geht mir nicht darum, die *eine* Lesart des *Rechts auf die Stadt* zu formulieren. Denn primär ist es *meine* unter Einfluss von diversen Autor_innen entstandene Lesart, die ich hier vorschlage bzw. zur Diskussion stelle. Damit hoffe ich einerseits einen inhaltlichen Beitrag für soziale Bewegungen leisten zu können, die sich auf das Konzept beziehen. Andererseits ist der Text auch eine grundlegende Auseinandersetzung mit zwei Theorietraditionen, einer eher marxistischen und einer eher poststrukturalistischen, die sich nicht immer freundlich gesinnt sind. Persönlich sehe ich mich hier zwischen den Polen, zumal ich mich beiden theoretischen

Zugängen in Teilen verbunden fühle, gegenüber beiden aber auch eine gewisse Skepsis an den Tag lege, und so soll dieser Text ein Brückenschlag sein und das kreative und emanzipatorische Potential eines Zusammendenkens anhand dieser beiden Zugänge aufzeigen.

Damit das Projekt aber in dieser Form entstehen konnte, bin ich zu Dank verpflichtet. Ein besonderes Dankeschön geht hierbei an den Betreuer und die Betreuerin meiner Arbeit Bernd Belina und Anne Vogelpohl, deren fundierte Rückmeldungen bei der Er- und Überarbeitung sehr geholfen haben. Mein Dank gebührt auch meiner Familie – Annina, Pia, Primus, Susanne – die mich stets unterstützt und so auch einen Beitrag zum Gelingen geleistet haben. Insbesondere hat aber Susanne in akribischer und wohl oft auch mühsamer Arbeit meine Texte korrekturgelesen und inhaltlich nachgebohrt, wofür ein besonderer Dank gebührt. Aber auch meinen Freund_innen und Kolleg_innen Alex, Conny, Iris, Isa, Charly, Klaus, Marius, Oli, Patrick, und Sebastian sowie den Menschen, die sich als AK Kritische Geographie verstehen oder sich dem ›Umfeld‹ der Reitschule Bern zugehörig fühlen, möchte ich herzlich danken. Ihr alle seid mir mit Rat und Tat zur Seite gestanden, habt unzählige Diskussionen mit mir geführt, Kritik geübt, neue Blickwinkel eröffnet und manchmal einfach dabei geholfen, Distanz zu gewinnen. Danke & auf bald!

1. Eine vielfältige Parole mit Geschichte

Recht auf die Stadt ist seit den 1990er Jahren an vielen Orten der Welt zu einem zentralen Slogan zur Politisierung und Bündelung städtischer Konflikte geworden (Gebhardt & Holm 2011: 8f.). Mit Demonstrationen, Manifesten, Besetzungen, Gesetzesinitiativen, direkten Aktionen und zivilem Ungehorsam sowie mit Kongressen und Infoveranstaltungen treten die Bewegungen in Erscheinung und fordern damit Mitgestaltungsrechte wie soziale Gerechtigkeit innerhalb der Städte. Formuliert wird dabei ein breites Unbehagen über die gegenwärtigen städtischen Lebensrealitäten: Angesprochen werden rassistische und homophobe Praktiken, die Ökonomisierung der Stadt, die Verdrängung ökonomisch und sozial Marginalisierter aus den Innenstädten, die um sich greifenden ›Sicherheits‹mechanismen, die soziale Kontrolle, die Minderung der demokratischen Teilhabe, der ausbleibende ökologische Umbau usw.

Damit richten sich diese Proteste nicht zuletzt gegen Entwicklungen, die im Zusammenhang mit der seit den 1970ern politisch vorangetriebenen Neoliberalisierung stehen (vgl. Butterwegge et al. 2007, Harvey 2005, Künkel & Mayer 2012). Die Neoliberalisierung sorgte dabei nicht nur für die Internationalisierung der Finanzmärkte und Warenzirkulation, sondern wirkte über den Wettbewerbsdruck und die Kommodifizierung, also die Umwandlung von vormals nicht als Waren gehandelter Güter in ökonomisch verwertbare Produkte, auch massiv in die städtischen Realitäten hinein bzw. wurde über städtische Politiken auch deutlich befördert (Brenner & Theodore 2002). Was die Kommodifizierung des Urbanen angeht, so muss betont werden, dass dies an sich kein neuer Prozess ist. Neu im Zuge der Neoliberalisierung ist aber, dass die ökonomische Verwertung des urbanen Raums immer systematischer vollzogen wird (Schmid 2011: 43). Die generelle Tendenz, marktorientierte Politiken zu befördern, aus möglichst allen Lebensbereichen ökonomisch verwertbare Güter zu machen und spekulative Finanzinstrumente zu propagieren (Brenner et al. 2010: 329), befördert den Wettbewerb zwischen Kommunen aber auch innerhalb dieser. Der politisch gewollte Wettbewerbsdruck regt dabei den Umbau der Kommunalverwaltungen nach marktwirtschaftlichen Richtlinien an und führt dazu, dass Städte eine zentrale Rolle im globalen Kapitalismus einnehmen sowie neue und individualistische Formen von Subjektivierung und Alltäglichkeit etabliert werden (vgl. Harvey 1985, 1989, Holm 2008, 2009, 2010b, Keil

2009, Mayer & Künkel 2012, Sassen 1994). Insofern stehen die aktuellen Bewegungen, die sich unter dem *Recht auf die Stadt* vereinen, so Margit Mayer, nach den Kämpfen in und um die Stadt während der 1970er und 80er Jahre für eine neue Phase städtischer sozialer Bewegungen. Wobei es ihnen gelingt, eine Vielzahl von spezifischen Forderungen gemeinsam unter einem Nenner anzusprechen, die per se aber nicht zusammengedacht werden müssen (Mayer 2011: 53).

Von hier nach da

In einigen brasilianischen Städten wurde etwa unter dem Slogan *Recht auf die Stadt* die Partizipation an der kommunalen Finanzverwaltung errungen (Busà 2009: 7). Marcelo Lopes de Souza (2009) erkennt in den urbanen Bewegungen der *piqueteros* oder auch der Fabrikbesetzungen in Argentinien nach dem Finanz-Crash im Winter 2001 zentrale Elemente des Slogans. David Harvey verweist in seinem jüngsten Buch »Rebel Cities« (2012: 140-50) auf die Auseinandersetzungen im bolivianischen El Alto, wenn er auf die Möglichkeiten eines Kampfes um das *Recht auf die Stadt* eingeht. Und Raúl Zibechi (2011) betont den zentralen Stellenwert, den Aspekte des Konzeptes in den Kämpfen um Land(rechte) seit den 1970ern in Lateinamerika innehatten. Ganz direkt mit dem Slogan arbeitet dabei etwa die »World Charter for the Right to the City«, die 2005 nach einem mehrjährigen Prozess innerhalb des *Welt Sozial Forums* verabschiedet wurde. Die Charta, die von lateinamerikanischen Gruppen initiiert wurde (Gebhardt & Holm 2011: 10), fordert dabei im Anschluss an die *Allgemeine Erklärung der Menschenrechte* ein allgemeingültiges *Recht auf die Stadt*, das allen Menschen unter den Prinzipien von Nachhaltigkeit, Demokratie, Gleichheit und sozialer Gerechtigkeit die Teilhabe an der Stadt, Selbstbestimmung und ein Leben in Würde zugesteht (WSF 2005).

In den USA entstand 2007 die *Right to the City Alliance* als Plattform und im Zuge der Wiederaufbauprojekte nach dem Hurrikan Katrina 2005 vernetzten sich auch in New Orleans[1] diverse Gruppen unter dem Slogan, um sich der sozialen Selektivität des Wiederaufbaus zu widersetzen (Holm 2009). Zunehmend ist auch in einigen afrikanischen Städten im Zuge des einsetzenden Baubooms und dem vehementen Aufkommen landrechtlicher

1 Sehr sehenswert ist in diesem Zusammenhang die US-amerikanische Fernsehserie »Treme« von David Simon und Eric Overmyer, die zusammen schon »The Wire« produziert hatten und im Rahmen ihres Nachfolgeprojekts die Post-Katrina-Katastrophe eindrücklich darstellen.

Fragen – Stichwort *Land Grabbing* – das Aufbrechen von Protesten zu erkennen, die Elemente eines *Rechts auf die Stadt* beinhalten (vgl. Davies & Dumas 2013). Und auch in diversen südostasiatischen Städten (wie die Zeitschrift »Südostasien – Zeitschrift für Politik, Kultur und Dialog« in ihrer Ausgabe Mitte 2013 darlegt) brechen Konflikte um Städte deutlich auf und es entstehen vielfältige soziale Bewegungen. Aber auch in Europa hat sich in den letzten Jahren einiges getan und vielerorts entstanden lokale Netzwerke. So etwa in Athen, wo städtische Aufwertung im Vorfeld der Olympischen Sommerspiele 2004 thematisiert wurde (Triantafyllopoulou & Chani 2011), in Istanbul, wo seit Beginn der 2000er mit hartem Kurs die Gentrifizierung von inwertsetzbaren Stadtteilen durchgesetzt wird (Tan 2011), oder in Zürich und Bern, wo nichtkommerzielle Freiräume immer mehr verdrängt werden und die Städte für die Oberschicht herausgeputzt werden. Die Liste könnte beliebig mit Beispielen ergänzt werden, zumal die unzähligen politischen und kulturellen Klein- und Kleinstinitiativen, die sich in aufwendiger Stadtteilarbeit um eine Veränderung des städtischen Lebens engagieren und sich der zerstörenden Mechanismen der Aufwertung entgegensetzen, noch gar nicht angesprochen sind (Holm & Gebhardt 2010: 89).

Innerhalb der BRD ist seit 2008 und den beiden Veranstaltungen »The Right to the City, Prospects for Critical Urban Theory and Practice« in Berlin sowie »Right to the City – soziale Kämpfe in der neoliberalen Stadt« in Erfurt eine erheblich Politisierung unter dem Slogan vorangeschritten (Gebhardt & Holm 2011: 11). So bildeten sich seitdem u. a. in Berlin, Düsseldorf, Frankfurt am Main, Freiburg, Hamburg, Hannover, Köln, Konstanz und Potsdam lokale Bündnisse. Mit der Besetzung des Gängeviertels und der Etablierung einer starken Anti-Gentrifizierungs-Kampagne, die von einem breiten *Recht auf Stadt*-Netzwerk getragen wird, ist Hamburg neben Berlin mit der Kampagne *Wir bleiben alle!* im bundesdeutschen Kontext als Ort von urbanen Protesten Ende der 2000er stark in Erscheinung getreten.

Am 22. August 2009 besetzten etwa 200 Aktivist_innen in Hamburg die historischen Gebäude des Gängeviertels, die von der Stadt zum Abriss an einen Investor verkauft worden waren, und verhinderten damit deren Zerstörung. Nach längeren Auseinandersetzungen und andauernder Besetzung ist nun Bewegung ins Spiel gekommen und die Häuser stehen mittlerweile unter Denkmalschutz. Die Sanierung der Bauten wurde Ende 2013 eingeleitet und es sollen ein Kulturzentrum, günstiger Wohnraum und diverse Künstler_innenateliers entstehen, die Verwaltung soll durch die von den aktuellen Betreiber_innen gegründete Genossenschaft übernommen werden. Ein wichtiger Bestandteil der damaligen Initiative war das im Herbst nach der Besetzung verfasste Manifest »Not In Our Name, Marke Hamburg!«, das sich explizit gegen die Vereinnahmung kultureller Projekte und der Subkultur richtet, und von Hunderten Gruppen und Einzelpersonen unterzeichnet wurde (Füllner & Templin 2011):

> »Wir sagen: Eine Stadt ist keine Marke. Eine Stadt ist auch kein Unternehmen. Eine Stadt ist ein Gemeinwesen. Wir stellen die soziale Frage, die in den Städten heute auch eine Frage von Territorialkämpfen ist. Es geht darum, Orte zu erobern und zu verteidigen, die das Leben in dieser Stadt auch für die lebenswert machen, die nicht zur Zielgruppe der ›Wachsenden Stadt‹ gehören. Wir nehmen uns das Recht auf Stadt – mit all den Bewohnerinnen und Bewohnern Hamburgs, die sich weigern, Standortfaktor zu sein.« (nion 2009)

Im Juni 2011, lud das Hamburger Netzwerk *Recht auf Stadt* sodann zum Kongress in die verschiedenen sozialen Zentren der Stadt, wo vier Tage lang Menschen aus dem gesamten deutschsprachigen Raum mit internationalen Gästen debattierten und Möglichkeiten urbaner Kämpfe ausloteten. Ein ähnlicher Kongress, aber mit einem stärkeren lokalen Bezug, fand 2012 in Frankfurt am Main unter dem Titel »Wem gehört Frankfurt?« statt. Thematisiert wurden unter anderem die steigenden Mieten, die stadtpolitisch gewollt mittels des Mietspiegels durchgesetzt werden (Schardt 2012), der städtische Bauboom im Hochpreissegment, der für einen massiven Verdrängungsdruck sorgt, sowie Arbeitsbedingungen und Ökologie in der Stadt (vgl. AK Kritische Geographie Frankfurt 2012). Eingebettet war der Kongress in die konkreten Auseinandersetzungen um soziale Freiräume, Verdrängung und den geplanten Bau eines städtischen ›Leuchtturmprojekts‹ auf dem Gelände des alsbald gänzlich aufgegebenen Uni-Campus in Bockenheim, wo eine rasante sozio-ökonomische Veränderung des gesamten Stadtteils befürchtet wird.

Erneut in massiver Härte entbrannte dann der Konflikt in Hamburg um das *Recht auf die Stadt* Ende 2013. Dabei wurde der Konflikt auch in gewaltsamen Auseinandersetzungen auf der Straße mit der Polizei geführt und gipfelte in der höchst umstrittenen Errichtung eines Gefahrengebiets[2]

2 Das Hamburg Polizeirecht erlaubt gemäß dem *Gesetz über die Datenverarbeitung der Polizei* § 4 Abs. 2 auf der Grundlage von ihr selbst vorgenommenen Gefahrenanalysen bestimmte Räume als »Gefahrengebiete« zu definieren, in denen sie erweiterte Kompetenzen erhält. Darunter fallen etwa das Recht, Personen und die

flächenmäßig nie dagewesenen Ausmaßes durch die Polizei. Die neuerliche Eskalation entspann sich im Wesentlichen um das Bleiberecht der in Hamburg lebenden ›Lampedusa-Flüchtlinge‹, die von der SPD-geführten Stadtregierung keine Anerkennung finden (vgl. lampedusa-in-hamburg.tk). Er dreht sich aber zentral auch um einen weiteren Angriff auf das seit 1989 besetzte Autonome Zentrum *Rote Flora*, da der Investor die Räumung des Zentrums anstrebt, sowie um die Räumung der Esso-Häuser in St. Pauli, wo nach jahrelanger (strategischer) Desinvestition günstiger Wohnraum wegen der Einsturzgefahr derselben – mal wieder – vernichtet wurde.

In Berlin, neben Hamburg der zweite zentrale Ort aktueller städtischer Protestbewegungen in der BRD, sind es insbesondere die Initiative *Kotti & Co* und das Bündnis *Zwangsräumung verhindern*, die die Frage nach dem *Recht auf die Stadt* in aller Vehemenz stellen. So haben sich die Mieter_innen des südlichen Kottbusser Tors in Berlin-Kreuzberg 2011 in der Initiative *Kotti & Co* zusammengetan, um die zunehmenden Mietsteigerungen nicht mehr länger hinzunehmen und im Konflikt aus der prekarisierenden Vereinzelung hervorzutreten. Nachdem der Protest praktisch ungehört verhallte, entschieden sich die Bewohner_innen Ende Mai 2012 kurzerhand, ein Protest-Haus, das Gecekondu, zu errichten, wo seither Tag und Nacht demonstriert wird – am 1. Juni 2013 wurde das einjährige Bestehen gefeiert. Gleichzeitig werden aber auch weiterführende Fragen, wie jene nach der Rolle der JobCenter und dem Hartz-IV-Regime im Prozess der Verdrängung, nach dem alltäglichen Rassismus und nach der Prekarisierung der Arbeitswelt gestellt (Kotti & Co 2012).

Verdrängung betrifft – wie in vielen Städten der BRD – in Berlin aktuell Tausende. Die seit einigen Jahren massiv voranschreitende Aufwertung von Stadtteilen, gerade von jenen innerhalb des S-Bahn-Rings, und das damit einhergehende Steigen der Mieten stellen immer mehr Menschen vor erhebliche Probleme. In den letzten Jahren haben so, um den Gewinn der Eigentümer_innen zu potenzieren, Zwangsräumungen, die teilweise nur unter massivem Polizeieinsatz durchgeführt werden konnten, deutlich zugenommen. In dieser Situation hat das Bündnis *Zwangsräumung verhindern* das Ziel ausgerufen: »Keine Zwangsräumung soll mehr still und leise durchgeführt werden können!« (Meyer 2013) So besuchen die Aktivist_innen zusammen

---

von ihnen mitgeführten Gegenstände jederzeit und ohne Angaben von Gründen zu kontrollieren, Platzverweise zu erteilen, Aufenthaltsverbote auszusprechen und Personen in Gewahrsam zu nehmen (vgl. Polizei Hamburg 2014). Ähnliche Gesetze gibt es in den Ländern Bayern, Berlin, Bremen, Hessen, NRW und Rheinland-Pfalz.

mit Betroffenen Ämter, schreiben Briefe, organisieren Demonstrationen und organisieren den zivilen Ungehorsam an den Tagen der Räumungen, um diese zu verhindern oder zumindest zu erschweren. Diese aktuellen Mobilisierungen basieren letztlich aber auf einer seit den 1990ern anhaltenden breiten und spektrenübergreifenden Mobilisierung und Politisierung städtischer Konflikte um Mietsteigerungen, soziale Verdrängung, Räumungen von besetzten Häusern, die Zerstörung von freien und nichtkommerziellen Räumen sowie die Verunmöglichung von alternativen Lebensformen, wie sie etwa von der Kampagne *Wir bleiben alle!* schon länger getragen werden (Blume 2009, Holm 2010a).

Nicht zuletzt, wenn auch nicht immer auf den ersten Blick ersichtlich, finden sich auch Aspekte des *Rechts auf die Stadt* in den aktuellen Krisenprotesten in ganz Europa (Birke & Henninger 2012). So etwa in der Occupy-Bewegung (Mörtenböck & Mooshammer 2012), in den Revolten im arabischen Raum, in den sozialen Protesten in Tel Aviv 2011 sowie in den im Sommer 2013 in der Türkei und Brasilien (Pereira 2013) ausgebrochenen sozialen Revolten. Letztlich finden sich räumliche Forderungen aber auch in den oftmals als unpolitisch gebrandmarkten Revolten in den Vorstädten von Paris 2005, London 2011 oder Stockholm 2013 (vgl. Altenried 2012, Artus 2009, Laika 2012). Jens Kastner hält dabei fest, dass im Jahr 2011 eine regelrechte globale Hochkonjunktur von sozialen Bewegungen zu beobachten war, die bis heute anhält. Die globalen Proteste sind dabei, so die Beobachtung Kastners, mit den innerstädtischen Plätzen eng verbunden (Kastner 2012: 51). Dies ist hinsichtlich des *Rechts auf die Stadt* in zweierlei Hinsicht bedeutsam: Zum einen inhaltlich, da oftmals Fragen nach Teilhabe am urbanen Leben, Verdrängung und Entdemokratisierung gestellt werden. Zum anderen aber auch praktisch, zumal gerade die unzähligen Platzbesetzungen – mit denen nicht per se städtische Fragen angesprochen wurden – in vielschichtiger Weise auch Auseinandersetzungen um das Recht, an einem Ort sein zu dürfen, geführt wurden, wobei letzteres insbesondere für die als unpolitisch gebrandmarkten urbanen Aufstände in den städtischen Armenviertel gilt.

Sehr deutlich wird dieser soeben geschilderte Umstand in den sozialen Kämpfen in Istanbul im Sommer 2013. Ein weiteres luxuriöses Einkaufszentrum sollte auf dem Gelände des Gezi Parks am zentralen Taksim-Platz gebaut werden, dagegen regte sich Widerstand, der schließlich in eine massive landesweite Revolte gegen die staatliche Herrschaft, Repression und die breiten gesellschaftlichen Ausschlüsse umschlug. Dieser Konflikt um städtischen Raum diente hierbei als Ausgangspunkt und Multiplikator, um den generellen Unmut über die autoritäre Politik durchbrechen zu lassen. Was in der Form zwar unerwartet kam, war inhaltlich nicht ganz überraschend, so Mehmet Bariş Kuymulu (2013: 275), zumal gerade in Istanbul die Interaktion von städtischem Raum und kapitalorientierter Verwertung besonders deutlich wird: Das türkische Wirtschaftswachstum basiert aktuell im Wesentlichen auf einem enormen Bauboom. Da allein in Istanbul 30 Prozent des Türkischen BIPs erwirtschaftet werden, erstaunt es nicht, dass die Stadt seit der Jahrtausendwende zu einer »Megabaustelle« (Adanali 2013) geworden ist. Hinzu kam eine von der religiös-konservativen Regierungspartei AKP initiierte drastische Gesetzesveränderung, die die Zwangsenteignung bei Sanierungsprojekten zu einem einfach zu vollziehenden und legalen Mittel machte, das gerade in Istanbuls Zentrum breiten Einsatz fand. Die zu erzielenden Gewinne sind dabei gewaltig. Im Stadtteil Tarlabaşı, der zwischen dem Goldenen Horn und dem Taksim-Platz liegt, wurden 2006 zum Zweck des Baus eines Luxusviertels 278 Gebäude abgerissen, fast alle von ihnen waren zuvor bewohnt und 210 standen unter Denkmalschutz. Investiert werden rund 250 Millionen Dollar, der Wert der fertiggestellten Immobilien wird dabei auf über eine Milliarde Dollar geschätzt (ebd.). Die vormaligen Bewohner_innen wurden dabei meist an den Stadtrand verdrängt oder mussten in wesentlich engere und teurere Wohnungen umziehen. Damit wurden oftmals nicht nur gewachsen Sozialstrukturen zerstört, sondern den Betroffenen auch das Bestreiten ihres finanziellen Lebensunterhaltes erheblich erschwert. Die Dimension des geplanten Eingriffs in den Gezi Park, der den breiten Aufstand auslöste, verdeutlicht Yasar Adnan Adanali mit dem Vergleich, dass die Überbauung des Parks gleichzusetzen wäre, mit der Planung, den kompletten Central Park in New York zu überbauen und dies dann auch autoritär durchzusetzten (ebd.). Kuymulu betont dabei, dass es sich bei den Kämpfen um den Taksim-Platz um einen regelrechten »Krieg um den Raum« (Kuymulu 2013: 275) handelt, der Beobachter_innen zufolge in seiner Gesamtheit für eine massive gesamtgesellschaftliche Veränderung stehe, die für die türkische Gesellschaft ähnlich einschneidend sein dürfte, wie andernorts 1968. Zentrales Element der Revolte ist dabei das unerwartete Zusammenkommen von Tausenden, was Brücken zu schlagen erlaubt:

> »Zu Tausenden finden die Leute sich dort ein, innerhalb von wenigen Tagen wurde aus diesem Ort der traurigen Erinnerung ein Ort der Utopie. Es reden

dort Menschen miteinander, die früher niemals miteinander gesprochen hätten, und schon gar nicht hätten sie gewusst, was den anderen bewegt.« (Krüger 2013)

Nach der mit massiver Gewalt vollzogenen Räumung des Gezi Parks Mitte Juni 2013, wo Ende Mai ein erstes Protestcamp errichtet worden war, kam es ähnlich wie schon zuvor 2002 in Argentinien oder 2011 in Spanien und Griechenland nach den Räumungen der besetztgehaltenen zentralen Plätze, zur Herausbildung unzähliger lokaler Versammlungen, in denen stadtteilspezifische Probleme und Widerstandsmöglichkeiten angesprochen wurden (Dominic 2013). Damit entzündete sich der Protest zwar an einem städtischen Investitionsprojekt, schlug dann aber bald in die Artikulation eines breiteren Unmutes um und mündet nun in eine andere, evtl. auch nur temporär andere, gesellschaftliche Praxis und Räumlichkeit.

In Spanien und Griechenland liegt die Sache etwas anders – zumindest was den Auslöser der Proteste angeht. Im Zuge der seit 2009 anhaltenden politischen, sozialen und wirtschaftlichen Krise innerhalb der EU waren es gerade die angeordneten Spardiktate, die soziale Verelendung und der Entzug demokratischer Rechte, die Zehntausende auf die Straße trieben und unter dem Motto »echte Demokratie« oder »Wir bezahlen nicht für eure Krise« Protestcamps auf den zentralen Plätzen entstehen ließen. Im Anschluss an die Besetzung des Tahrir-Platzes in Kairo im Frühjahr 2011[3] errichteten Demonstrant_innen Mitte Mai in mehr als 120 spanischen Städten an öffentlichen Plätzen Protestlager und Ende Mai besetzten in Griechenland in fast allen größeren Städten Zehntausende die zentralen Plätze (Birke & Henninger 2012). In Athen war dabei der Syntagma-Platz im Stadtzentrum, der direkt vor dem Parlamentsgebäude liegt, vom 25. Mai bis zum 30. Juli 2011 besetzt. Immer wieder brachen heftige Auseinandersetzungen mit der Polizei aus und gerade während der Abstimmung zum zweiten Sparpaket Ende Juni 2011 tobten heftige Kämpfe um den Platz, da dieser für den Tag der Abstimmung hatte geräumt werden sollen, was aber wegen des heftigen Widerstandes nicht gelang. Insofern betonen Aktivist_innen,

3 Mit dem Verweis auf den Tahrir-Platz und die Aufstände im arabischen Raum soll nicht eine Gleichheit der Proteste behauptet werden. Denn Kastner (2012: 55) betont zu Recht, dass die Proteste in keiner Weise als einheitliches Phänomen zu begreifen sind. Dennoch gebe es aber Parallelen, gerade in der Form, die nicht zu vernachlässigen seien. Zudem scheint es mir gerade aus einer europäischen Perspektive wichtig, anzuerkennen, dass der Anstoß und das Bewusstsein dafür, dass etwas verändert werden kann, dass Bewegung möglich ist, diesmal eher von Süden nach Norden verlief und somit den latenten Eurozentrismus sozialer Bewegungen deutlich in Frage stellt.

dass die Präsenz auf dem Platz zu dem Zeitpunkt zentral gewesen sei, um die Krisenpolitik zu delegitimieren, über Alternativen zu diskutieren und symbolisch Druck aufzubauen (Dimitra et al. 2011). Die Konflikthaftigkeit der Situation bringt Pascalis zum Ausdruck, wenn er meint, dass im Zentrum zu sein nicht nur symbolisch wichtig ist, sondern auch ganz konkret politisch wie ökonomisch:

> »Die Inbesitznahme [des Platzes] [...] hat [...] die Form eines Streikes der Stadt. Man interveniert sehr aktiv in die sozialen Abläufe [...], manchmal unterbricht man sie gar vollkommen, die Stadt als produktiver Ort wird lahm gelegt. Ich glaube, dass das sehr wichtig ist. Dies bringt die Gegenseite auch zum Ausdruck, wenn die Stadtbehörden betonen, dass der Protest aufhören müsse, weil die Wirtschaft und der Tourismus Schaden nehmen würden.« (Pascalis zit. nach Dimitra et al. 2011)

Dabei wird deutlich, dass die Menschen, indem sie auf die Straße gingen und ihren Unmut offen auf den Plätzen artikulierten, auch eine Linie überschritten, deren Übertreten in massive Repression mündete. Es brach eine erbitterte Auseinandersetzung um das Recht, am Ort verweilen und die Kritik artikulieren zu dürfen, aus.

In Spanien, wo die Besetzungen der Plätze ebenfalls 2011 vielerorts durch die Polizei beendet wurden, bildeten sich in den Stadtteilen im Anschluss daran diverse Gruppen, die sich seitdem primär um die Wohnungsfrage kümmern. Dies drängt in besonderem Maße, da viele Menschen, die in den Boomjahren vor 2007, von den günstigen (aber unsicheren) Krediten geködert, Eigenheime erworben hatten, nun wegen Zahlungsunfähigkeit von den Banken aus ihren Wohnungen vertrieben werden. Damit sind die Betroffenen anders als etwa in den USA oder in vielen anderen europäischen Staaten, was ein besonders perfides Element des spanischen Rechts darstellt, ihre Schulden nach der Räumung nicht los, sondern müssen trotz des Verlusts der Wohnung den Kredit weiter bedienen – dies auch entgegen einer Entscheidung des Europäischen Gerichtshofes, der diese Praxis 2013 als rechtswidrig erklärte. Die Menschen bleiben somit nach einer Räumung ohne Obdach, aber mit enormen Schulden und meist arbeitslos zurück. So haben sich an vielen Orten Menschen zusammengetan, um auch hier Zwangsräumungen zu verhindern und gemeinsam Wohnprojekte zu lancieren, wofür auch Häuser besetzt werden. Gerade hierbei haben sich in jüngster Zeit erhebliche Schnittpunkte mit den Aktivist_innen in Berlin ergeben, die gemeinsam diskutiert werden.

Recht auf die Stadt in den aktuellen Debatten

Insgesamt ist die Parole *Recht auf die Stadt* in den letzten Jahren also bedeutend geworden, womit auch eine zunehmende Auseinandersetzung über das Konzept und seinen Gehalt einherging. Zumindest implizit, oft auch explizit, wird dabei Bezug auf den französischen Marxisten, Soziologen, Stadtforscher und Philosophen Henri Lefebvre (*1901 – †1991) und seinen 1968 publizierten Essay »Le Droit à la ville«, zu Deutsch »Das Recht auf die Stadt« genommen (Holm 2011: 89). In der nicht französischsprachigen Debatte sorgte gerade die 1991 erschienene englische Übersetzung des zentralen Werkes »La Production de l'espace« [Die Produktion des Raums] aus dem Jahr 1974 für ein Revival Lefebvres (Gebhardt & Holm 2011: 9). Während dabei in den USA und Westeuropa eine radikale Kritik an den bestehenden Verhältnissen versucht wurde, verbanden NGOs und soziale Bewegungen des globalen Südens die Parole eher mit praktischen Versuchen, die Stadt einer konkreten Veränderung zu unterziehen (ebd.: 11). Ein Kennzeichen des Slogans ist also, dass sich in höchst unterschiedlicher Weise auf diesen bezogen wird und er sich durch eine ambivalente Vielfalt auszeichnet. Dirk Gebhardt und Andrej Holm identifizieren dabei vier Grundperspektiven:

Die erste Perspektive fasst das *Recht auf die Stadt* als ganzheitlichen analytischen Zugang (ebd.: 13-5), wobei das *Recht auf die Stadt* im Anschluss an Lefebvre und dessen Konzeption der Raumproduktion als ein Konzept verstanden wird, mittels dem Städte aus einem »allzu engen Raumkorsett« (ebd.: 13) gelöst werden können. Hierbei wird der Schwerpunkt darauf gelegt, dass Lefebvres Theorie zwar nicht als abgeschlossen zu verstehen sei, sehr wohl aber dazu auffordere, eine spezifische Perspektive auf die Stadt und deren Entwicklungen einzunehmen. *Recht auf die Stadt* dient dabei als Blickwinkel, von dem aus die Funktionsweisen von Städten und ihr Status als Produziertes und Reproduziertes kritisch beleuchtet wird, Städte aber auch als Produzierendes und Reproduzierendes in der gegenwärtigen neoliberal-kapitalistischen Vergesellschaftungsweise zu begreifen hilft.

Die zweite Perspektive erkennt im *Recht auf die Stadt* ein politisches Projekt (ebd.: 15f.). Dabei wird es zu einer Utopie des Wandels, der grundlegend veränderten Stadtentwicklung, der Umverteilung von materiellen und immateriellen sozialen, politischen, kulturellen und ökonomischen Gütern und baut auf einer grundlegenden Reformulierung der Demokratie auf der

Basis von Differenz und Anerkennung auf. Die Stadt wird dabei als Ort der Artikulation der gesellschaftlichen Verhältnisse verstanden, womit stets Fragen der Macht, Produktionsweise und Besitzverhältnisse im Zentrum stehen, was Partikularlösungen zur Überwindung der Unterordnung und Ausgrenzung unmöglich macht.

Die dritte Lesart versteht das *Recht auf die Stadt* als reformpolitischen Forderungskatalog (ebd.: 16-9), was gerade von NGOs oder linken Stadtregierungen vorangetrieben wird. Im *Recht auf die Stadt* sehen sie einen Sammelbegriff für konkrete Reformpolitiken, wobei es vor allem als Recht auf den Nichtausschluss und die Anerkennung von Unterschieden sowie als ein Recht auf ein Leben in Würde, worunter auch die Notwendigkeit zur Umverteilung von materiellen Ressourcen und politischer Macht fällt, verstanden wird.

Als vierte Interpretationsweise wird *Recht auf die Stadt* als Organisationsansatz benannt (ebd.: 19-21). Hierbei steht das gemeinsame Agieren von sonst oftmals zersplitterten und divergierenden Gruppen im Zentrum. Das Verbindende, was das gemeinsame Agieren der unterschiedlichen Gruppen letztlich ermöglicht, ist deren Status als Marginalisierte. Abgeleitet wird dieser Organisationsansatz aus dem von Lefebvre postulierten Primat der Klasse der Ausgeschlossenen im Kampf um das *Recht auf die Stadt*.

Aber auch in der theoretisch-wissenschaftlichen Debatte, deren Protagonist_innen oftmals in den beiden erstgenannten Perspektiven zu verorten sind und nicht selten eng in Verbindung mit den stadtpolitischen Bewegungen stehen, können Unterschiede ausgemacht werden. So betont etwa David Harvey (2009 [1973], 2003, 2008, 2012) in seiner Interpretation im Anschluss an Lefebvre die ökonomische Rolle der Städte und bemüht eine Rhetorik des Klassenkampfes. Seiner Auffassung nach ist das *Recht auf die Stadt* etwas, das im Besitz einer Klasse liegt (Harvey 2009), und es gelte demnach, das Recht, die Stadt zu verändern, aus dem Besitz der herrschenden Klasse zurückzuerobern (Harvey 2012: 136). Diese Lesart wird auch von Andrej Holm (2008: 8f.) und Margit Mayer (2011: 62f.) geteilt, wenn ein »Protagonismus der Ausgegrenzten« zur Bedingung gemacht wird, womit eine »gezielte Bevorzugung derjenigen Stadtbewohner und -bewohnerinnen [gemeint ist], die ökonomisch, sozial oder kulturell ausgegrenzt oder von Ausgrenzung bedroht sind« (Holm et al. 2011: 190). Auffällig ist, dass in vielen Arbeiten Harveys Lesart gefolgt und die städtische Rolle innerhalb der globalisierten ökonomischen Prozesse stark betont sowie das *Recht auf die Stadt* als Klassenkampf gelesen wird (Brenner et al. 2009: 177f.). Dagegen kommt gerade aus einer lateinamerikanischen Perspektive Kritik auf und Marcelo Lopes de Souza (2009, 2010) hält fest, dass das enge Auslegen des *Rechts auf die Stadt* als ökonomischer Klassenkampf dem Konzept theoretisch wie praktisch nicht gerecht wird.

Allgemein fällt auf, dass das *Recht auf die Stadt* in vielen Abhandlungen eher knapp analysiert wird und nicht selten nur die immer gleichen paar Seiten aus »Le droit à la ville« (hdv) zitiert werden. So hat *Recht auf die Stadt* oft eher den Charakter eines beinahe inhaltsleeren Schlagwortes (Purcell 2002: 100) und es wird offenkundig, dass unter dem Slogan sehr unterschiedliche Positionen gefasst werden können (Künkel 2011: 141).

Ein Blick in die Geschichte zur Vergegenwärtigung

Lefebvre war mit seinem *Recht auf die Stadt* in den 1960er Jahren, als er es formulierte, aber nicht alleine und auch die urbane Frage war schon in aller Vehemenz in praktischen Kämpfen auf den Tisch gebracht worden. So war es in Europa gerade der funktionalistische Städtebau, eingebettet in die fordistische Massenproduktion und den keynesianischen Staat, der ab den 1950ern für zunehmenden Unmut und Kritik sorgte (Holm 2008). Innenstädte wurden im Zuge des Wiederaufbaus nach dem Zweiten Weltkrieg grundlegend umstrukturiert, gleichzeitig entstanden an den Stadträndern neue Großwohnprojekte und suburbane Siedlungen. Die damit einhergehende Segregation und der zu beobachtende soziale Ausschluss schlugen sich immer stärker in einer tiefgreifenden gesellschaftlichen *Krise der Stadt* nieder, was dann auch vielfältige Kämpfe um eine andere Stadt auslöste (Schmid 2011: 26). Wohnungskämpfe, Mietstreiks und Mobilisierungen gegen Sanierungsprogramme sowie eine allgemeine Kritik der »Unwirtlichkeit unserer Städte« (Mitscherlich 1965) waren Ausdruck dieser Bewegungen. Daneben standen aber auch der Mangel an Freiräumen und die Kritik an der allgemein als repressiv und autoritär empfundene Gesellschaft im Fokus (Schmid 2011: 28). Die Parole der operaistischen Lotta Continua »Prendersi la città«, »Nehmen wir uns die Stadt« (Lotta Continua 1972), womit ein revolutionäres Aneignen der Alltäglichkeit und die gesellschaftliche Produktion als Ganzes angesprochen wurde, war ein Bindeglied worunter sich Bewegungen vereinten. Zwischen dem Ende der 1960er Jahre und den späten 70ern kam es ausgehend von Frankreich und

Italien sodann in vielen europäischen Metropolen zu sozialen Aufständen, so etwa in Paris, Bologna, Mailand, London, Berlin, Frankfurt am Main oder Zürich (Mayer 2011: 55f.).

Aber auch in den USA war in den 1960ern eine regelrechte urbane Krise ausgebrochen (Harvey 2012: 116). Stadtteilgruppen organisierten sich, um für würdige Wohnungen bzw. ein würdiges Wohnumfeld zu kämpfen. Angefacht wurden diese Konflikte nicht zuletzt von den massiven Unruhen in den marginalisierten und rassistisch konnotierten Stadtteilen, die mehrheitlich von schwarzen Amerikaner_innen bewohnt wurden, und der Bürgerrechtsbewegung, die Mitte der 1960er aufblühte. Da gleichzeitig auch die Frauenbewegung, die mehr oder weniger studentische Antikriegsbewegung und Schüler_innen- wie Lehrlingsbewegungen aufkamen, entstand eine umfassende Umbruchsituation, die ihre Spuren in der Gesellschaft hinterlassen sollte (Mayer 1987). Beeinflusst von diesen urbanen Unruhen schrieb David Harvey 1973 »Social Justice and the City«, womit er einen ähnlichen Weg wie Henri Lefebvre einschlug. Ein weiterer Autor, der wie Lefebvre stark von den Erfahrungen in Paris der frühen 70ern geprägt war und der zentrale Schriften zur Stadt verfasste, war der Schüler von Louis Althusser Emanuel Castells (2012 [1972], 1977 [1973], 1983). Alle drei Autoren – Harvey, Lefebvre und Castells – die ihres Zeichen zentrale Werke der kritischen und bewegungsnahen Stadtforschung verfasst haben, waren somit in wesentlicher Weise von den urbanen Protesten und den politischen Ereignissen ihrer Zeit geprägt (Wiegand 2013: 22-9). Ihre Texte, die in Teilen heute noch enorm furchtbar sind, müssen aber zeitlich und inhaltlich eingebettet und einer kritischen Überprüfung unterzogen werden.

Aus diesem kurzen Ausflug in die Geschichte können zwei Aspekte mitgenommen werden. Zum einen, dass es wichtig ist, die historischen Bezüge nicht zu ignorieren. Es wurde schon viel Arbeit geleitstet, praktisch wie inhaltlich und aus diesen Erfahrungen kann gelernt werden. Jedoch muss auch festgehalten werden, dass heute nicht 1968 ist und, wenn die angesprochenen Konflikte auf den ersten Blick auch sehr ähnlich scheinen, es dennoch gilt, dass das historische Gefüge, vor deren Hintergrund u. a. das *Recht auf die Stadt* ursprünglich formuliert wurde, heute ein anderes ist als damals. So betont Neil Brenner im Zusammenhang mit Lefebvres Arbeiten zum Staat der 1980er, was als Argument übertragbar ist für das im Folgenden diskutierte *Recht auf die Stadt*, dass ein generelles Übernehmen von Lefebvres Ansatz problematisch ist (Brenner 2008: 242f.). Sein Ansatz biete zwar die Möglichkeit aktuelle gesellschaftliche Konflikte, wie sie sich vor dem

Hintergrund einer breiten Neoliberalisierung des Städtischen ergeben, zu analysieren und nicht zuletzt auch zu konfrontieren, entspreche dabei aber keiner umfassenden Analyse.

2. Worum es im Folgenden geht

Die Parole *Recht auf die Stadt* findet also in sozialen Bewegungen eine positive und vielfältige Bezugnahme und ist inhaltlich zumindest implizit in sehr vielen sozialen Kämpfen der Gegenwart präsent. Dabei tauchen aber unterschiedliche Konzeptionen und historische Bezüge auf und ganz allgemein steht die Frage im Raum, was ein Konzept aus den 1960ern heute noch leisten kann. Grund genug also, dem Konzept und seinem theoretischen Ursprung etwas nachzugehen und zu fragen, was *Recht auf die Stadt* bei Henri Lefebvre eigentlich bedeutet, zu fragen, wie es in sein weiteres Werk eingebettet ist, und zu fragen, welche emanzipatorischen[4] Wege damit skizziert wurden und welche Problemstellungen darin liegen.

Lefebvre war in seinen Arbeiten stark von den politischen und theoretischen Debatten im Frankreich seiner Zeit geprägt (Schmid 2011: 25). Zugegeben, ›seiner Zeit‹ ist hierbei sehr vielschichtig und so betont Christian Schmid treffend, dass Lefebvres Arbeiten durchaus als »Spiegel der theoretischen und gesellschaftlichen Entwicklungen« des 20. Jahrhunderts aus der Perspektive eines dezidiert linken, aber undogmatischen Pariser Intellektuellen gelten können (Schmid 2005: 73). Als politischer Intellektueller versuchte Lefebvre stets, einerseits seinem wissenschaftlichen Anspruch gerecht zu werden, andererseits aber auch die Grenzen der bestehenden Verhältnisse auszuloten und darauf aufbauend eine emanzipatorische Praxis zu entwickeln. Seine Werke haben dabei nicht selten den Charakter eines »lauten Nachdenkens« (ebd.: 231), was dazu führt, dass sie in Teilen von Inkonsistenzen durchzogen und etwas unstrukturiert sind, sie zudem mehrdeutig bleiben. Dies führt zu einer nicht immer einfachen Vermischung von Kategorien und Begrifflichkeiten, was auch bedeutet, dass die Begriffe, mit denen er arbeitet, heute zwar Anknüpfungspunkte bieten, aber nicht losgelöst von der Entstehungsgeschichte und der historischen Verortung

4 Mit Emanzipation ist hier eine Praxis gemeint, die auf eine möglichst freiheitliche Konstitution von Gesellschaft abzielt, sprich, möglichst viele Herrschaftszusammenhänge zu unterwandern versucht. Dabei besteht das Grundproblem, auf das Lefebvre mit der *autogestion*, wie Laclau und Mouffe mit der *radikalen Demokratie*, verweisen, darin, dass der Begriff der Emanzipation um eine Reihe von Dimensionen kreist, die widersprüchlich sind (ees: 23-44). Widersprüchlich in dem Sinne, dass die Überwindung einer spezifischen Herrschaft immer neue Herrschaft produzieren wird und sich somit das Feld der Emanzipation immer wieder schließt. Emanzipation ist somit ein andauernder – und so wird der Begriff hier auch verwendet – politischer Prozess, der immer aufs Neue angestoßen und eingefordert werden muss.

der Konzepte angewendet werden können (Brenner & Elden 2009a: 31-41). Dem Gehalt seiner Schriften tut dies zwar keinen Abbruch, es führt aber dazu, dass vielfältige und auch unterschiedliche Positionierungen wie Interpretationen möglich sind.

Einer der zentralsten Aspekte des Schaffens bei Lefebvre war seine Suche nach einem Weg, Dogmatismus hinter sich zu lassen, dabei aber Theorie nicht zu vernachlässigen und dennoch jede Form des Absoluten und jegliche Finalitäten zu negieren (hme: 780, hvq: 148). Er widmete sich also dem Spagat zwischen Theorie und Praxis, versuchte diese Aspekte nicht getrennt zu denken und eine Theorie zu entwerfen, die auf gesellschaftliche Bewegung und Praxis reagiert, sie antizipiert und befördert. Er nähert sich dieser Aufgabe aber immer nur an und so tauchen bei ihm an zentralen Stellen Finalismen und Essentialismen[5] auf, d.h. er postuliert in Teilen eben doch Eigenschaften von Sachen und Prozessen, deren Ursprung er nicht bis ins Letzte in der gesellschaftlichen Praxis selbst verortet bzw. dies nicht konsequent genug tut. Beispielhaft dafür etwa ist, wenn Lefebvre sich der Frage nach dem Subjekt des Wandels bzw. der Frage nach den sozialen Akteur_innen, denen das Potential zum gesellschaftlichen Wandel zugeschrieben wird, zuwendet, das er in der ›Arbeiterklasse‹ erkennt. Obwohl er dabei *seine* ›Arbeiterklasse‹ konsequent aus der alltäglichen Subjektivierung, also der Weise wie Subjekte alltäglich in gesellschaftlichem Handeln hergestellt werden, herleitet, spricht er eben doch einer ›theoretisch‹ bestimmten gesellschaftlichen Gruppe – der ›Arbeiterklasse‹ – die historische Aufgabe zu, die Welt zu verändern (hdv: 125f.). Als anderes Beispiel kann Lefebvres Historisierung der Stadtentwicklung herangezogen werden. Dabei baut er nämlich wesentlich auf Friedrich Engels Arbeiten zur Stadt und der marxschen Geschichtsanalyse auf, und löst sich dabei nicht grundlegend von einem an ökonomischen Indikatoren bemessenen Stufenmodell (hru: 7-28).

Schon 1895 hatte Gustav Landauer im Nachruf auf Engels bezüglich der ökonomischen Bestimmtheit historischer Prozesse deutlich gemacht, dass offensichtlich die »wirtschaftlichen und geistigen Zustände« (Landauer 1895: 177) einer Zeit einen Einfluss auf die Subjektivierung der Menschen haben. Die bei Marx und Engels jedoch mitschwingende Idee aus den wirtschaftlichen Verhältnissen die geistigen Zustände und historischen Ereignisse abzuleiten und mehr noch daraus die Zukunft »mit mathematischer

5 Dabei handelt es sich um die »Annahme der Existenz von grundlegenden Prinzipien, die gesellschaftliche Prozesse determinieren.« (Wullweber 2012: 42)

Sicherheit berechnen zu wollen« (ebd.: 178), sei aber hochproblematisch, gar anmaßend. Landauer argumentiert dabei weiter, dass diese Haltung in der politischen Praxis zudem zu einer gefährlichen Ideologie des Abwartens geführt hat, da der Glaube vorherrsche, dass es ›die Geschichte schon richten werde‹. Aus einer poststrukturalistischen[6] Perspektive wurde die Kritik, die Landauer von der praktischen Seite her formulierte, auch theoretisch weiter radikalisiert, zumal diese Denkrichtung, die seit den späten 1960ern von Frankreich ausgehend in den Sozial- und Gesellschaftswissenschaften wichtig geworden ist, Wahrheiten radikal in Frage zu stellen begann und die gesellschaftliche Produktion aller Objekte inkl. der Subjekte hervorhob. Kontingenz, also die grundsätzliche, immer vorhandene Offenheit von Praxis unter der Berücksichtigung von historisch Gewesenem, ist dabei eine der Grundbedingungen, um diese gesellschaftliche Produktion zu denken. Betont wird also, dass jegliche Erklärung von gesellschaftlichen Prozessen mittels transzendenten bzw. außergesellschaftlichen Mustern konsequent abzulehnen sei. Aber auch aus der Perspektive Lefebvres selbst, so das Verständnis seiner Arbeiten hier, sind diese Essentialismen als problematisch zu erachten, denn es war ja Lefebvres eigener Anspruch, diese aufzulösen. Es kann also, ohne dass Lefebvre Unrecht getan wird, auf einer sehr grundsätzlichen Ebene gesagt werden, dass er an einem Projekt der Entessentialisierung interessiert war, dieses Projekt aber nicht in letzter Konsequenz vorantrieb.

Spannende Ansätze, um die bei Lefebvre vorhandenen Anknüpfungspunkte hin zu einer kontingenzbasierten Theoriebildung in aller Radikalität fortzuführen, bieten die auf *postfundamentalistischen*[7] Prämissen aufbauen-

---

6 *Poststrukturalismus* ist nicht als eine kohärente Theorie zu verstehen. Viel eher ist damit eine Vielfalt unterschiedlicher Zugänge benannt, die aber bei allen Differenzen – in Teilen auch Feindschaft – einen gemeinsamen Nenner finden: ein sich Wenden gegen Essentialismen. *Post* verweist dabei darauf, dass das Nachfolgende zwar ersteres noch enthält, dieses aber modifiziert, unterwandert und rekonzeptualisiert. Strukturalistische Positionen werden daher dafür kritisiert, dass sie vermeintlich außergesellschaftliche Wirkmächtigkeiten für gesellschaftliche Entwicklungen heranziehen oder faktisch immer gültige und rationale Gesetze postulieren. Demgegenüber wird im Poststrukturalismus die Kontingenz betont, also dass immer alles auch anders sein könnte und es die sozialen Prozesse selbst sind, die Gesellschaft als Gesamtes und all ihre Strukturen hervorbringen. Kurz, es wird nicht die Strukturiertheit an sich kritisiert, sondern die Begründung, wie sich diese Strukturen konstituieren und welche Wirkmächtigkeiten konstituierte Strukturen besitzen (Stäheli 2000).

7 Es geht bei dem in *Postfundamentalismus* enthaltenen Begriff des *Fundamentalismus* nicht um Fundamentalismus im herkömmlichen Sinn des Wortes, mit dem extremistische, nationalistische, rassistische und wertkonservative politische Bewegungen

den Ansätze innerhalb der zeitgenössischen politischen Philosophie, die u. a. auch als *Neue Theorien des Politischen* behandelt werden (vgl. Dzudzek et al. 2012, Bedorf & Röttgers 2010, Marchart 2010a). Diese versuchen, jegliche Essentialismen zu dekonstruieren, ohne dabei Gesellschaft, Strukturalität und Materialität in Gänze zu negieren (Marchart 2010a), was zu tun eher poststrukturalistischen Positionen ansonsten oftmals vorgeworfen wird.

Soll also Lefebvres Werk mit zeitgenössischen Konzepten der politischen Philosophie in Verbindung gebracht werden, wie das hier im Folgenden angedacht ist, scheint es naheliegend, die ›Problemstellen‹ in seinem Werk mit der im Anschluss an eine extensive Marx- und Gramsci-Lektüre entstandene Theorie der *radikalen Demokratie* bei Ernesto Laclau (*1935) und Chantal Mouffe (*1943) in Verbindung zu bringen. Dies erscheint mir besonders spannend, zumal Lefebvre mit seinem *Recht auf die Stadt* auch Fragen nach Demokratie und gesellschaftlichen Aushandlungsformen – bei ihm unter *Selbstverwaltung* bzw. *autogestion* behandelt – anspricht (Füllner & Templin 2011: 87, Purcell 2002: 99) und somit auch inhaltlich vielfältige Berührungspunkte zu erwarten sind. Die Idee, diese Konzepte zu verknüpfen, basiert auf diversen intensiven Auseinandersetzungen mit dem Thema: So fordert etwa Mark Purcell (2002: 107) explizit, dass es notwendig sei, Lefebvre mit den Ansätzen von Laclau und Mouffe zu konfrontieren. Aber auch Doreen Massey (1995: 283f.) erkennt gerade in der Identitätsproduktion, der Macht- und der Differenzfrage, die bei Laclau und Mouffe eine wichtige Rolle einnehmen, Möglichkeiten, Lefebvres Theorie der Raumproduktion, die eng mit dem *Recht auf die Stadt* verbunden ist, produktiv zu konfrontieren. In diesem Kontext wurde bereits einige Arbeit geleistet und so widmen sich verschiedene Autor_innen etwa dem Verhältnis von Lefebvre zu *dem Politischen* (Dikeç 2002, Swyngedouw 2011), zu Martin Heidegger (Elden 2004b, Waite 2008), zu Antonio Gramsci und dessen Hegemoniebegriff (Kipfer 2008, Shmuely 2008) und zur Demokratie (Purcell 2008, Ronneberger 2009).

---

bezeichnet werden, sondern es geht um die Frage des *Fundamentes*, wie bei einem Gebäude, und spricht die *Fundierung*, also der politischen Erzeugung eines Fundamentes von Gesellschaft an. Im Englischen wird demnach präziser vom *post-foundationalism* (*foundation*: Gründung, Stiftung etc.) gesprochen. *Postfundamentalismus* ist der Begriff, den Marchart (2010a: 15f.) verwendet. Dieser ist zwar wegen der in der Alltagssprache anderweitigen Verwendung des Begriffs *Fundamentalismus* etwas verwirrend, wird hier aber dennoch beibehalten, da der Begriff innerhalb der theoretischen Debatte eine gewisse Geläufigkeit erlangt hat.

Insofern wenden sich die weiteren Fragen, die im Folgenden angesprochen werden, dem Verhältnis der *radikalen Demokratie* zum *Recht auf die Stadt* zu. Als Leitlinie gilt die Frage, was aus der theoretischen und praktischen Konzeption des lefebvreschen *Rechts auf die Stadt* und dessen Konfrontation mit Laclau und Mouffe für eine aktuelle Perspektive auf das *Recht auf die Stadt* mitgenommen werden kann. Explizit geht es dabei nicht um eine Relektüre Lefebvres, sondern eher um eine produktive Mitlektüre; also die Aufarbeitung Lefebvres aus einer von Laclau und Mouffe inspirierten Perspektive. Diese Mitlektüre lässt so nicht nur die Frage zu, was von Lefebvre noch mitgenommen werden kann, sondern eröffnet eben auch das Potential, zu fragen, wo Laclau und Mouffe in Bezug auf das *Recht auf die Stadt* ›hinter‹ Lefebvre zurückfallen oder wo mit Lefebvre eben auch gewinnbringend in deren Perspektive interveniert werden kann.

Und so gilt, dass, auch wenn im Folgenden primär theoretisch argumentiert wird und die Bezüge zu konkreten Auseinandersetzung eher knapp ausfallen, es immer darum geht, zum Schluss etwas für aktuelle und konkrete Kämpfe rauszuziehen: Theorie soll schließlich kein Selbstzweck sein! Gleichzeitig soll Theorie auch nicht ›über die Realität‹ gestülpt werden, aber als Analyseangebot und Hilfsmittel, um komplexe Sachlagen nachzuvollziehen, sowie um auf einer abstrakten Ebene emanzipatorische Potentiale auszuloten, dient sie allemal. Um die gestellten Fragen zu beantworten bzw. die Möglichkeit des Inbeziehungsetzens von Lefebvre mit Laclau und Mouffe auszuloten, muss aber auch ihr theoretischer Zugang aufgearbeitet werden. So gilt es auch zu fragen, auf welchen epistemologischen[8] Grundlagen die Konzeptionen bei Laclau und Mouffe basieren und was unter *radikaler Demokratie* zu verstehen ist.

Aufbau des Textes

Den Fragestellungen folgend werden sodann zunächst anhand der begrifflichen und theoretischen Kategorien, die Lefebvre entwickelte, der politische Anspruch und die Implikationen des *Rechts auf die Stadt* herausgearbeitet. Orientierungspunkte sind dabei die zentralen Werke Lefebvres zur Stadt, die

8 Epistemologie wird hier als die Lehre der Erkenntnis verstanden. Es geht dabei um die Frage, unter welchen Bedingungen und Voraussetzungen Wissen erzeugt wird. Wichtig ist dies, da Epistemologie die Grundprämissen theoretischer Zugänge offenlegt. Wenn also Theorien verbunden werden sollen, dann muss immer auch geklärt werden, ob auch die jeweiligen Grundprämissen vereinbar sind, denn ein ähnlicher Inhalt bzw. Aussage alleine reicht nicht aus, es bedarf auch übereinstimmender Herleitungsmuster.

zwischen 1968 und 1974 veröffentlicht wurden. Es handelt sich dabei um »Le Droit à la ville« (1968), »La Révolution urbaine« (1970) und »La Production de l'espace« (1974).[9] Zusätzlich dienen die drei Sammelbände mit zentralen Texten Lefebvres »State, Space, World« (Brenner & Elden 2009b), »Henri Lefebvre – Key Writings« (Elden et al. 2003) und »Writings on Cities« (Kofman & Lebas 1996b) als Anhaltspunkte. Die Lesart von Lefebvre orientiert sich dabei an den Einordnungen von Christian Schmid (2005), Andy Merrifield (2006) und Fernand M. Guelf (2010). Dies im Hinterkopf zu behalten ist wichtig, denn wie schon angesprochen, wird hier zuallererst einmal eine mir als plausibel erscheinende Interpretationsmöglichkeit der lefebvreschen Arbeiten angeboten, die auf Grund der unterschiedlichen Lesbarkeit Lefebvres in Teilen und eben insbesondere, wenn andere Sekundärliteratur verwendet worden wäre, anders ausfallen würde.

Im Anschluss an die Diskussion der lefebvreschen Konzepte wird der *radikalen Demokratie* bei Laclau und Mouffe nachgegangen. Der Zugang zu ihren Arbeiten ist aber wegen der enorm komplexen Sprache und der hohen Dichte an spezifischen Definitionen nicht immer einfach. Deshalb geht es im Folgenden weniger darum, Begriffsarbeit zu leisten, als vielmehr zu versuchen, die theoretische Essenz, den Kern der Arbeiten, zu erfassen. Wie bei Lefebvre gilt auch hierbei, dass eine bestimmte Lesart vorgeschlagen wird, die durchaus nicht die einzige Perspektive auf Laclau und Mouffe darstellt, mir aber als sinnvoll erscheint. Zentrale Referenzen sind demnach das Gemeinschaftswerk von Laclau und Mouff »Hegemony and Socialist Strategy« (1985), die Monographien von Laclau »New Reflections on the Revolution of our Time« (1990), »Emancipation(s)« (1996) und »On Populist Reason« (2007) sowie die Monographien von Mouffe »The Democratic Paradox« (2000) und »On the Political« (2005). Wesentlich beeinflusst wurde die Lesart durch die Verortung der beiden durch Oliver Marchart (2010a, b).

Sind die beiden Konzepte besprochen, wird die Zusammenführung angegangen. Dabei geht es darum, die Ansätze in Bezug zu setzen und Problemstellungen anzusprechen. Eine vollständige Gegenüberstellung

9 Die Sigel, der mit Abkürzungen zitierten Werke, beginnen bei Henri Lefebvre mit einem »h«,
Sigel von Werken, die von Ernesto Laclau und Chantal Mouffe gemeinsam verfasst wurden, beginnen mit einem »ec«,
jene von Monographien von Ernesto Laclau beginnen mit einem »e«
und die Sigel von Monographien, die Chantal Mouffe verfasst hat, beginnen mit einem »c«.

kann aber der Komplexität der beiden Argumente wegen im Rahmen dieses Buches nicht geleistet werden. Sie ist aber auch nicht gewollt, da die Diskussion hier darauf abzielt, die Konfrontation Lefebvres mit Laclau und Mouffe für ein aktuelles *Recht auf die Stadt* produktiv zu machen, Stärken Lefebvres gegenüber Laclau und Mouffe auszuloten und Möglichkeiten des Zusammendenkens aufzuzeigen. Davon ausgehend wird zuletzt ein Versuch unternommen, die Ergebnisse in eine Sprache der Praxis zu übersetzen und somit die theoretische Abhandlung auch für ein aktivistisches und praxisorientiertes *Recht auf die Stadt* zugänglich zu machen.

3. Henri Lefebvre und das Recht auf die Stadt

Zu Beginn der Auseinandersetzung steht nun das *Recht auf die Stadt* bei Henri Lefebvre. An dieser Stelle wird eine Lesart Lefebvres Texte vorgeschlagen, die versucht, anhand der begrifflichen und theoretischen Kategorien, die er entwickelte, den politischen Anspruch oder die Implikationen des *Rechtes auf die Stadt*, die sich für ihn daraus ergaben, nachzuvollziehen. Da Lefebvre in seiner Arbeit stark von den politischen und theoretischen Debatten in Frankreich geprägt war, scheint angebracht zuerst noch auf einige wenige Aspekte seiner Biographie einzugehen. Anschließend wird auf zentrale Grundbegriffe eingegangen, seine Theorien zur Stadt und dem Urbanen besprochen um danach das *Recht auf die Stadt* und die damit in Verbindung stehende *Selbstverwaltung* bzw. *autogestion* zu diskutieren.

3.1 Biografie, Werk und Verortung

Henri Lefebvre, geboren 1901 in Hagetmau in den französischen Pyrenäen, war in seiner Jugend Zeitzeuge des Ersten Weltkrieges und der Russischen Revolution, was ihn beides stark prägte. In den 1910er und 20er Jahren studierte er in Aix-en-Provence und Paris Philosophie; das Studium schloss er mit einem für die Hochschulen befähigende Lehrerdiplom ab. Das an der Universität Gelehrte lehnte er aber als nicht zeitgemäss und politisch irrelevant ab (Harvey 1991: 425f.), was ihn und einige seiner Mitstudierenden in die Nähe des Surrealismus und Dadaismus führte. Da ihm die Zugänge nach der Annäherung an den Marxismus aber als zu wenig materialistisch erschienen, distanzierte er sich alsbald von diesen wieder (Schmid 2005: 73). Von 1928 an war Lefebvre Mitglied des *Parti Communiste Français* (PCF), aus dem er wegen seiner Kritik am Stalinismus 1958 ausschied (ebd.: 75). Die Anmerkung, dass Lefebvre in Anbetracht seiner Positionen insb. seiner Marxinterpretation erst reichlich spät aus dem damals stalinistischen PCF ausschied, sei hier erlaubt. Letztlich sprechen seine Arbeiten aber für sich und verweisen auf eine sehr deutliche Abkehr von der marxistischen Orthodoxie der UdSSR.

Zwischen 1929 und der Besetzung Frankreichs 1940 war er Hochschullehrer für Philosophie, zuerst in Privas im Département Ardèche und ab 1932, um Paris näher zu sein, in Montargis (Harvey 1991: 426). Während der Besatzung Frankreichs durch Nazi-Deutschland und dem faschistischen Vichy-Regime schloss sich Lefebvre zuerst in Marseille und dann in den

Pyrenäen der Résistance an (Merrifield 2006: 2). Für Lefebvre war diese Zeit zwischen 1929 und 45 eine prägende, zumal er abseits der großen Metropolen in einem eher ländlichen Gebiet lebte, was seine späteren Arbeiten zum Alltagsleben und Urbanen durchaus beeinflusste. Nach dem Krieg arbeitete er als künstlerischer Direktor für einen Radiosender in Toulouse und übernahm einige Lehraufträge an Hochschulen und Universitäten (Elden 2004a: 3). Lefebvre war mehrmals verheiratet, hatte mehrere Kinder und war dem Vernehmen nach in Beziehung nicht die einfachste Person (ebd.). 1961 wurde er in Straßburg Professor für Soziologie, wo er in Kontakt mit Mitgliedern der 1957 in Italien gegründeten *Situationistischen Internationale* (SI) kam (Kofman & Lebas 1996a: 11). Die SI war ein Zusammenschluss materialistischer, bisweilen auch anarchistischer, linker und avantgardistischer europäischer Künstler_innen und Intellektueller, die die Trennung zwischen Kunst, Kultur, Politik und Ökonomie sowie zwischen Theorie und Praxis aufheben wollten und sich dabei der Frage nach einer passenden Organisation der revolutionären Bewegung zuwandten. Die SI gab sich dafür aber bewusst einen elitären Anstrich – sie hatte auch in ihren besten Zeiten nie mehr als 70 Mitglieder und Männer waren stets massiv übervertreten. Die Bewegung hatte in den 1960er Jahren dennoch einen wesentlichen Einfluss auf die radikale Linke Westeuropas und war insb. in Frankreich zentral für das politische Verständnis vieler sich an den Maiunruhen 1968 beteiligenden. Die SI gab unter ihrem französischen Namen »Internationale situationniste« eine Zeitschrift heraus, in der sie sich für inhaltliche Auseinandersetzungen öffnete und ihre Debatten zugänglich machte. 1972 löste sich die SI, nach inneren Widersprüchen und als Reaktion auf die ihr zugeschriebene, aber stets abgelehnte, Führungsrolle während der 1968er-Unruhen auf (Baumeister & Negator 2005:17-37). Für Lefebvre war die SI gerade wegen der Frage der Alltäglichkeit und den in ihrem Umfeld entstandenen Arbeiten zur Stadt zentraler Bezugspunkt, auch wenn er nicht durchweg mit ihren Thesen einig war (Lefebvre 1979a). Zwischen einzelnen Mitgliedern der SI und Lefebvre ergab sich sodann ein freundschaftliches Verhältnis und darüber auch einen intensiven inhaltlichen Austausch; eher aus persönlichen als aus politischen Gründen zerbrach dieses aber bereits 1962 (Lefebvre 1979a). 1965 wurde Lefebvre dann Leiter des Fachbereiches Soziologie in Nanterre, jenem Vorort von Paris also, von dem aus die 1968er-Unruhen in Frankreich ihren Ausgang nehmen sollten (Belina & Michel 2007a: 14). Seinen ›Ruhestand‹ verbrachte Lefebvre in Navarrenx in den Pyrenäen, wo er 1991 kurz nach seinem 90. Geburtstag verstarb (Elden 2004a: 4).

In seiner Schaffenszeit legte Lefebvre ein sehr umfassendes Werk von über sechzig Büchern und mehr als dreihundert Artikel vor (Schmid 2005: 10). Stuart Elden verweist dabei durchaus mit einem Augenzwinkern darauf, dass es Lefebvre nur möglich gewesen sei, ein solch umfassendes Werk zu schaffen, da dieser auf die Unterstützung von Schreibkräften zurückgriff, die nicht selten seine Ehefrauen oder Freundinnen waren, die seine Monologe mittippten. Dies würde in Teilen auch erklären, so Elden, wieso Lefebvres Werke nicht selten in sich repetitiv, abfallend und wild ausschweifend daherkommen (Elden 2004a: 5). Inhaltlich widmete er sich neben theoretischen Auseinandersetzungen intensiv der Frage nach der gesellschaftlichen ›Realität‹. So wandte er sich in den 1940ern, 50ern und 60ern dem Alltagsleben und der politisch-ökonomischen Ordnung der Zeit zu. Ende der 60er- und Anfang der 70er Jahre waren die Stadt und die Suche nach dem Urbanen, woraus sich die Auseinandersetzung mit dem Raum ergab, die zentralen Themen. In den späten 70ern und 80ern widmete er sich schließlich dem Studium des Neokapitalismus und des Staates (Brenner & Elden 2009b: 31). Insgesamt lassen sich, so Schmid (2005: 73), darin vier Konstanten erkennen: Erstens, ein überaus empathisches Verhältnis zur Praxis; zweitens, eine radikale Kritik an der gängigen Form der Philosophie und am Wissenschaftsbetrieb; drittens, ein eigenständiger und unorthodoxer Zugang zum Marxismus; und viertens, eine »höchst eigenwillige« Ausgestaltung der Dialektik. Anzufügen wäre hierbei sicherlich auch, dass das Alltagsleben als thematischen Schwerpunkt durchwegs eine wichtige Rolle einnahm und er auch im Rahmen seines Spätwerkes immer wieder darauf zurückkehrte (Kipfer 2009: 77-81).

Grundbegriffe und Ausgangspunkte

Am Anfang der theoretischen Auseinandersetzung stand bei Lefebvre die Kritik an der traditionellen Philosophie, der er vorwarf, den Anspruch zu erheben, eine Finalität oder Totalität erfassen zu können. Dagegen betont Lefebvre, dass es keine Theorie oder Philosophie geben könne, die die Wirklichkeit ganz darzustellen vermöge (Schmid 2005: 102). Seinem Verständnis nach wurde die Praxis aus der traditionellen Philosophie verbannt, wohingegen er nahelegt, dass es weder eine Philosophie *außerhalb* von Praxis, noch eine Philosophie *der* Praxis geben könne, sondern dass vielmehr die Philosophie die Analyse und Darlegung der Praxis in ihrer Gesamtheit umschließen und so nach den politischen Interventionsmöglichkeiten suchen müsse (hmp: 329f.). In einer so gewendeten Philosophie erkennt Lefebvre den Geist des kritischen Denkens bzw. der radikalen Kritik, die jede Art des Dogmatismus, Finalismus und einzelne Finalismen wie etwa den Ökonomismus, den Historizismus oder den Soziologismus ablehnt (hvq: 148). Dieses kritische Denken zeichnet sich dadurch aus, dass es anstelle eines fixen Modells die Orientierung setzt, die »*Wege* und einen *Horizont* auftut« (hru: 73f., Herv. i. O.). Anstelle starrer Vorgaben zeigt es eher ein Möglichkeitsfeld auf, auf dessen Verwirklichung hingearbeitet werden kann. Ergebnis dieser Auseinandersetzung war, dass er die Geschichts- und Gesellschaftsphilosophie genauso wie die klassische Metaphysik und Ontologie[10] ablehnte (hru: 76). In diesem Sinne gehörte Lefebvre zu den vehementesten Kritiker_innen von strukturalistischen, dogmatischen oder reduktionistischen Ansätzen innerhalb seiner Schaffenszeit, was ihm erlaubte in gänzlich unterschiedlichen theoretischen Ansätzen Antworten auf seine Fragen zu suchen (Schmid 2005: 64).

Das Spezifikum der erkenntnistheoretischen Grundlage Lefebvres besteht in einer eigenwilligen Variante der deutschen Dialektik, die er in einer eher aktionistischen Färbung des 20. Jahrhunderts interpretierte (ebd.: 71). So sind Georg Hegel, der gemäß Lefebvre (1975) die Perspektive der Staatlichkeit wählte, Karl Marx, der eine gesellschaftliche Perspektive einnehme, und Friedrich Nietzsche, der die Zivilisation als perspektivischen Zugang bevorzuge, die zentralen Referenzen, auf die er sich bezieht. Als vierte Referenz, die aber wohl wegen grundsätzlicher Differenzen zu den anderen dreien bei Lefebvre nicht dieselbe Bedeutung einnimmt, muss Martin Heidegger genannt werden (Elden 2004b: 100, Kofman & Lebas 1996a: 7f.), der mit seinen Arbeiten zur Alltäglichkeit und zum Raum Lefebvre wesentlich beeinflusst hat (Schmid 2005 170-2, 239). Alles in Allem, so betont Stuart Elden (2004b: 86), hat Lefebvre diese vier Autoren aber weniger kritisiert, als vielmehr versucht, sie konstruktiv und mit einer würdigenden Distanz in sein eigenes Werk einzubetten.

---

10 Metaphysik ist zu umreißen als »die Philosophie vom nicht sinnlich wahrnehmbaren«, also von dem was ›ist‹, ohne dies auch wahrnehmen zu können, wie die Ontologie basiert die Metaphysik auf den Klassikern der Antike (Bormann 2003). Die Ontologie im speziellen entspringt der Metaphysik von Aristoteles. Dieser hatte versucht »eine Wissenschaft zu bestimmen, die sich im Unterschied zu allen anderen Wissenschaften mit den ersten Prinzipien und Ursachen des Seienden beschäftigt« (Bräuer 2003). Bei Aristoteles bestimmen die beiden Sphären Theologie und Ontologie die Metaphysik, worin sie eine Einheit finden. Im Wesentlichen geht es der Ontologie um eine Lehre des »Sein als solches« (ebd.). In der klassischen Metaphysik wie Ontologie wurde davon ausgegangen, dass es der Gesellschaft äußerliche Prozesse und Wirkungskräfte gibt, die auf Gesellschaft wirken, diese strukturieren und somit außergesellschaftliche Wahrheiten bilden.

Die zentrale Referenz Lefebvres, und dies gilt es zu betonen, ist das marxsche Werk, das er jedoch nicht als abgeschlossene Einheit ansah, die für sich alleine stehen könne. Hingegen betrachtete er es als Ausgangspunkt eines offenen Suchens nach Möglichkeiten (hcc: 239, his: 14-21). Als Orientierungspunkt gelten für Lefebvre primär die »Ökonomisch-philosophischen Manuskripte« (auch »Pariser Manuskripte«) von 1844, die aber erst 1932 auf Deutsch erstveröffentlicht und dann 1933 durch Lefebvre selbst in Zusammenarbeit mit Norbert Gutermann ins Französische übersetzt wurden (Schmid 2005: 76). Zentral sind für Lefebvre auch die »Thesen über Feuerbach« (Marx 1845), sowie »Die deutsche Ideologie« (Marx & Engels 1846), das als zentrales Werk der Begründung des marxschen *historischen Materialismus* gilt und, Lefebvre zufolge, das Fundament eines anschlussfähigen materialistischen Praxisbegriffes bildet (Schmid 2005: 82). Bernd Belina betont hierbei, dass Lefebvres Interpretation des marxschen Werkes ein »Kind ihrer Zeit« (Belina 2013: 72) ist. Denn gerade im Kontext der Veröffentlichung der Frühwerke, habe sich eine ganze Generation marxistischer Intellektueller – so etwa die Operaist_innen in Italien (Birkner & Foltin 2010) – im Widerspruch zum vorherrschenden Marxismus-Leninismus der UdSSR und vieler anderer – auch europäischer – kommunistischer Parteien diesen neu zugänglichen Texten zugewandt. Damit habe ein Zugang zu Marx gefunden werden können, der mit mechanistischen Ideen von Dialektik, gesellschaftlichem Wandel und Revolution zu brechen erlaubte (Belina 2013: 73).

Auf die Besonderheiten des lefebvreschen Marxismus, der in seiner Ausprägung bisweilen anarchistische Züge annimmt (vgl. Lefebvre 1959), und im Gegensatz zu vielen Marxist_innen seiner Zeit auch keine Berührungsängste mit dem Frühanarchisten Pierre-Joseph Proudhon aufweist,[11] wird später noch eingegangen. Hier soll nur gesagt werden, dass *sein* Marxismus ein grundlegend historischer, undogmatischer und antistalinistischer war (Lefebvre 1959). So hebt Lefebvre hervor, dass es nicht darum geht, den

11 Auch Marx hatte in den 1840ern in Paris noch einen zumindest kollegialen politischen Umgang mit Proudhon gepflegt. Nach dem Bruch der I. Internationale 1872 lehnte die marxistische Tradition Proudhons (früh)anarchistische Ideen, die durchs Band, vor allem wegen seiner Gesellschaftsanalyse als kleinbürgerlich verschrien wurden, konsequent ab und diffamierte diese. Aus einer aktuellen Perspektive auf Proudhons Werk ist aber weniger Kritik zu üben, weil er Positionen innerhalb des Marxismus entgegen stand, sondern eher auf Grund seines bisweilen offenen Antisemitismus, Rassismus und Antifeminismus, die in krassem Gegensatz zu seinem allgemeinen Kampf für eine freie Gesellschaft stehen (Stowasser 2006: 218-26).

Menschen und das Menschliche zu *definieren*, sondern es stets darauf ankommt, die in einem sehr breiten Sinne verstandenen Repräsentationen, die den Menschen zu definieren beanspruchen, beiseitezuschaffen, um so den Menschen *sich selbst* in der Praxis definieren zu lassen, denn alleine »so [..] öffnet man den Weg zur Freiheit« (hmp: 327, Herv. i. O.).

Das *Mögliche*, das in diesem Kontext einen zentralen Begriff darstellt und einer radikalen Nietzscheinterpretation entspringt, ist der Zugang, um zu verstehen, wie Lefebvre gesellschaftliche Veränderung denkt. Er versucht nämlich damit, so Schmid (2005: 105), die Phantasie freizusetzen und eine Erforschung des vermeintlich Unmöglichen zu ermöglichen. Damit ist gemeint, dass durch Praxis die ›Realität‹ verändert werden kann und die Grundlage bzw. die Logik und Vernunft so wie die Materialität, von der aus angenommen wird, dass etwas unmöglich ist, aufgelöst und verändert werden kann, und sich somit neue Möglichkeiten öffnen; aus dem vormals Unmöglichen wird durch Praxis Mögliches (hdv: 140). Mittels strategischer Hypothesen will sich Lefebvre dem am weitesten entfernten Möglichen annähern, um von diesem Punkt aus zum Greifbaren zurückzukehren. Es geht ihm darum, Entwicklungen zu erkunden, die tatsächlich auch möglich sind, die also nicht der reinen Fiktion entspringen (Guelf 2010: 31). *Möglichkeit* hat in diesem Kontext eine doppelte Bedeutung. Einerseits beinhaltet das Mögliche mit der Betonung des Machbaren, dass Veränderung möglich ist, auch wenn das Ziel noch eine Utopie sein mag, andererseits betont es, dass Praxis nur auf der Basis der materiellen ›Realität‹ entstehen kann, also auf den Verhältnissen im Hier und Jetzt aufbauen muss (Brenner & Elden 2009a: 39). Die Utopie spielt darin eine zentrale Rolle, dürfe aber nicht mit dem Imaginären verwechselt werden (hru: 45). Denn die Utopie ist potentielle Wirklichkeit und mittels der Dialektik sucht Lefebvre zu verhindern, dass die Utopie in die Fiktion abgleitet (hdv:129). Die Dialektik vermag dies zu tun, so Lefebvre, indem sie sicherstellt, dass ein theoretisches Objekt aus Informationen hergestellt wird, die dem Hier und Jetzt entnommen werden, das Objekt also ›real‹ ist, und somit das Wissen in die Utopie einführt (hdv: 121).

Ausgangspunkt der lefebvreschen Dialektik, so Schmid, stellt das marxsche Dialektikverständnis dar, das davon ausgehe, dass alle menschlichen Wirklichkeiten von ihr eingeschriebenen Widersprüchen gekennzeichnet sind und sich Veränderung auch nur durch diese erfassen lassen (Schmid 2005: 77). Lefebvre schließt daraus, dass es weder Denken noch Wirklichkeit ohne Widersprüche gibt und er entwickelt eine radikal veränderte

Dialektik, welche die Strukturen seines analytischen Argumentes zum Alltag, zur Stadt und zum Raum prägen (ebd.: 110, 313). Er kombiniert seine Dialektik, die er selbst nicht als starres Modell versteht (hpe: 40), aus dem Gedanken der sozialen Praxis bei Marx sowie der Kunst und Poesie bei Nietzsche, die beide auf einer radikalen Kritik an Hegel, besonders an seiner formalen Logik sowie an seinem Postulat des Primates der Idee, basierten (hpe: 406). Mit Nietzsche kritisiert Lefebvre an Marx und Hegel, dass ihren Konzepten der schöpferische Akt der Poesie, das *désir* [Begehren/Verlangen], fehle, das wieder eingeführt werden müsse (Schmid 2005: 312).

Lefebvre entwickelt von dieser Kritik ausgehend ein dynamisches und offenes Konzept der Dialektik, das Schmid (2005: 72) als »Dialektik des Gleichzeitigen« (ebd.) oder als »triadische Dialektik« (ebd.: 307) bezeichnet. Wichtig ist hier anzuerkennen, dass Schmid (2005), der in seinem Buch große Anstrengungen unternimmt, das lefebvresche Werk zu strukturieren und zu verorten, dieses erheblich glättet. Dies ist nicht zuletzt im Kontext der lefebvreschen Dialektik zentral, da dieser sein Konzept »alles andere als genau bestimmt«, wie Bernd Belina (2013: 46) betont, und daraus sehr unterschiedliche Interpretationen und Deutungen entstanden sind (ebd.). Dennoch wird die schmidsche Strukturierung, wenn auch diese eine spezifische Interpretation darstellt und eher als Lesehilfe betrachtet werden sollte (Belina 2013: 47), im Folgenden als Referenz gelten. Schmid betont also, dass es Lefebvre darum gehe, im Gegensatz zu früheren Konzeptionen der Dialektik, die Erreichbarkeit einer klaren Synthese als unmöglich zur erklären und er stattdessen darauf verweise, dass Widersprüche nicht in eine Synthese gegossen, sondern lediglich transformiert werden können, die das Vormalige weiter enthalten (Schmid 2005: 90). Die Praxis ist für Lefebvre dabei das schöpferische Element, durch welche Begriffe und Bedeutung erst erzeugt werden (hmp: 30). Von der Begriffsebene gelöst, lässt sich die grundlegende dialektische Figur Lefebvres als Widerspruch zwischen gesellschaftlichem Denken und gesellschaftlichem Handeln verstehen, das von dem Dritten Moment, dem Poetischen und Schöpferischen, ergänzt wird (Schmid 2005: 111). Dieses Dritte, das Element, aus dem der Wandel angestoßen wird und das als schöpferische Kraft agiert, zersetzt die Stabilitäten und schafft den Raum für Neues. Lefebvre betont dabei im Widerspruch zur traditionellen Philosophie, in der das Werden bzw. das schöpferische Vermögen oftmals auf der Ebene des Göttlichen, Kosmischen oder Ontologischen angeordnet worden sei, dass dieses Vermögen in der menschlichen Geschichte selbst zu finden ist. Insofern sei dieses schöpferische Potential nicht einer gesellschaftlich äußeren Kraft zuzuordnen, sondern der menschlichen Praxis selbst eingeschrieben (hmp: 8). Das Dritte, das Lefebvre im Verlauf seines Schaffens u. a. als *désir*, *Poesie* oder *Spontaneität* bezeichnet, sei daher erfahrbar und Produkt von Praxis. Gleichzeitig sei es aber mit Theorie nicht zu durchdringen und könne nicht endgültig erfasst werden (Schmid 2005: 106).

Im Gegensatz zur klassischen binären Dialektik von These/Antithese/ Synthese bei Hegel oder der Affirmation/Negation/Negation der Negation bei Marx (Kofman & Lebas 1996a: 9), die in der These einen Anfangspunkt setzt, die über darin eingeschriebene Widersprüche (die Antithese) produktiv wird und sich in der Synthese aufhebt, formuliert Lefebvre eine triadische Dialektik. Schmid (2005: 312f.) beschreibt dieses eher abstrakte Gefüge Lefebvres wie folgt: Das Denken einer dialektischen Bewegung in kaskadischen Schritten wird in eine bewegliche und gleichzeitig ineinandergreifende Figur überführt, in der die drei Momente *gesellschaftliche Praxis*, *das Wort und das Denken* sowie *der schöpferische Akt* untereinander auf sich verweisend verbunden sind. Jede der drei Ecken des so aufgespannten Feldes ist als Synthese der beiden anderen Ecken zu verstehen. Es sind Thesen, die jeweils aufeinander verweisen und ohne deren Gegenüber sie in der Bedeutungslosigkeit verharren würden; sie bedingen sich also.

Praxis ist dabei ein zentrales Stichwort, das einen Angelpunkt der lefebvreschen Theorie darstellt. Fernand M. Guelf (2010: 37) hält fest, dass Praxis im Französischen frei von umgangssprachlichen Konnotationen ist und sich direkt auf eine Handlung bezieht, die auf ein konkretes Resultat ausgerichtet ist. Mit Praxis ist somit nicht das Gegenstück zur Theorie gemeint, sondern die Gesamtheit menschlicher Tätigkeit, die durch Analysen nicht gänzlich erfassbar ist, aber eine konkrete Orientierung beinhaltet. Die Praxis steht für das ›Wirkliche‹ der Menschen, das historisch hergestellt und dem Möglichen gegenüber offen ist (hmp: 12f.). Daneben geht Lefebvre von einem Praxisbegriff aus, wie ihn Marx in den Thesen über Feuerbach definiert (Schmid 2005: 87). So betont Marx in seiner achten These: »Alles gesellschaftliche Leben ist wesentlich *praktisch*. Alle Mysterien, welche die Theorie zum Mystizism[us] veranlassen, finden ihre rationelle Lösung in der menschlichen Praxis und im Begreifen dieser Praxis.« (Marx 1845: 5, Herv. i. O.) Eng mit dem Begriff der Praxis verbunden ist der Begriff der *Produktion*, da jede Praxis unweigerlich auch Objekte und Subjekte produziert. Unter Produktion fasst Lefebvre aber nicht nur den ökonomischen Produktionsprozess, sondern jegliche Herstellung gesellschaftlicher Äußerungen wie etwa Wissen, Institutionen, Kunst etc. (Elden 2004b: 94).

> »Die Produktion reduziert sich nicht auf die Herstellung von Produkten. Der Begriff bezeichnet einerseits die Erschaffung von Werken (einschließlich der sozialen Zeiten und Räume), kurzum die ›geistige‹ Produktion, und andererseits die materielle Produktion, die Herstellung der Dinge. Er bezeichnet auch die Produktion des ›menschlichen Seins‹, durch es selbst, im Laufe seiner historischen Entwicklung. Das impliziert die Produktion der *gesellschaftlichen Beziehungen*. Schließlich umfasst der Ausdruck, im weitesten Sinne [auch] die *Reproduktion*.« (hqm: 48f., Herv. i. O.)

Lefebvre bricht somit mit der von Marx in »Das Kapital« vorgenommenen Schwerpunktlegung auf den ökonomischen Produktionsprozess (hru: 178) und erkennt das Potential zur Befreiung in der schöpferischen Tätigkeit der alltäglichen Praxis. »Schafft sich der Mensch bei Marx durch die Arbeit aus dem Reich der Notwendigkeit, um sich [...] in der selbstbestimmten Arbeit [...] zu entfalten, ist bei Lefebvre [...] die schöpferische Tätigkeit von Anfang an wesentlicher Teil der Selbstschaffung des Menschen – eine immer schon vorhandene Möglichkeit der Befreiung.« (Schmid 2005: 87) Ob gewollt oder nicht, schlägt Lefebvre mit seinen Konzepten *Produktion* und *Praxis* hierbei einen Weg ein, der innerhalb der anarchistischen Theorietradition im Vergleich zur marxschen stets wichtig war, was nicht zuletzt auf die Setzung der Alltäglichkeit als bevorzugter Ort des gesellschaftlichen Wandels zurückzuführen ist (Kastner 2011:102).

Für Lefebvre steht also jede gesellschaftliche Tätigkeit in einer eigenständigen historischen Abhängigkeit, die nicht per se durch den ökonomischen Produktionsprozess bestimmt ist. Historisch in Praxis Hergestelltes beeinflusst, schafft den Rahmen und legt ein Fundament für die neue Praxis, womit aber auch gesagt ist, dass Praxis immer auch Schöpferin von Geschichte und Möglichkeiten ist (Guelf 2010: 38). Das kurzgefasste Credo Lefebvres lautet, so Schmid (2005: 78), dass die Praxis als Ausgangspunkt und Ziel aller theoretischen Bemühungen zu betrachten ist, die selbst wiederum in Praxis münden.

Kritik des Alltagslebens

Ein Kernstück des lefebvreschen Werkes, das im Zusammenhang mit dem Urbanen und dem *Recht auf die Stadt* von großer Bedeutung ist, ist seine Konzeption des *Alltags*, die er in dem dreibändigen Werk »Critique de la vie quotidienne« [Kritik des Alltagslebens] (hvq) in Jahren 1947, 1962 und 1981 darlegte. Mit »La Vie quotidienne dans le monde moderne« [Das Alltagsleben in der modernen Welt] (hqm) legte er 1968 seine zentrale Analyse des zeitgenössischen Alltagslebens vor, worin er einige der 1947 und 62 formulierten Thesen erweitert und überarbeitet (Schmid 2005: 115f.).

Der Begriff des *Alltäglichen* entspringt bei Lefebvre der Auseinandersetzung mit der Philosophie. Er bezeichnet damit das Unphilosophische, das im Gegensatz zur Philosophie die wirkliche Welt darstellt. Das *Alltägliche* ist das Ensemble bescheidener Tätigkeiten, das Solide und Selbstverständliche (hqm: 11, 25, 40). Dies bedeutet bei Lefebvre, so Schmid (2005: 116), dass die Philosophie, als das Ideale und Ideelle, und das *Alltägliche*, als das Reale, in direkter Konfrontation zueinander stehen. Bleibt die Trennung aufrecht, so wird »der philosophischen Entfremdung, Wahrheit ohne Wirklichkeit, [...] die alltägliche Entfremdung, Wirklichkeit ohne Wahrheit« (hqm: 26) als Widerspruch immer gegenüberstehen. Nur das Erreichen der Einheit der (philosophischen) Vernunft und der (gesellschaftlichen) Wirklichkeit, als gegenseitig dialektisch auf einander bezogen, kann gemäß Lefebvre diesen Widerspruch aufheben (ebd.). Im Denken von Marx erkennt Lefebvre die Möglichkeit, diese Widersprüche aufzuheben und betont, dass das marxsche Denken und seine Analyse der Entfremdung primär eine kritische Erkenntnis des Alltagslebens beinhalte (hvq: 153). So verwendet er den marxschen Entfremdungsbegriff an zentraler Stelle, um Prozesse des modernen Alltagslebens zu charakterisieren. In den »Pariser Manuskripten« definiert Marx (1844: 510-18) Entfremdung in vierfacher Weise und damit sehr umfassend. Die ersten beiden Zugänge beziehen sich auf den Prozess der Arbeit und betreffen erstens die Entfremdung des Arbeitenden in der kapitalistischen Produktionsweise, sowie zweitens, deren Potenzierung bei einer quantitativen wie qualitativen Steigerung der Arbeitstätigkeit. Der dritte Aspekt bezieht sich auf die Entfremdung des Menschen vom Menschen als Mitglied der Gattung, was viertens dazu führe, dass sich der Mensch insgesamt von dem Menschen als Naturwesen entfremdet. Lefebvre interpretierte daraus, dass die Entfremdung nicht nur in der Sphäre der Arbeit ihre Wirkung entfaltet, sondern im gesamten Bereich des Alltagslebens wirkmächtig ist.

Alltag ist bei Lefebvre aber nichts, das immer schon existiert hat. So ist die Herausbildung des Verständnisses von Alltag, für ihn ein charakteristische Eigenschaft der modernen Welt (Schmid 2005: 117) und aufs Engste mit der Ausbreitung der Handels- und Geldwirtschaft, der Entfaltung der »Warenwelt« unter dem Konkurrenzkapitalismus im 19. Jahrhundert sowie der damit einhergehenden Unterordnung der Menschen unter den Arbeitsprozess verbunden. Der Alltag früherer Zeiten, die stetige Wiederholung gängiger Gesten wie Essen, Trinken, Schlafen oder Arbeiten, müssten daher eher als »*Stile* des Lebens« (hmp: 119, Herv. i. O.) bezeichnet werden. Getragen von der Ausdehnung akkumulativer Prozesse und der Industrialisierung, habe sich eine Veränderung zugetragen, die in einer Verstetigung des Alltags mündete (hmp: 119-26). Lefebvre folgend hat sich dabei ein Alltag entwickelt, der zum sozialen Ort einer hochentwickelten Ausbeutung und einer sorgfältig überwachten Passivität geworden ist (hru: 149f.). Insofern bestehe der Alltag in der industriellen Gesellschaft aus einer staatlich kontrollierten und bürokratisch verwalteten ökonomischen Produktivität zum Zweck des breiten Konsums, was Lefebvre unter der Formel der *bürokratischen Gesellschaft des gelenkten Konsums* fasst (hqm: 99-154), und der Aufspaltung des wirklichen Lebens in funktionale Sektoren: Arbeit, Privatleben, Freizeit (hmp: 120).

Das Studium des täglichen Lebens vermag daher, so Lefebvre, gesellschaftliche Konflikte aufzuzeigen, die die Epoche charakterisieren (hqm: 39). So meint er, dass, »indem die Kritik am Alltagsleben aufzeigt, wie die Menschen leben, [..] sie zugleich Anklage gegen die Strategien [erhebt], aus denen dieser Alltag erwachsen ist« (hru: 150). Das Alltägliche sei somit der Ort, wo die konkreten Probleme der Produktion zum Ausdruck gebracht werden. Das Studium des Alltags könne also dazu verwendet werden, um die Gesellschaft als Ganzes in ihrer Strukturiertheit zu erkennen, was aber zwangsläufig mit dem Willen einhergehe, den Alltag zu verändern (hqm: 46-9).

> »Unmöglich kann man den Alltag verstehen, ohne ihn abzulehnen, und unmöglich kann man ihn erkennen, ohne ihn verändern zu wollen. Die Alltäglichkeit und ihre Ablehnung stellen die Gesamtheit der modernen Welt Stück um Stück radikal in Frage: die Kultur, den Staat, die Technik, die Institutionen, die Strukturen, die konstruierten Gruppen, das analytische und operationale Denken, die Trennungen, auf denen das alles beruht usw. [...] Diese radikale Kritik, die über die partiellen Kritiken und Proteste hinausgeht und sie in sich aufhebt, ist unvermeidlich.« (hmp: 330f.)

Das Alltägliche hat demnach einen ambivalenten Gehalt: Einerseits wird es, wie aufgezeigt, zunehmend von den Bedingungen der kapitalistischen Produktionsweise und der Industrialisierung kolonialisiert und als solches mystifiziert, fetischisiert und entfremdet. Andererseits ist das Alltägliche die – einzige – Arena für den sozialen Wandel, der Ort, an dem das Mögliche seinen Ursprung findet (Merrifield 2006: 10). Die gesellschaftliche Produktion und Reproduktion spielt sich, nach Lefebvre, nicht in den hohen Sphären der Gesellschaft, wie etwa dem Staat, der Wissenschaft oder in der Kultur ab, sondern im täglichen Leben und dies ist somit der Ort, an dem sich entscheidet, ob die einer Gesellschaft eingeschrieben Verhältnisse bestehen bleiben oder eben nicht. Denn, wenn die Menschen ihre Alltäglichkeit nicht mehr leben wollten, dann beginne die Revolution; nur solange *der* Alltag gelebt werde, könnten die Verhältnisse reproduziert und aufrecht gehalten werden (hqm: 49-51). Wichtig zu sehen ist, dass Lefebvre hier mit dem marxschen Basis-Überbau-Konzept bricht (ebd.: 27f.), indem er unterstreicht, dass das Alltagsleben einen eigenen Rhythmus sowie eigene Räume hat und es der Raum-Zeit der ökonomischen Akkumulation nicht als Gegenbild entspricht (ebd.: 90). Die ökonomische Sphäre der Produktion – im engen Sinn als Warenproduktion verstanden – anerkennt er dabei zwar als wichtige aber eben nicht als alleinige Taktgeberin.

Aus der Auseinandersetzung mit dem Alltäglichen kommt Lefebvre auf die Stadt. Ausgangspunkt dieser Verschiebung des Interesses war einerseits die zunehmende Problematisierung praktischer Fragen der französischen Stadtentwicklung (Guelf 2010: 16-8, Lefebvre 1979a) und andererseits die von ihm durchgeführte Analyse der Pariser Kommune von 1871[12] (vgl. Lefebvre 1965). Lefebvre erkannte in der Kommune eine drastische Veränderung des Alltagslebens (ebd.: 188) und eine zutiefst städtische

12 Die Pariser Kommune hatte vom 18. März bis zum 28. Mai 1871 bestand und gilt als einer der ersten Versuche eine rätedemokratische Praxis im großen Maßstab umzusetzen. Die Kommune wandte sich gegen die konservative Regierung, die wegen des Deutsch-Französischen Kriegs (1870/71) zusehends unter Druck kam und war nicht zuletzt auch eine Revolte gegen die zunehmende Verelendung der Pariser Unterschicht. Nach innenpolitischen Auseinandersetzungen und dem Versuch nach der Niederlage Frankreichs Paris zu entwaffnen, erhob sich die städtische Arbeiter_innenschicht und rief entgegen dem Willen der Zentralregierung die Kommune aus. Die Kommune wurde nach 72 Tagen, in denen diverse sozialistische Dekrete wie etwa die Kollektivierung eines Teiles der Industrie, Lohnangleichungen, Mietzahlungsaussetzungen etc. erlassen wurden, durch französische Truppen blutig niedergeschlagen – es kamen rund 30.000 Menschen ums Leben (Harvey 2003, Lawrow 2003 [1880], Shafer 2005).

Revolte (hru: 118-20). Städtisch sei die Revolte vor allem deshalb gewesen, weil die Ursachen dafür zuallererst in den Segregations-, Vertreibungs- und Aufwertungstendenzen des Paris der zweiten Hälfte des 19. Jahrhunderts zu verorten seien. Die marxsche Interpretation, dass es sich bei der Kommune also um einen Aufstand des städtischen Industrieproletariates gegen die Industrialisierung handele (vgl. Marx 1871, Schneider 1971) verwirft Lefebvre dabei zugunsten seiner These der urbanen Revolution. Die Kommune war gemäß Lefebvre so zuallererst ein epochales Fest der kollektiven Befreiung und urbanen Aneignung (Lefebvre 1965: 188), in dessen Zuge die Stadt, die Straßen, die Plätze, die Gebäude und Monumente einer unproduktiven Konsumtion zugeführt, die Entfremdung überwunden und der Tauschwert in Gebrauchswert umgewandelt worden seien (hdv: 3).

3.2 Die urbane Revolution

Lefebvres zentrale Schriften zum Urbanen legte er zwischen 1968 und 1974 vor, wobei er sich spätestens ab den 1950er Jahren mit Fragen der Stadt auseinanderzusetzen begann und auch später immer wieder darauf Bezug nahm (Kofman & Lebas 1996a: 14-24). Seine Überlegungen zur Stadt sind eingebettet in eine zeitgenössische Analyse der 68er-Unruhen in Frankreich, die er wie auch die Pariser Kommune von 1871 als zutiefst urbanes Ereignis erkannte (vgl. his). Wichtig waren zudem frühe Kritiken des modernen Städtebaus, wie sie gerade von der SI formuliert wurden (McDonough 2009). So erkannten Mitglieder der SI im Urbanismus der 1950er und 60er Jahre in Frankreich die Einschränkung aller Möglichkeiten des städtischen Lebens (Lefebvre 1979a: 5). Das Ziel, das Lefebvre mit seinen Arbeiten zum Urbanen verfolgte, war nicht, ein kohärentes Modell der Verstädterung, verstanden als einfache Ansammlung von Bauten und Menschen, zu entwickeln oder diese lediglich einer Kritik zu unterziehen. Vielmehr sollten auf der Basis der historischen Untersuchung und der Analyse der Gegenwart freiheitliche Möglichkeiten eruiert und Utopien formuliert werden. Die Arbeiten sollen also primär einen Horizont zu einer emanzipatorischen Praxis der Raumproduktion öffnen (hdv: viii, hru: 74), womit sie einen zentralen Stellenwert in den theoretischen wie politischen Überlegungen Lefebvres einnehmen.

Raumproduktion als Zugang

Um sich im Kontext des *Rechts auf die Stadt* mit der lefebvreschen Theorie des Urbanen zu beschäftigen, ist es hilfreich, sich zunächst einige Gedanken zu vergegenwärtigen, die Lefebvre 1974 in »La Production de l'espace« formulierte, weil er darin – de facto seiner letzten zentralen Schrift zur Stadt – eine theoretische Zusammenführung seiner Überlegungen zum Raum vornimmt und das Argument verallgemeinert. Das Vorwegnehmen einiger zentraler Punkte der lefebvreschen Idee von Raumproduktion kann demnach als Lesehilfe bzw. Perspektive dienen, um die Argumente zum Urbanen besser einordnen zu können (Schmid 2011: 35). Ausgangspunkt der hiesigen Diskussion zum Urbanen ist somit das Konzept der *Raumproduktion*, das Argument wird also von hinten aufgerollt.

In »La Production de l'espace« (hpe) schlägt Lefebvre vor, mit dem Raum analytisch gleich der marxschen Warenanalyse zu verfahren. Mit Raum ist dabei ein materieller und lokalisierbarer Raum gemeint, der innerhalb des Erkenntnishorizontes und der Vergesellschaftungsnormen mit Bedeutung aufgeladen wird. Dabei ist dieser nicht nur als konstitutives Element für Gesellschaft zu verstehen, sondern als ein historisch notwendiges Produkt von sozialen Prozessen, Strategien und Projekten (Kipfer et al. 2012: 4). Lefebvres Startpunkt der Auseinandersetzung mit der Raumproduktion ist der Versuch, die Dualität von mentalem und physischem Raum, der die Wissenschaft lange Zeit geprägt hat, zu überwinden (hpe: 2-7). Hierfür stellt er dem dualen Ansatz von physischem und mentalem Raum, eine Triade von Feldern der Raumproduktion gegenüber (Guelf 2010: 158): Das *physische Feld* der Natur, des Kosmos, der Materialität; das *mentale Feld* der logischen und formalen Abstraktion, also etwa der Mathematik und Physik, die den Raum definieren; und das *soziale Feld* der Projekte, Symbole und Utopien, des Verlangens und Imaginären, also das Feld das das Geistige und ›Metaphysische‹ beinhaltet (hpe: 11f.). Lefebvre betont dabei, dass der *physische Raum* eine Materialität besitzt, diese aber, weil das physische Feld nicht losgelöst vom gesellschaftlich Denken darüber und der Praxis darin existieren kann, kein Objekt ›an sich‹ ist. Weshalb Lefebvre dem *physischen Raum* den *sozialen Raum* entgegensetzt, der ersteren überwinden soll und dafür sämtliche drei Felder – physisches, mentales und soziales – zusammenfassend beinhaltet und darstellt. Keines dieser drei Felder »ist abgegrenzt, noch kann [es] gänzlich verschwinden. Sie integrieren, überlagern und implizieren sich«, so Guelf (2010: 158). Die zentralen Schlüsse, die Lefebvre daraus zieht, sind Bernd Belina und Boris Michel (2007a: 19) zufolge drei: Erstens, dass der soziale Raum ein soziales Produkt ist, in dem zweitens, abstrakte soziale Prozesse und Strukturen konkret und wirkmächtig werden und drittens, dass jede Raumproduktion umkämpft ist. In der letzten Konsequenz bedeutet dies, dass Gesellschaft nicht *im* Raum, sondern *über* den Raum produziert wird und in einer dialektischen Weise Raumproduktion Voraussetzung und Produkt einer jeden Gesellschaft ist (Vogelpohl 2011: 234, Herv. i. O.).

Um über die konkrete Raumproduktion des sozialen Raums, der über die drei Felder, *physisches*, *mentales* und *soziales* Feld, bestimmt ist, reflektieren zu können, setzt Lefebvre ausgehend von den Begriffen des Wahrgenommen, des Konzipierten und des Gelebten (vgl. Belina 2013: 46), eine weitere Triade von Begriffen. Diese zweite Triade ist dabei nicht deckungsgleich mit der ersten – *physisch, mental, sozial* –, die beiden greifen aber ineinander und überlagern sich (Schmid 2011: 35-9). Begrifflich fasst Lefebvre diese zweite Triade als *räumliche Praxis*, *Repräsentation des Raums* und *Räume der Repräsentation*: Die *räumliche Praxis* umfasst die Produktion und Reproduktion von Raum. Dabei produziert jede soziale Formation bzw. gesellschaftliche Ordnung in der Praxis einen für sie charakteristischen Raum, was bedeutet, dass jedes Mitglied einer Gesellschaft, da es im Raum agiert, gegenüber diesem Raum Kompetenz und Handlungsmacht besitzt. *Repräsentation des Raums* ist der Ort an dem Planer_innen, Urbanist_innen, Technokrat_innen usw. wirken, die den Raum konzipieren und dadurch gestalten. Die Art und Weise der Repräsentation, also das analytische Fassen von Raum, ist eng gekoppelt an die allgemeine Strukturiertheit von Gesellschaft und ihre (Re-)Produktionsverhältnisse, da zum einen darin das Denken über Raum strukturiert und zum anderen wesentlich Dominanz hergestellt wird. Die *Räume der Repräsentation* sind mit dem sozialen Leben verbunden und enthalten die komplexen Kodierungen und Symbolisierungen. Die Räume der Repräsentation sind die erlittenen, die gelebten und wahrgenommenen Räume, die Räume der Bewohner_innen und Benutzer_innen, und sie benutzen den physischen Raum, indem sie sich über diesen legen und seine Objekte symbolisch aufladen (hpe: 33, 38f.). Das lefebvresche Konzept der Produktion von Raum umfasst somit einen dreidimensionalen Produktionsprozess, der die materielle Produktion, die Produktion von Wissen und die Produktion von Bedeutungen umfasst. Jedoch ist keine dieser Ebenen gegenüber der anderen privilegiert, keine kann als Ausgangspunkt oder Endpunkt interpretiert werden, so Schmid (2005: 313). Mit diesem Raumkonzept erlangt Raum nie eine Vollendung; Raum wird andauernd produziert, ist damit keine Objektivität und kann auch nicht als neutrales Gefäß betrachtet werden, da der soziale Raum strukturierend wirkt und Gesellschaft mitproduziert (Guelf 2010: 17).

Auf die Stadt bezogen bedeutet dies, dass der urbane Raum den Raum der Interaktion darstellt, in dem physisches Zusammentreffen möglich ist (Schmid 2011: 35-9). Stadt kann dabei also nicht durch gegebene Faktoren, etwa durch eine objektive Erkenntnis des Stadt-Land-Gegensatzes, bestimmt werden, sondern ist das Produkt einer gesellschaftlichen Definition. Kurzum Stadt und auch Land sind abhängig von der gesellschaftlichen Definition von Stadt und Land. Mit einem Namen bezeichneter Raum, ist mit Deutung aufgeladen und gilt somit als *Raum der Repräsentation*. Zentral dabei ist die Frage, welche Erlebnisse und Erfahrungen im kollektiven Gedächtnis verhaftet bleiben und welche Kräfteverhältnisse sich darin niederschreiben.

Die Stadt in Raum und Zeit

Die Stadt versteht Lefebvre als Mediation zwischen dem Alltäglichen und der sozialen Ordnung (Kipfer 2009) und sie ist für ihn, so wie schon angedeutet, kein in objektiven Kategorien, wie etwa in der Differenz von Stadt und Land, zu denkendes Objekt. So merkt Lefebvre bereits 1968 in »Le Droit à la ville« (hdv) und profunder 1970 in »La Révolution urbaine« (hru) an, dass die Stadt als bestimmte historische Konfiguration zu verstehen sei (vgl. Schmid 2005: 27). Mit diesem Verständnis knüpft Lefebvre an bereits bestehende Arbeiten zur Stadt innerhalb der marxistischen Tradition an und radikalisiert dabei gerade die von Friedrich Engels verfassten Schriften zur Stadt (Merrifield 2002a). Aber allgemein geht Lefebvre davon aus, dass die Urbanisierung als gesellschaftliche Realität des 19. und 20. Jahrhunderts gerade in den marxschen Werken eine wichtige Rolle spielt und so hält er zum Schluss seiner Aufarbeitung dieser Werke fest:

> »Wenn man alle Texte, in denen das Wort ›Stadt‹ bei Marx und Engels vorkommt heraussuchen würde, könnte man vielleicht noch einiges entdecken. Besonders hinsichtlich des Klassenkampfes. Dieser unaufhörliche Kampf hat für Marx und Engels seinen Ursprung in der Produktion, seine Grundlage in der ökonomischen Wirklichkeit, seine Motive in den Forderungen, seinen aktiven Träger in der Arbeiterklasse. Und doch entsteht der Klassenkampf in der Stadt. Einerseits spiegelt der politische Kampf eine politische Lage wieder, und andererseits deckt er deren noch nicht wahrgenommenen Aspekte und latenten Möglichkeiten auf.« (Lefebvre 1975 [1972]: 112)

Als zentrales Werk betrachtet Lefebvre hierbei Friedrich Engels' »Die Lage der arbeitenden Klasse in England« aus dem Jahr 1845 (Lefebvre 1975 [1972]: 9-21), zumal es auch Engels gewesen sei, der Marx in die urbanen

Lebensrealitäten in England eingeführt habe, bevor sie sich zusammen an das Verfassen von »Die deutsche Ideologie« (1846) machten (ebd.: 11). In dem Werk von 1845 geht Engels intensiv auf die Frage der Urbanisierung ein und versuchte diese im Kontext der kapitalistischen Akkumulation zu diskutieren. Aus der Analyse der Lebensbedingungen des in Manchester arbeitenden und lebendenden »Proletariates« schließt er, dass die Revolution nicht mehr lange auf sich warten lassen könne. Bei Engels haben die Städte eine spezifisch dialektische Eigenschaft, im Sinne dass in ihnen einerseits Ungleichheit wesentlich produziert und materialisiert wird, zum anderen sie aber auch Ort der Organisation der Massen sind (Merrifield 2009a: 33f.). Engels ist dabei einer der ersten, so die Einschätzung Lefebvres (1975 [1972]: 10), der eine Verbindung zwischen alltäglicher Lebensrealität im Urbanen, politischer Subjektivierung und revolutionärem Potential skizziert. Engels verortet dabei das Potential zur Revolution in der über die Alltäglichkeit in den industriellen Großstädten vermittelten Erkenntnis der Entwürdigung und Ausbeutung der Arbeiter_innen. Dabei macht er aber stets klar, dass es die kapitalistischen Verhältnisse sind, die es zu überwerfen gilt, die Stadt dabei also lediglich als Vermittlerin auftritt (Engels 1845: 430-55). Was die Urbanisierung selbst angeht, so unterstreicht Engels, dass der Tendenz der Zentralisierung unter kapitalistischen Bedingungen nicht zu entkommen ist, da »jede neue Fabrik [...] den Keim zu einer Fabrikstadt« (Engels 1845: 255) in sich trage. Da gleichzeitig »in [den] großen Städten die Industrie und der Handel am vollständigsten zu ihrer Entwicklung kommen, so treten [..] auch hier ihre Konsequenzen in Bezug auf das Proletariat am deutlichsten und offensten hervor« (ebd.), weshalb folgerichtig sei, dass in ihnen auch die stärksten sozialen Kämpfe ausgetragen und von ihnen die Revolution ausgehen werde (Engels 1845: 455). Die Stadt hat dabei in Engels' Werk, so Lefebvre (1975 [1972]: 10), eine im doppelten Sinne zentralisierende Wirkung: die der Menschen und die des Kapitals. Dieses Erkennen der Stadt als historisch-sozial Gewordenes, im Anschluss an diese Schriften, bildete dies Basis der Auseinandersetzung mit dem Urbanen bei Lefebvre. So produktiv diese Lektüre für Lefebvre auch gewesen sein mag, so birgt rückblickend nicht zuletzt das Geschichtsmodell Engels', das selbst im Vergleich zum marxschen als besonders mechanisch und deterministisch kritisiert wurde (Kastner 2011: 94), Stolpersteine, die in Lefebvres Werk durchaus Spuren hinterlassen haben.

Die historische Achse der Urbanisierung, wie sie von Lefebvre beschrieben wird und wie sie sich aus den verschiedenen historischen Formen von

Stadt ableiten lasse, stellt einen Eckpunkt in seinem Verständnis des Urbanen dar (Schmid 2005: 137f.). Den Urbanisierungsprozess der westlichen Stadt beschreibt er mit Hilfe einer Raum-Zeit-Achse von 0% (nicht existenter Urbanisierung) bis 100% (vollständiger Urbanisierung). Räumlich ist die Achse wegen der qualitativen und quantitativen Ausdehnung sowie der Veränderungen des Raums. Zeitlich ist sie, weil der Prozess nur in der Zeit stattfinden kann (hru: 13). Mit der Figur der Raum-Zeit-Achse beschreibt er eine historische Bewegung von der *Natur* über *Stadt-Land-Gegensatz* zu dessen Aufhebung im *Urbanen*, wobei damit auch *Stadt* und *Land* als eigenständige, klar zu umreißende und differenzierende Begriffe verloren gehen. Konkret beschreibt Lefebvre in Anlehnung an die marxsche Geschichtsschreibung verschiedene Epochen von Stadt (Lefebvre 1975 [1972]).

Der Ausgangspunkt der Beschreibung der Achse ist das Rurale, der Übergang von einem nomadenhaften Dasein zu den ersten Siedlungen und der damit verbundenen neuen Formen der Raumaneignung. Damit sei mit der Zeit der Städte und im Kontrast dazu der Errichtung des Ländlichen auch die Zeit des Stadt-Land-Gegensatzes angebrochen. Die primäre städtische Funktion sei zuerst eine politische gewesen, im 14. Jahrhundert habe der Handel aber zusehends an Bedeutung gewonnen, was Lefebvre als Übergang von der *politischen Stadt* zur *Handelsstadt* versteht (hru: 14-17). Charakterisierend für diese Zeit sei die Dominanz des Ländlichen über dem Städtischen, mit der Stadt als Fremdkörper im Ländlichen, gewesen. Im Verlauf des 16. Jahrhunderts habe sich die Stadt, angestoßen von der zunehmenden Konzentration von Menschen und Produktionsmitteln im städtischen Raum (ebd.: 9), aus ihrer Unterordnung herausgelöst und ihrerseits begonnen, sich den ländlichen Raum unterzuordnen. Indem die Industrialisierung die Stadt für ihre Zwecke genutzt und sie erneut umgestaltete habe, sei eine neue Form der Stadt entstanden: die *Industriestadt* (ebd.: 17-21). Lefebvre beschreibt diesen Wandel mit dem Bild der *Implosion-Explosion* von Stadt, also einerseits die massive Konzentration von Menschen, Tätigkeiten, Reichtümern und Gegenständen in den Städten (*Implosion*) und andererseits das Auseinanderbersten der städtischen Wirklichkeit (*Explosion*), wodurch die Stadt ihren Charakter als sozialen Ort bzw. als *œuvre* verliere und zunehmend zur reinen Ideologie werde (ebd.: 20). Dabei verweist er darauf, dass, obwohl die Urbanisierung von Beginn an auf eine Totalität hinweise, Totalität als Abgeschlossenes nie erreicht werden könne, weil das Urbane in seiner Fluidität und Beweglichkeit dem selbst entgegenstehe (ebd.: 181). Die urbane Gesellschaft ist also nicht alleine Ziel, auf das die Entwicklung stetig zusteuert, sondern auch Virtualität, Möglichkeit und Veränderbares (Guelf 2010: 347).

Klar ist aber, dass sich die beschriebenen Stadttypen im Denken Lefebvres in Raum und Zeit nicht so klar voneinander trennen lassen, wie dies die Raum-Zeit-Achse nahelegt, sondern sich überlagern, ineinandergreifen und durchdringen. Dem ist so, weil die gesellschaftliche Produktion letztlich viel mehr umfasst, als bloß die ökonomischen Faktoren, aus denen Lefebvre die Raum-Zeit-Achse primär herleitet. So produziert im Verständnis von Lefebvre jede gesellschaftliche Konstellation von Akteur_innen, jede Institution oder Gruppe, von der Familie bis zum Nationalstaat, ihren spezifischen Raum (Schmid 2005: 325). Um in dieser Mannigfaltigkeit von produzierten Räumen dennoch Übersicht zu behalten, führt Lefebvre die drei Ebenen der gesellschaftlichen Wirklichkeit ein, die er als charakteristisch für Gesellschaft erachtet.[13] Lefebvre benennt diese Ebenen als *globale* Ebene, *gemischte* Ebene und *private* Ebene.[14] Auf der *globalen* Ebene wird die Macht[15] ausgeübt, hier wirkt der Staat als »Wille und Vertretung« (hru: 86). Auf dieser Ebene werden die Strategien durch Logiken ergänzt, die unter Vorbehalt, so Lefebvre, als »Klassenlogiken« beschrieben werden können. In dieser *globalen* Ebene kommen sehr abstrakte Beziehungen wie der Kapitalmarkt oder die Raumpolitik zum Tragen und manifestieren sich politisch wie gestalterisch etwa in der Baupolitik. Die *gemischte* Ebene ist die verstädterte Ebene und ist das, was als städtische Form erkannt wird. Die *private* Ebene hingegen ist die Ebene des Alltäglichen, darf aber nicht als geringfügiger als die anderen Ebenen betrachtet werden (ebd.: 86-8). Schon gar nicht sollte der Fehler begangen werden, betont Lefebvre mit Nachdruck, die *globale* Ebene als von sich aus dominante Ebene zu verstehen. Denn die Entscheidung, welche Ebene als dominant erkannt wird, sei strategischer Natur und verfolge stets einen Zweck (ebd.: 93). So diene das Setzen der *globalen* als vorrangige

13 Hierbei gilt es zu berücksichtigen, dass Lefebvre in seiner Analyse stark von einer fordistischen Gesellschaftsordnung geprägt war und die drei Ebenen, die er als zentral erachtet, immer auch vor diesem Hintergrund gesehen werden müssen.

14 In »Le droit à la ville« geht Lefebvre bereits auf die Frage der Ebenen ein. Dort heißen die Kategorien aber *nahe Ordnung* [*l'ordre proche*] für die *private* Ebene, *ferne Ordnung* [*l'ordre lointaint*], für die *globale* Ebene und *Stadt*, für die *gemischte* Ebene (hdv: 51ff.).

15 Macht wird hier nicht in einem foucaultschen Sinn verstanden, sondern als die reale Ausprägung von Unterordnung durch Staatlichkeit, Konstitutionen und Institutionen (Lefebvre 1986: 61). Insofern ist Macht bei Lefebvre das, was bei Foucault eher als Herrschaft bezeichnet werden würde (Foucault 1984: 298); diese Präzisierung ist für die spätere Verbindung mit Laclau und Mouffe wichtig.

Ebene, wie er dies beobachtet hatte, primär der Durchsetzung der Herrschaft jener Elemente, die diese Ebene konstituieren (ebd.: 97).

Analytisch sind die Ebenen, simultan ineinander verwoben zu denken. So projiziert sich die *globale* Ebene auf die *private* und manifestiert sich darin, wobei aber das *Private* das *Globale* niemals unverändert als Spiegelbild reflektiert (hdv: 55, 67). Die *gemischte* Ebene übernimmt dabei die Rolle der Mediation zwischen den beiden anderen Ebenen – der *Globalen* und der *Privaten*. Das *Private* enthaltend unterstützt die *gemischte* Ebene das *Alltägliche*, es bewahrt Relationen der Produktion und ist der Ort von deren Reproduktion. Die *gemischte* Ebene unterstützt die *globale* Ebene insofern aber auch, als über die Projektion der *globalen* Ebene auf das Terrain der *gemischten* Ebene das *Globale* lesbar und erfahrbar wird (ebd.: 52f.). Zusammenfassend kann mit Schmid (2005: 324) gesagt werden, dass die drei Ebenen die vier zentralen Themenbereiche – *Alltag*, *Stadt*, *Staat* und *Raum* – des lefebvreschen Werkes miteinander in Beziehung setzen. Allerdings ist *Raum* dabei als umfassende Kategorie zu verstehen, während die anderen drei Begriffe spezifische Ebenen bezeichnen, die sich in räumlichen Strukturen manifestieren. Aus dem Gesagten kann für die Stadt geschlossen werden, dass sie keinesfalls als ein geschlossenes System betrachtet werden kann (hdv: 63), sondern sie vielmehr als eine Projektion der Gesellschaft auf das Terrain bzw. auf die ihr spezifische Ebene – die *gemischte* – zu verstehen ist (ebd.: 56). Die Stadt ist somit, wie alle anderen Ebenen auch, ein Produkt konkreter Auseinandersetzungen und sozialer Produktion, stellt aber gleichzeitig das Gelände für den Kampf gegen die Vereinnahmung des Besonderen durch das Allgemeine dar (hru: 97f.). Stefan Kipfer (2009: 74-82) hält hierbei fest, dass die lefebvreschen Ebenen keinesfalls mit den räumlichen Skalen des Lokalen oder des Globalen verwechselt werden dürfen. Vielmehr seien sie ein Zugang, um die dialektische Produktion von Raum bei Lefebvre zu verstehen. Diese Ebenen seien so als gleichzeitig in jedem sozial hergestellten Raum enthalten zu verstehen und würden so in ihrer vermittelnden Funktion diese Räume erst erschaffen. Sie sind also die Ebenen der Materialisierung eines dialektischen Prozesses.

Krise der Stadt

Um sein Verständnis der Veränderung der Stadt in Raum und Zeit zu verdeutlichen, greift Lefebvre auf das marxsche Konzept von *Gebrauchs-* und *Tauschwert* zurück und hält fest, dass sich Städte im Laufe der Zeit vom *œuvre* und Gebrauchswert zunehmend zu einem Ort des Tauschwertes gewandelt hätten (hdv: 2-5). *Gebrauchswert* ist dabei im Anschluss an Marx (1867: 50f.) als durch die Nützlichkeit eines Gegenstandes und sein Potential, Bedürfnisse zu befriedigen qualitativ bestimmt. Er verwirkliche sich nur im Gebrauch oder in der Konsumtion. Der *Tauschwert* hingegen ist, so Marx, rein quantitativ durch die in den Waren enthaltene gesellschaftlich notwendige Arbeitszeit bestimmt. Insofern gelte, dass »als Gebrauchswerte [..] die Waren vor allem verschiedener Qualität [sind], als Tauschwerte [aber] können sie nur verschiedener Quantität sein, enthalten also kein Atom Gebrauchswert« (ebd.: 52). Für Lefebvre ist die Stadt in ihrer historischen Form ein *œuvre*, eine Art Kunstwerk, das nicht Instrument einer ökonomischen Verwertung gewesen sei. Städte seien daher mehr Orte des sozialen und politischen Lebens gewesen, Orte der kollektiven Produktion und weniger reine Macht- oder Handelszentren (Vogelpohl 2011: 235f.). Im Zuge der Industrialisierung hat die Produktion von Waren die Produktion von *œuvres* aber ersetzt und somit die sozialen Beziehungen aufgelöst, die mit Stadt als *œuvre* verbunden waren (hdv: 4).

Wenn Lefebvre also betont, dass die Stadt als soziales Objekt nurmehr als Ideologie existiert, dann meint er, dass Stadt nur noch über Behauptungen ihres vermeintlichen Seins bzw. dessen Wesenszüge und Essentialisierungen erfasst wird, die Stadt selbst aber kein soziologisches Objekt mehr darstellt, weil die ihr eingeschriebenen Beziehungen, die sie einst charakterisierten, zersetzt wurden (ebd.: 43f.). Die Stadt, die sich dem Verständnis Lefebvres folgend, also einmal durchaus durch eine spezifische soziale Formierung u. a. in der Differenz zum Ländlichen konstituiert hatte, ist heute nicht mehr existent. Die sozialen Beziehungen haben sich verändert und formieren ein Neues, so Lefebvre. Dieses Neue versucht er in Abgrenzung zur Stadt mit dem Urbanen in den Griff zu bekommen. Das beschriebene Verschwinden der Stadt als soziales Objekt sollte aber nicht mit dem Verschwinden der Stadt als gebaute Umwelt verwechselt werden, denn die physische Umgebung hat weiter Bestand (Kipfer et al. 2012: 5). Die Stadt als produzierter Raum ist daher Teil der Urbanisierung, sie ist ein »soziales Laboratorium, grenzenloses Terrain für theoretische Überlegung, praktisches Handeln, Imagination und Spekulation«, so Guelf (2010: 164). Verständlicher wird dies im Kontext der Ausführungen zum Wohnen oder zur Straße.

Die Straße ist für Lefebvre Ort der Begegnung und ermöglicht das Erreichen von Treffpunkten. Sie sei ein Schmelztiegel, sie schaffe das Stadtleben, überwinde die Trennung und Isolierung und ohne sie würde jedes städtische Leben erlöschen. Auf der Straße werde gespielt, gelernt, sie sei Unordnung und Ordnung. Die Unordnung bedeute Lebendigkeit, sie informiere und überrasche und schaffe dadurch eine höhere Ordnung. Womit die Straße eine spezifische »Raum-Zeit-Beziehung« (hru: 25) in die Wirklichkeit umsetze. Gleichzeitig ist die Straße für Lefebvre nur Ort der oberflächlichen Begegnung. Sie lade nicht zum Verweilen ein, es bildeten sich keine Gruppen und so könnten auf ihr keine Subjekte entstehen. Hinzu komme, dass die Straße der Ort sei, an dem sich die Ware entfalte. Austausch und Tauschwert seien auf der Straße insofern wichtige Elemente. Lefebvre hält dabei aber fest, dass genau aus dieser Widersprüchlichkeit zwischen Gebrauchs- und Tauschwert, der sich auf der Straße seiner Auffassung nach manifestiert, es »ebenso *Gebot* wie *Verbot*« ist, durch die Straße, »den Raum der Kommunikation, *zu gehen*«, denn genau die Widersprüchlichkeit stellt das produktive Potential der Praxis erst her (ebd.: 26, Herv. i. O.). Insofern gilt die Straße als Ort des Konsums und Tauschwertes, beinhaltet gleichzeitig aber auch die Überwindung dieser tauschwertorientierten Zuschreibung.

Beim zweiten Beispiel, dem Wohnen, das eine ähnliche Bewegung erkennen lässt, wie Lefebvre sie für die Straße beschreibt, war er wesentlich von Martin Heidegger inspiriert. Wohnen ist dabei bei Lefebvre die zentrale Komponente der *privaten* Ebene und stellt ein wichtiges Element des Alltäglichen dar. So meint er, dass *habiter* [*wohnen*] zusehends durch ein entfremdetes *habitat* [*Lebensraum*] ersetzt wird. Während *habiter*, für einen beweglichen Raum gestanden habe, der von den Gruppen und Individuen, die ihn nutzten, hätte angeeignet werden können, stehe *habitat* für einen Raum, der auf den Zweck des Wohnens im Sinne von Untergebrachtsein reduziert sei. Die Handlungsspielräume für Aneignungen würden dabei immer kleiner (hdv: 21f.). Insgesamt führe dies dazu, dass das Bewusstsein über die Stadt und die urbane Realität abstumpfe und sie dadurch verschwinde (hdv: 24). Die Gründe für diesen Wandel erkennt Lefebvre im Agieren der Staatsbürokratie, deren primäre Ziele das Planen nach den Anforderungen der kapitalistischen Produktionsweise und der Fragmentierung des Raums zum Zweck der Vermarktung sei (Lefebvre 1973: 188). Sichtbar wird dies etwa im rationalen Städte- und Wohnungsbau, wie er vom *Congrès International d'Architecture Moderne* (CIAM)[16] am Jahreskongress 1933

16 Die CIAM war eine in den Jahren 1928 bis 1959 stattfindende Kongressreihe. In ihr waren führende Stadtplaner_innen und Architekt_innen der Moderne zusammengekommen, um über Strukturierungen des alltäglichen Lebens in den modernen Großstädten zu sprechen und Leitlinien vorzuschlagen. Neben architektonischen und städtebaulichen Themen hatte die CIAM auch ein sozialpolitisches Programm

vorgeschlagen und 1943 von Le Corbusier als »Charta von Athen« vorgelegt wurde (Calabi 2008: 190-8). In der Charta wurde u. a. die funktionale Zonenteilung der Stadtgrundrisse nach den Prinzipien Wohnen, Arbeiten, Erholung und Bewegung vorgeschlagen und dabei die Wohnung als Zentrum des städtebaulichen Bestrebens definiert. Folge dieser rationalisierten Planung ist, so Lefebvre, eine anhaltende Segregation. Diese sei zwar nicht als klare und zielgerichtete Strategie der Herrschenden zu verstehen, stelle aber sehr wohl ein verallgemeinerbares Phänomen dar. So kann mit Lefebvre gesagt werden, dass das Handeln privater Akteur_innen auf dem Boden- und Immobilienmarkt letztlich ebenso segregierend wirkt, wie das Handeln des Staates, zumal der Staat wie die privaten Unternehmen, danach strebten, sich die städtischen Eigenschaften anzueignen, sie zu übernehmen und das ihr eingeschriebene Potential auf Veränderung durch Segregation zu zerstören (hdv: 105f.).

Die Stadt, wie sie sich Lefebvre Ende der 1960er Jahre präsentierte, versteht er von unauflösbaren konflikthaften Prozessen erfasst, die sich in den Gegensätzlichkeiten zwischen Industrialisierung und Urbanisierung, Wachstum und Entwicklung, ökonomischer Produktion und sozialem Leben ausdrücken (ebd.: 8f.). Von einem steten Wandel hin zur Ware und zum Konsumgut ergriffen, sieht er sie zunehmend als vom Doppelcharakter *Ort des Konsums* und *Konsumtion des Ortes* geprägt. Orte, an denen das einmal vorhandene *œuvre* noch sichtbar ist, würden wegen dem, was sie waren, zu konsumierbaren Orten, zu Orten für den Schönheitssinn, das Spektakel und die Pittoreske. Gleichzeitig seien es, so Lefebvre, auch meist diese Orte, an denen ein luxuriöser Konsum stattfindet, Einkaufsstraßen entstehen, Straßencafés sich aneinanderreihen und Touristen sich tummeln (ebd.: 117, 149). Die Stadt, die als *œuvre* historisch hergestellt worden sei, werde nicht mehr gelebt und deshalb praktisch nicht mehr verstanden. Dabei verschwinde sie und was übrig bleibe, wenn auch entfremdet und zerstreut, sei das Urbane (ebd.: 117). Die Entwicklung als Gesamtes formuliert Lefebvre in der Hypothese der *vollständigen Verstädterung der Gesellschaft*, die er als utopischen Ausgangspunkt von »La révolution urbaine« setzt (hru: 7f.).

---

und es wurden Konzepte für eine »Wohnung für das Existenzminimum« u. a. die von Ernst May befürwortete Frankfurter Küche (Kongress in Frankfurt a.M., 1929), Konzepte für eine rationale Bauweise (Kongress in Brüssel, 1930) oder nach dem Zweiten Weltkrieg Fragen des Wideraufbaus (Kongress in Bridgwater, 1947) besprochen.

Begrifflich unterscheidet Lefebvre zwischen *Urbanisierung* und *urbaner Gesellschaft*. Ersteres wird als Prozess verstanden, der aus der Industrialisierung hervorgeht, eine radikale Veränderung des menschlichen Zusammenlebens einleitet und das gesamte Alltagsleben restrukturiert. Die ländlichen Gebiete werden im Zuge dessen von einem urbanen Netz überlagert, das letztlich den Stadt-Land-Gegensatz auflöst – erinnert sei hier an Engels' These der Urbanisierung. Lefebvres Begriff des *Urbanen* steht als Kurzform für die *verstädterte Gesellschaft* bzw. *urbane Gesellschaft* (ebd.: 23) und ist eine soziale Realität, die durch Beziehungen hergestellt wird (hdv: 56). Die *urbane Gesellschaft* geht aber nicht zwangsläufig aus der *Urbanisierung* hervor. Es bedarf der *urbanen Revolution*, also eines grundlegenden gesellschaftlichen Wandels, um die im Prozess der Urbanisierung angelegten Möglichkeiten zu nutzen. Um verstehen zu können, was Lefebvre hier meint, ist es wichtig, zu sehen, dass er seine Theorie zwar im Anschluss an Marx und Engels entwickelt, im Gegensatz dazu aber die Herausbildung der ›Arbeiterklasse‹ nicht als Konsequenz ökonomischer Produktion im engeren Sinne versteht. Vielmehr erkennt er nämlich von seinem weiten Produktionsbegriff und der daraus hervorgehenden Urbanisierung ausgehend die Herausbildung der ›Arbeiterklasse‹ als Konsequenz des Urbanisierungsprozesses als Gesamtes (Harvey 2012: xiii). Für Lefebvre ist die Segregation, die mit der Urbanisierung und Industrialisierung fast überall einherging, der Prozess der die sozialen Ungleichheiten auf das räumliche Terrain projiziert. Mit dieser Darstellung der abstrakten Strukturen und Prozesse auf der räumlichen Ebene, werden diese materialisiert und dadurch erfahrbar, was insgesamt, so Lefebvre, den zentralen Prozess der Herstellung der ›Arbeiterklasse‹ darstellt (hdv: 161). Insofern löst er sich auch vom Begriff der *proletarischen Revolution* bei Marx und Engels (1848) und ersetzt diesen durch den der *urbanen Revolution*, den er als treffendere Bezeichnung für viele der sozialen Revolten des 19. und 20. Jahrhunderts einführt.

Das urbane Leben, also Treffen, produktive Konfrontation von Unterschieden, die Produktion von wechselseitigem Wissen und Anerkennung, ideologische und politische Auseinandersetzung, das Nebeneinander von Lebensweisen, kulturelles Schaffen und allgemein die Herausbildung eines demokratischen Gedankens, zeichneten sich Ende der 1960er Jahre, als Lefebvre seine Schriften dazu verfasste, aber keineswegs als historisches Novum oder Singularität ab, wie Lefebvre selbst festhält. So habe es im Paris nach 1848 bereits einen historischen Höhepunkt gehabt. Es sei aber aus Angst vor der urbanen Revolution von Napoleon III. durch Gesetzesverschärfungen, Einschränkung demokratischer Rechte und der Umstrukturierungen der gebauten Stadt zwischen 1853 und 1869 unter der Leitung von Baron Georges-Eugène Haussmann zerschlagen worden (hdv: 17f.).

Haussmann ließ große Boulevards durch die Stadt schlagen und ganze Stadtteile abreißen. Paläste und Monumente sowie Kasernen wurden freigestellt und von großen Plätzen umgeben. Der Stadtumbau zielte unter anderem direkt auf die ›Verbesserung‹ des polizeilichen und sicherheitspolitischen Eingreifens in die Stadt ab und entfaltete dabei eine normalisierende, disziplinierende und regulierende Wirkung; Gleichzeitig sollte der Umbau aber auch die sanitären Bedingungen der Stadt verbessern (Mümken 2012: 111-26). Zerstört wurden dabei vor allem Wohneinheiten der Unterschicht und da gleichzeitig kein Ersatz geschaffen wurde, führten die Eingriffe in die Stadt unmittelbar zur Verelendung: Die Zahl der in den Armenvierteln wohnhaften Menschen verdoppelte sich zwischen 1853 und 1870 (Harvey 2003: 310). Gleichzeitig ließ Napoleon III. die zu Beginn der 1860er Jahre erlassenen Freiheiten, wie das Streikrecht, das Recht auf politische Organisation und die Lockerung der Zensur, unter Eindruck des wachsenden Unmutes über die sich verschlechternden Lebensbedingungen sowie des gestiegenen Einflusses der Ersten Internationalen, zurücknehmen (Bookchin 1998: 197, Lawrow 2003: 16, Shafer 2005: 20). Die Pariser Kommune von 1871 sei in diesem Sinne das Aufbäumen der Enteigneten und Entrechteten Bewohner_innen der Armenviertel für ein erneuertes urbanes Leben gewesen, so Lefebvre. Die urbanen Elemente vermochten sich 1871 mit der Zerschlagung der Kommune durch den französischen Nationalstaat nicht durchzusetzen, und so schritt die *Krise der Stadt*, die mit Aufkommen des staatlich angeheizten kompetitiven und industriellen Kapitalismus einsetzte, weiter voran (hdv: 17, 51).

Im bürokratischen Staat seiner Zeit erkennt Lefebvre – analog zum Bestreben Napoleons III. – einen beständigen Versuch, das Aufbrechen des Urbanen mittels Kontrolle zu verhindern.

> »In diesem Sinn sind Staat und Verstädterung radikal unvereinbar. Das Staatliche kann das Städtische nicht daran hindern, Gestalt anzunehmen. Der Staat ist es sich schuldig, des Phänomens der Verstädterung Herr zu werden, nicht deshalb, weil er es der Vollendung zuführen, sondern weil er es zurückführen möchte: zu Institutionen hin, die durch Austausch und Markt mit ihren Organisations- und Verwaltungstypen aus der Welt des Unternehmens die gesamte Gesellschaft erfassen.« (hru: 190)

Die Möglichkeit des Urbanen, die bei Lefebvre der *Krise der Stadt* entgegensteht, ist bei ihm aber nicht als Positives formuliert, das sich in einem neuen Wachstums- oder Gleichgewichtsmodell niederschlägt. Zuallererst ist die Utopie also negativ bestimmt und beinhaltet das Sprengen der Grenzen, die die Stadt in ein quantitatives Wachstum zwängen, die Beseitigung aller Elemente, die Menschen und Dinge voneinander trennten, und letztlich die Vernichtung aller Hindernisse, die die Beziehungsgefüge als undurchsichtig erscheinen ließen und so Bestehendes als Norm strukturierten. Gleichwohl ist in seiner Vorstellung im Negativen das Positive bereits enthalten, und so beinhalte das Urbane den Ersatz des Tauschwertes durch den Gebrauchswert. Gleichzeitig zielt er mit seinem Plädoyer für das Urbane darauf ab, »dass das menschliche Wesen sich die Voraussetzungen wieder *aneignen* möge, die ihm in Zeit, Raum und den Objekten zustehen« (hru: 188, Herv. i. O.).

Gleichzeitigkeit, Begegnung und Differenz

Insgesamt ergeben sich für Lefebvre drei zentrale Merkmale des Urbanen: *Gleichzeitigkeit*, *Begegnung* und *Differenz* (hdv: 93). *Differenzen* können dabei jeglicher Art sein, sind aber sozial begründet und entstehen in der *Begegnung*, weshalb Lefebvre auch betont, dass das Urbane sich auch als Ort definieren lasse, in dem Konflikte ihren Ausdruck finden (hru: 186). Differenzen sind dabei bei Lefebvre ein multidimensionales Konzept, die aus politischen Kämpfen in den Zwischenräumen des Alltagslebens entstehen, es handelt sich dabei also um ein aktives Element (Schmid 2011: 33f.). Gleichzeitig sind sie nicht klar bestimmt, zumal es nicht darum gehe, die Eigenheiten, aus denen Differenzen hervorgehen, konkret zu bestimmen (Vogelpohl 2011: 236). Wichtig für das Verständnis der lefebvreschen Differenz ist hierbei die Unterscheidung zwischen *minimaler* bzw. *induzierter* und *maximaler* bzw. *produzierter* Differenz, die Lefebvre einführt (Kipfer 2009: 73). Ersteres ist hierbei im Feld der Logik und letzteres in der dialektischen Bewegung zu verorten. So sind im Bestehenden existierende Differenzen – als Beispiel zieht Lefebvre unterschiedlich aussehende Villen in urbanen Villenvierteln oder unterschiedlich aussehende Abendkleider heran – als minimale Differenz zu verstehen (hpe: 372). Diese existierenden Differenzen erkennt Lefebvre als isolierte Fragmente, als »Differenz-als-Gleichheit« (Kipfer 2009: 73) und als Elemente der Entfremdung. Die maximale Differenz hingegen beinhaltet eine Idee des Zerschlagens des Bestehenden und der Erzeugung einer neuen Gesellschaftlichkeit: »Eine produzierte

Differenz bedingt das Zerschlagen eines Systems; sie entspringt einer Explosion; es entsteht aus der Kluft, die sich öffnet, wenn ein geschlossenes Universum zu Bruch geht.« (hpe: 372, eigene Übersetzung) Stefan Kipfer (2009: 73) hält dabei fest, dass die maximale Differenz bei Lefebvre stark mit einem gesellschaftlichen Projekt konnotiert ist, dass auf eine kreative, nicht entfremdete, gebrauchswertorientierte Form der Vielfalt und Individualität abzielt und so eine gänzlich neue Raum-Zeit zu schaffen anstrebt. Das Projekt, mit welchem dies erreicht werden soll, bezeichnet Lefebvre etwa als das *Recht auf die Stadt* bzw. *Recht auf Differenz* – aber dazu später mehr. Die Differenzen, welche das Urbane ausmachen, um auf die Trias von *Gleichzeitigkeit*, *Begegnung* und *Differenz* zurückzukommen, sind in beiden Sphären angeordnet und erst das dialektische Aufeinandertreffen der unterschiedlichen Formen der Differenz vermag das Mögliche zu produzieren, das im Urbanen enthalten ist (hpe: 372f.). So versteht Lefebvre das Urbane als Eigenheiten Zusammenbringendes, woraus Differenzen entstehen. Das Urbane dürfe dabei aber nicht als System von Eigenheiten verstanden werden, zumal System immer etwas Abgeschlossenes symbolisiere. Die dialektischen Widersprüche, die im Prozess der Urbanisierung enthalten seien, verunmöglichen ein Geschlossensein aber von vornherein, was den Begriff des Systems ausschließe (hru: 184).

Urbanität bezieht sich für Lefebvre primär auf die Qualität der Interaktionsprozesse, das alleinige Vorhandensein von unterschiedlichen Menschen und Kontexten ist somit nicht ausreichend für das Urbane. Entscheidend sind für ihn die Interaktion und das Ineinandergreifen dieser Eigenheiten, also dass Eigenheiten in Differenzen aktiv und spürbar werden (Schmid 2011: 34). Durch die *Gleichzeitigkeit* würden Überschneidungen zwischen Menschen und Objekten erzeugt, die wiederum konstitutiv für *Begegnung* und *Differenz* seien. Diese drei Merkmale zusammen würden, so Anne Vogelpohl (2011: 236f.), letztlich auch das ergeben, was Lefebvre als Zentralität verstehe. Zudem ist Zentralität für Lefebvre im Kontext des Verlorengehens der Stadt als sozialer Ort die neue Definition für das, was vormals Stadt war. Zentralität sei aber keine geographische Situation. Sie stehe vielmehr für den Ort der Begegnung, der Kommunikation und der Information, den Ort, an dem Normen und Zwänge aufgelöst werden und an dem sich alles gruppiert, was sich gleichzeitig um einen Punkt zusammenbringen lässt (Schmid 2011: 32). Sie sei dabei durch soziale Prozesse charakterisiert, die sich aber sehr wohl räumlich fixiert zeigen könnten und somit mit dem physischen Raum interagieren (Kipfer et al. 2012: 5). Zentralität bedarf, da theoretisch jeder Punkt zentral werden und jeder Inhalt die Zentralität füllen kann, eines Inhalts und muss daher Lefebvre folgend durch Praxis gefüllt werden (hru: 126). Sie ist somit umkämpft und so, wie jede Gesellschaft ihren Raum produziert, produziert auch jede Gesellschaft eine spezifische Zentralität bzw. Zentralitäten (ebd.: 105f.).

Im Urbanen wird somit eine Situation geschaffen, die das Aufeinandertreffen der unterschiedlichsten Dinge ermöglicht, ohne deren Unterschiede zu missachten. »Das Urbane ist also eine reine Form: der Punkt der Begegnung, der Ort einer Zusammenkunft, die Gleichzeitigkeit.« (ebd.: 128) Diese Form hat keinen spezifischen Inhalt, unterstreicht Lefebvre, sie existiert im Austausch, in der Annäherung, in der Nähe, in den Beziehungsgefügen, alles tendiert zu ihr hin, ›lebt‹ in ihr. Das Urbane ist dabei »eine konkrete, an die Praxis gebundene Abstraktion« (ebd.).

3.3 Das *Recht auf die Stadt*

In den Arbeiten zur Stadt entwickelt Lefebvre auch sein Konzept des *Rechts auf die Stadt*, das er aber stetig weiterentwickelte, und so taucht *Recht* im Zusammenhang mit emanzipatorischen Perspektiven immer wieder in unterschiedlichen Wendungen auf. Das *Recht auf die Stadt* wird als *Recht auf Zentralität*, als *Recht auf Differenz* oder als *Recht auf die urbane Form* angesprochen. In einem späten Aufsatz diskutiert er das *Recht auf die Stadt* im Kontext einer breiten Redefinition der *citoyenneté*, wobei er Bürger_innenschaft als Bewohner_innenschaft neu zu definieren versucht (hcc). Das *Recht auf die Stadt* an sich bleibt dabei vage und öffnet, wie in der Einleitung bereits angesprochen, Möglichkeiten der vielfältigen und unterschiedlichen Interpretationen. Unter Rückbindung des Konzepts in das breitere theoretische Verständnis Lefebvres wird aber deutlich, dass er *Recht auf die Stadt* doch in einer spezifischen Weise fasst.

Grundlegend dabei ist, dass Lefebvre davon ausgeht, dass jede soziale Existenz, die beansprucht, real zu sein, es aber nicht vermag, ihren eigenen Raum zu produzieren, eine sehr eigenartige Art der Abstraktion sei, die es nicht vermöge, aus der ideologischen oder gar kulturellen Sphäre herauszutreten und daher dazu verdammt wäre, früher oder später zu verschwinden (hpe: 53). Insofern hängt das *Recht auf die Stadt* aufs Engste mit der Produktion des Raums bzw. mit der Frage zusammen, welcher Raum produziert werden soll, damit dem Urbanen der Weg bereitet werden kann und das potentiell Mögliche, ›Realität‹ wird (Lefebvre 1977b: 18). Hier zeigt sich deutlich, dass Lefebvres strategische Hypothesen immer auch den Versuch darstellen, auszuleuchten, welche Perspektiven sie für eine emanzipatorische Politik öffnen können. Das *Recht auf die Stadt* ist hierbei ein politisches Projekt, das auf der Grundlage der Analyse des Hier und Jetzt als Utopie entwickelt wird. Insofern beinhaltet das *Recht auf die Stadt* ein Wissen, das nicht eine Wissenschaft des Raums darstellt, sondern als ein historisch kontextualisiertes Wissen um die Produktion eines emanzipatorischen Raums verstanden werden kann (Lefebvre 1973: 195).

Le Droit à la ville

Ausgangslage der Diskussion ist die These, dass die Produktion des Raums und die produzierte Zentralität immer umkämpft sind. Die Zentralität, wie sie sich Lefebvre zeigte, erkannte er als beherrscht, in dem Sinne, dass die privilegierten Plätze und die Zeit von jenen beherrscht seien, die von den Verhältnissen profitierten, also den dominanten Kapitalfraktionen, dem Staat und den politischen Eliten (hdv: 135f). Dem Staat, wie er in seiner Analyse zu den Unruhen in Paris im Mai 68 betont (his: 40-9) und in seinem späteren vierteiligen Werk »De L'Etat« vertieft ausführt (Lefebvre 1976a, 1976b, 1977a, 1978a), kommt im Kontext der Reproduktion der bestehenden Verhältnisse eine zentrale Rolle zu. Dies einerseits, da der Staat Räume der Unterordnung und Hierarchie produziere, andererseits selbst Produkt dieser Herrschaftsverhältnisse sei (Kipfer et al. 2012: 9). Den Staat verstehe Lefebvre dabei als Kondensation gesellschaftlicher Kräfteverhältnisse und als Kolonisator des Alltagslebens (ebd.). Im 20. Jahrhundert hat sich, so Lefebvre, eine Konstellation eingestellt, die er als *Mode de production étatique* [*Modus der staatlichen Produktion*] bezeichnet, in dem sich der Staat über die Gesellschaft erhoben habe, dieser selbst zum Veranstalter kapitalistischer Ausbeutung und Produktionsweise geworden sei und gleichzeitig die Gesellschaft bis ins Alltagsleben hinein zu strukturieren versuche (hme: 774).

> »Der Staat vereint alle Formen, die des Austausches und die der Ware, die des Vertrages, die des Gesetzes. Homogenisierend, gleichschaltend; der Staat zerschlägt was sich ihm widersetzt; er bringt die Differenz zum Verschwinden. Agenten des Staates erfinden neue Instrumente, zum Beispiel einen Raum der gleichzeitig quantifiziert, homogenisiert und kontrolliert – zermürbt und zerbrochen – in ein ›Strata‹ hierarchisiert, das soziale Klassen verschleiert und maskiert.« (hme: 774, eigene Übersetzung, Herv. i. O.)

Die staatlich-herrschaftliche Raumproduktion und die produzierte Zentralität ist aber mit vielfältigen Widerständen konfrontiert (hdv: 155), und genau diese politischen Widerstände und die Suche nach dem Urbanen münden bei Lefebvre in den Versuch, raumwirksame Rechte zu definieren, um die Utopie des Urbanen in der Form von Rechten einforderbar zu machen. So betont Mustafa Dikeç (2002: 96), dass das *Recht auf die Stadt* nicht nur das Recht auf den urbanen Raum impliziert, sondern explizit auch einen politischen Raum einfordert, der für alle Bewohner_innen zur Mitbestimmung offen steht.

Das *Recht auf die Stadt* versteht Lefebvre daher nicht als ein einfaches Besuchsrecht oder als den Kampf um die Rückkehr zur traditionellen Stadt (hdv: 132). Vielmehr formuliert er es als ein übergeordnetes Recht, ähnlich den *Menschen- und Bürgerrechten*, als Recht auf Freiheit, als Recht zur Individualisierung in der Sozialisation, das Recht auf Wohnen, das *Recht auf das œuvre* sowie als das Recht auf Partizipation und Aneignung (ebd.: 155). Dazu gehört auch das Recht auf eine andere Zentralität, auf Orte des Zusammenkommens und Austauschens, das Recht auf eigene Lebensrhythmen und Zeitverwaltung sowie das Recht darauf, die Räume und die Momente in ihrer Gänze zu nutzen (ebd.: 161). Es beinhaltet das Recht die »schöpferischen Überschüsse des Urbanen« (Gebhardt & Holm 2011: 8), die sich aus dem Zusammenfallen der drei zentralen Kategorien *Gleichzeitigkeit*, *Begegnung* und *Differenz* ergeben, kollektiv anzueignen. In der »positivsten« Begrifflichkeit bedeutet es, so Lefebvre (1973: 194f.), das Recht der Stadtbewohner_innen, auf allen Ebenen von Netzwerken und Zirkulation von Kommunikation, Informationen und Austausch mitzuwirken. So legitimiere das *Recht auf die Stadt* die Verweigerung, sich durch eine diskriminierende und segregierende Organisation aus der urbanen Realität entfernen zu lassen. Das Negieren dieser Rechte löse die Krise der Stadtzentren aus, eine Krise, die auf der Segregation basiere und diese gleichzeitig auch herstelle.

Damit das *Recht auf die Stadt* umgesetzt werden kann, müssen aber, so Lefebvre, Orte und Objekte auch den Bedürfnissen des sozialen Lebens genügen, was die Konstitution einer räumlich-temporalen Einheit mit sich bringe, in der das Zusammenkommen die Segregation ersetzt. Dies ist aber nicht die Abkehr von Konflikt bzw. der Formulierung einer Ideologie der Harmonie; im Gegenteil Konfrontation und Auseinandersetzung bleiben dem Gedanken des Urbanen stets enthalten (ebd.: 195). Gleichzeitig muss dabei aber auch der Gebrauchswert den Tauschwert als leitendes Konzept ersetzen, wofür es gelte, sich die Produktionsbetriebe, die Märkte und die

Waren gesellschaftlich anzueignen (hdv: 161f.). Ganz allgemein müsse die Vorherrschaft des ökonomischen Wachstums überwunden werden, ohne diese dabei durch ein anderes starres Konzept zu ersetzen. Dabei gelte es eine gesellschaftliche Ordnung zu finden, die aus dem Konflikt entsteht und von den Widersprüchen, die sich daraus und darin ergeben, profitiert. Die Erschaffung der urbanen Gesellschaft bedeute demnach primär die Suche nach *neuen Bedürfnissen* (ebd.:141). Diese müssten dann mit den aktuellen, von der ökonomischen Logik und Vernunft geleiteten Bedürfnissen brechen und sich den *Bedürfnissen* des »menschlichen Wesens« (hru: 77) hin öffnen. Lefebvre nennt dabei das Bedürfnis nach Sicherheit und Abenteuer, Geselligkeit und Einsamkeit, Zufriedenheit und Unzufriedenheit, Ausgeglichenheit und Unausgeglichenheit, Entdecken und Erschaffen, Arbeiten und Spielen, Sprechen und Schweigen (ebd.: 76-9). Das Potential zur Verwirklichung neuer Räumlichkeiten sieht Lefebvre in den Abgründen und Löchern, den Zwischenbereichen der geschaffenen Strukturen und strukturierenden Systeme. Die Orte des Möglichen sind somit jene Bereiche, an denen die Kontrolle versagt, an denen die strukturierende Gewalt des kapitalistischen Alltags nicht durchschlägt und eine veränderte Alltäglichkeit entwickelt wird (hdv: 129). *Recht auf die Stadt* zielt dabei auf die Globalität ab (Lefebvre 1973: 194f.) und es ist als deutlicher Schrei und als eine Forderung nach einer globalen und vollständigen gesellschaftlichen Veränderung zu lesen (hdv: 132).

Das urbane Problem, schreibt Lefebvre, könne aber nur von Gruppen oder sozialen Klassen gelöst werden, die zu revolutionären Initiativen fähig sind. Es bedürfe demnach der Klasse der Ausgeschlossenen und Verdrängten, also der *urbanen Arbeiterklasse*, denn nur unter ihrer Hegemonie[17] könne die Revolution vollzogen werden (ebd.: 161f). Wenn auch die ›Arbeiterklasse‹ die urbane Gesellschaft nicht alleine erschaffen werde, so gelte doch, so Lefebvre, dass ohne ihre Integration Segregation und Fragmentierung weiter voranschreiten würden (ebd.: 125f.). Diese allgemeine Perspektive des Klassenkampfes, die eng mit der Frage nach der Art und Weise der ökonomischen und politischen Herrschaft verbunden ist, bedeutet eine enorme Vertiefung des Konzeptes des *Rechts auf die Stadt* und eine weit präzisere Definition als ›bloß‹ das Einfordern von bestehendem ›städtischen‹ Raum.

17 Lefebvre verwendet in Anlehnung an Gramsci einen Hegemoniebegriff der versucht, Gramscis Hegemonie zu verräumlichen, und er verstand darunter eine Möglichkeit, Herrschaft als ungeschlossene und offene Form zu verstehen, die einer gesellschaftlichen Produktion im Alltäglichen unterliegt (Kipfer 2008: 194-7).

Vom *Recht auf die Stadt* zur Frage der *citoyenneté*

Aus dem oben beschriebenen Auflösen der Kategorie der *Stadt* als ›soziologische‹ Kategorie ergibt sich in Bezug auf das *Recht auf die Stadt* eine begriffliche Unschärfe, zumal die Frage aufkommen muss, welche *Stadt* denn angesprochen werden soll und warum Stadt ins Zentrum der Kämpfe zu rücken sei (Merrifield 2011: 475, Schmid 2011: 37). Andy Merrifield (2011: 477) stellt sich im Anschluss an Lefebvre dieselbe Frage und verweist dabei darauf, dass die Stadt auch historisch gesehen keinesfalls als das Kampfgebiet schlechthin stilisiert werden kann.

Auf diese Problematik reagiert Lefebvre mit der Präzisierung seiner Konzeption. Schon zum Ende von »Le Droit à la ville« verwendet er *Recht auf das œuvre* oder das *Recht auf Aneignung* neben dem *Recht auf die Stadt*; Rechte, die er streng genommen aber im *Recht auf die Stadt* enthalten sieht (hdv: 155). Dennoch zeigt sich hier eine erste Verschiebung weg von der begrifflichen Fokussierung auf die Stadt und er stellt mit dem *œuvre* das Produkt von gebrauchswertorientierter Produktion, das nicht einer ökonomischen Logik und Vernunft unterliegt, und die Aneignung der Produktion in den Fokus. In »La révolution urbaine«, spricht er vom *Recht auf die Straße*, das er als Recht auf den Nichtausschluss aus der Zentralität und ihrer Bewegung beschreibt (hru: 160). Die Analyse der urbanen Form bedingt dabei nach Lefebvre, dass das *Recht auf die Stadt* eher als *Recht auf die Zentralität* oder als *Recht auf die urbane Form* zu verstehen ist (ebd.: 144). Auch wenn, wie Schmid (2005: 184) argumentiert, im Kern dieser Begriffe derselbe Gedanke wie beim *Recht auf die Stadt* liegt, so vollzieht Lefebvre hier doch eine Verlagerung des Schwerpunktes. Er stellt die Zentralität in den Fokus, womit er erneut nahelegt, *Stadt* als Begriff für eine spezifische soziale Realität beiseite zu lassen und vielmehr das Recht auf eine Zentralität der Begegnung, der Kommunikation, des offenen Informationsaustausches, des Überwindens von Normen und Zwängen einzufordern. Damit wird weniger die Stadt als Ort, sondern eher die Qualität eines Ortes angesprochen, die einen Raum oder die erneuerte Zentralität füllen soll. Demnach rückt Lefebvre die Elemente in den Vordergrund, die er als konstitutiv für die urbane Gesellschaft und ihre Räumlichkeit erachtet. Diesen Ansatz konsequent weiterverfolgend benutzt Lefebvre in »La production de l'espace« schließlich *Recht auf Differenz* als Begriff. Dieses versteht er als Recht, nicht durch Gewalt in Kategorien eingeordnet zu werden, die durch die gleichschaltenden Kräfte der kapitalistischen Vergesellschaftung hergestellt werden (Dikeç 2002: 96).

Erstmal mag dies erstaunen, da, wie oben beschrieben, Differenz ein Aspekt des Urbanen und somit der Zentralität ist und somit die Verschiebung vom *Recht auf Zentralität* zum *Recht auf Differenz* mit dem Betonen eines Teilaspektes als Rückschritt erscheinen kann. Wichtig dabei ist aber, dass Differenz zwar einen Aspekt darstellt, der bei Lefebvre Produkt der Urbanisierung ist, aber zugleich auch eine soziale Praxis beschreibt. Während also, so kann argumentiert werden, Zentralität auf eine räumliche Qualität abzielt, nimmt Lefebvre mit dem Betonen der Differenz Praxis in den Fokus, was eine qualitative Verschiebung des Argumentes darstellt. So begründet Lefebvre das *Recht auf Differenz* mit der Notwendigkeit in sozialen Beziehungen aus Eigenheiten Differenzen entstehen zu lassen, da ansonsten die Bewegung erstarre und Gesellschaft ihrer Dynamik entledigt würde. Und genau dieses Entledigen von Dynamik erkennt er als Auswirkung der bürokratischen Kontrolle, der rationalen Planung, der Dominanz des Tauschwerts, der Reproduzierbarkeit, der Kolonialisierung des Alltäglichen und der Herstellung von Homogenität (hpe: 396).

> »Das ›Recht auf Differenz‹ ist eine formale Bestimmung für etwas, das durch praktische Aktion, durch effektiven Kampf, erreicht werden kann – nämlich, konkrete Differenzen. Das Recht auf Differenz impliziert keine Ansprüche für die nicht bitter gekämpft werden müsste. Es ist ein ›Recht‹ dessen einzige Legitimation in seinem Inhalt liegt; es steht aber in diametralen Widerspruch zum Recht auf Eigentum, dem erst Geltung zukommt durch seine logische und juristische Form als die Basis der Beziehungen innerhalb der kapitalistischen Produktionsweise.« (hpe: 396f., eigene Übersetzung, Herv. i. O.)

Offenkundig bricht Lefebvre hier mit einem Teil seiner früheren Begrifflichkeit, zumal er die Ebene, auf der er sein Argument ansiedelt, wechselt, weg von der konkreten Forderung nach *Recht auf die Stadt* hin zu einer allgemeineren Perspektive, die sich aus der Erkenntnis der Produktivität von Differenz innerhalb einer Gesellschaft ableitet. Dies ist zwar ein Gedanke, der schon im *Recht auf die Stadt* oder *Zentralität* mitschwingt, aber noch nicht in dieser Radikalität formuliert wird. Umgekehrt bleibt er seinem Argument aber auch treu, da er weiterhin die Frage anspricht, welche Räume für eine emanzipatorische Praxis zu schaffen seien.

In einer noch einmal neuen Wendung – ohne damit aber das Konzept wirklich klarer darzustellen – präsentiert Lefebvre *Recht auf die Stadt* in einem Aufsatz in der »Le monde diplomatique« im Jahr 1989 und detaillierter 1990 in »Du Contrat de citoyenneté« [Über den Vertrag der *citoyenneté*] (hcc) im Kontext der *citoyenneté*.

Ausgangspunkt ist, dass Lefebvre in der heutigen Welt Bürger_innen und Bewohner_innen von Stadt – als Konzepte – voneinander getrennt beschreibt. Festzumachen sei diese Trennung etwa an dem Umstand, dass zwar an einem Ort gelebt bzw. der Lebensmittelpunkt an einem Ort liegen kann, wo einem aber keine politischen Rechte zustehen. Ursächlich für das Auseinanderklaffen sei nicht nur die (internationale) Migration in die Städte sondern auch die zunehmende Kommunikation und die voranschreitende Globalisierung. Diese Trennung von Bürger_in und Bewohner_in müsse aber wieder aufgehoben werden, und so bedeute das *Recht auf die Stadt* nichts weniger, als ein revolutionäres Konzept der Bürger_innenschaft zu entwickeln, das im Grunde den Status Bürger_in alleine in der Tatsache des Wohnens anerkennt (Lefebvre 1989: 17). Er argumentiert hierbei, dass seit den Tagen der Deklaration der amerikanischen (1776) und der französischen (1789) *Menschen- und Bürgerrechte* sich erstere von letzteren gelöst hätten. Dabei sei zu beobachten, dass im Zuge sozialer Kämpfe die Menschenrechte wesentlich ergänzt wurden: Frauen wurden als politische Subjekte anerkannt, Arbeitsbedingungen konnten verbessert werden, soziale Chancengleichheit festgeschrieben etc. Gleichzeitig sei das Bürger_innenrecht, das ebenfalls in unzähligen sozialen Kämpfen errungen wurde, als politisches Recht zusehends in den Hintergrund getreten und beschränke sich auf die Teilhabe an einer repräsentativen Demokratie – dies aber auch nur im ›eigenen‹ nationalen Kontext (hcc: 249f.).

Im *politischen Vertrag*, der früher oder später den *sozialen Vertrag* ersetzen werde, erkennt Lefebvre die Möglichkeit, Demokratie zu vertiefen. Denn der politische Vertrag werde die alltägliche Politik ersetzen und so die Bürger_innenrechte, als Bewohner_innenrechte neben den Menschenrechten als legitime Rechte einführen (hcc: 243). *Citoyenneté* könnte so radikal ausgeweitet und weit über die angestammten Rechte eines Wahlrechts hinausgehen. Lefebvre stellt so dem *Recht auf die Stadt* einen weiteren Katalog an Rechten zur Seite, die für ihn die Essenz einer reartikulierten *citoyenneté* bilden (hcc: 251-3):

Das *Recht auf Informationen* soll neben den gängigen Möglichkeiten der Informationsbeschaffung und der freien Informationsverbreitung auch die Kontrolle über die eigenen Daten – die von Staaten gesammelt werden – beinhalten und ökonomische Zwänge im Publikationswesen aufbrechen. Es beinhaltet den Zugang zu allen Informationen innerhalb einer Bürger_innenschaft und umfasst die Aufhebung der Geheimhaltung – ausgenommen sind Persönlichkeits- und Quellschutz.

Das *Recht auf freie Meinungsäußerung* umfasst das Recht, gegenüber Unrecht nicht zu schweigen, sondern zu reden, zu schreiben, zu diskutieren. Mögliches Unrecht, das daraus entstehen könne, legitimiere die Einschränkung des freien Ausdruckes in keiner Weise.
Das *Recht auf Kultur* steht für das Recht, die Künste von der einfachsten Literatur bis zu den hohen Künsten, in vollen Zügen zu genießen und zu erfahren. Es sei aber eher abstrakt zu fassen und bezieht sich auf weit mehr als freien Zugang zu Bildung und Museen, es ist das Recht auf das Fest.

Das *Recht auf Identität innerhalb der Differenz und Gleichheit* soll garantieren, dass unter Anerkennung der Differenz Konflikte ausgetragen werden können. Gleichheit bedeute demnach nicht die Differenz zu überwinden, sondern vielmehr unter Anerkennung der Identitäten ihr freien Lauf zu lassen. Insbesondere bedeute die Achtung der Identität innerhalb der Differenz, dass allen Bürger_innen – und auch ›Fremden‹ – die vollen politischen Rechte und Teilhabe zugestanden werden müssen.

Das *Recht auf Selbstverwaltung* beinhaltet die eigene Kontrolle über die gesellschaftlich geteilten Güter, politische Aushandlung und Raumaneignung. Es bedeutet eine Vertiefung der Demokratie.

Das *Recht auf Service* ist für Lefebvre das wohl Wichtigste und zugleich impliziteste aller Rechte, da es Bürger_innen aus der Isolation heraustreten lasse und all seinen Verpflichtungen eine Bedeutung zuweise. Das Recht legitimiere den uneingeschränkten Zugang zu sämtlichen öffentlichen Dienstleistungen, insbesondere zum öffentlichen Transportwesen. Es beinhaltet das Recht, unabhängig von Herkunft, Alter oder Geschlecht am alltäglichen Leben teilzuhaben und so in der alltäglichen Praxis Bürger_innenschaft selbst zu definieren.

Lefebvre versteht diese Aufzählung aber nicht als abgeschlossen, sondern mehr als Ausgangspunkt für Ideen, Interpretationen und Initiativen, die auf eine Erneuerung des politischen Lebens abzielen.

Die Frage des Rechts

In gebotener Kürze und im vollen Bewusstsein darüber, dass die Debatte um den Rechtsbegriff eine schier nicht überblickbare und traditionsreiche ist und ich dieser hier in keiner Weise gerecht werden kann, muss an dieser Stelle doch auf den im *Recht auf die Stadt* prominent vertretenen Begriff des *Rechts* eingegangen werden. Dies zumal der Begriff erheblich problematisiert wurde und insb. auch im Kontext des *Rechts auf die Stadt* immer wieder problematisiert wird. Wie Don Mitchell aber unterstreicht, dessen Argument im Folgenden weitgehend gefolgt wird, hatte Lefebvre ein eigenständiges Verständnis von Recht, das es im Kontext des *Rechts auf die Stadt* zu berücksichtigen gilt, da es ansonsten nicht verständlich wird (Mitchell 2003: 21).

Noch in den 1970ern war das Sprechen von Recht deutlich positiver konnotiert als dies heute der Fall ist und spätestens seit den 1980ern wurde die Rolle bzw. der Sinn und Unsinn des Sprechens über oder Einfordern von *Recht* im Zusammenhang von emanzipatorischen Projekten innerhalb der sozialen Bewegungen sowie Wissenschaft breit in Frage gestellt (ebd.). In der Einleitung klangen die beiden Pole der Debatte, dass einerseits das Einfordern von Recht kein Überwinden der bestehenden Verhältnisse ermögliche und dies daher abzulehnen sei, und andererseits der Position, dass das Einfordern von Recht ein adäquates Mittel darstelle, um subalternen Gruppen zu *ihrem* Recht zu verhelfen, bereits an.

Schon Marx zeigt sich enorm kritisch gegenüber der Sprache des Rechts. Er hält dabei fest, dass, wenn Rechte in Konflikt geraten – was sie unweigerlich tun würden – Gewalt über das Recht entscheide; es also primär die Macht, Gewalt anzuwenden. sei, die in letzter Instanz über Recht und Unrecht richte, auch wenn von beiden Konfliktseiten das gleiche Recht angerufen wird (Marx 1867: 249). Das Problem des Rechts ist also, dass es nur effizient sein kann, wenn es durch eine gewisse Gewalt abgesichert wird (Derrida 1992: 35). Diesen Punkt macht auch Hanna Arendt (1958: 269) stark, wenn sie in »The Origins of Totalitarianism« betont, dass die Menschenrechte genau in dem Moment versagt hätten, als das NS-Regime sowie die UdSSR den Schutz eines Teils ›ihrer‹ Bürger_innen nicht mehr garantierten: Jüdinnen und Juden, Homosexuelle, Sinti und Roma sowie politisch Oppositionelle verloren den Schutz der Menschenrechte also genau in dem Moment, in dem sie diesen am nötigsten gehabt hätten, also zu dem Zeitpunkt an dem sich ›ihr‹ Staat gegen sie selbst wandte, was ihre Rechte zur Farce verkommen ließ.

Allgemein ausgedrückt kann gesagt werden, so Mitchell (2003: 22), dass Recht zum selben Zeitpunkt eine organisierende, der Herrschaft entgegenstehende und eine vermittelnde Macht darstellt, was unweigerlich in Konflikt geraten müsse. Eine stichhaltige Kritik an Rechten als emanzipatorisches Mittel präsentiert Mark Tushnet (1984), der vier zentrale Mängel anführt: Erstens seien Rechte *instabil* (ebd.: 1364-71), da sie entgegen des allgemeinen Verständnisses von Recht in keiner Weise universell seien, sondern im Gegenteil nur als Produkte einer spezifischen politischen Konstellation bestünden und nur in diesem Kontext verstanden würden und Geltung erhielten. Zweitens seien sie *unbestimmt* (ebd.: 1371-82), da die Sprache der Rechte so flexibel sei, dass ganz unterschiedliche Parteien sich mit unterschiedlichen Interessen auf sie beziehen können. Insofern sei diese Bezugnahme auf das Recht in politischen Auseinandersetzungen immer nur als kurzzeitige Strategie ein gangbarer Weg. Drittens würden Rechte *verdinglichen* (ebd.: 1382-4), da sie komplexe Zusammenhänge und Erfahrungen vereinfachten, indem sie diese auf die Frage des abstrakten Rechts reduzierten und so von den realen Erfahrungen, den konkreten Konflikten und deren Umständen abstrahieren würden – so werde die politische Effizienz konflikthafter Situationen unterminiert. Und viertens, auch wenn oftmals hervorgebracht werde, dass Rechte wichtig im Kampf für eine »humanere« Gesellschaft seien, seien sie schlicht *politisch nutzlos* (ebd.: 1384-94), da sie die ohnehin schon Privilegierten schützen würden und somit Rechte – etwa wenn sie Wahlrechte legitimierten, die offensichtlich undemokratisch seien – sehr wohl an Unrecht beteiligt seien. Des Weiteren seien Rechte immer ein in die Zukunft gewandtes Einfordern, während die realen Mängel des Hier und Jetzt im Hier und Jetzt nicht angegangen würden.

Auch wenn solche Einwände sehr wichtig und richtig sind, betont Mitchell (2003: 25) zurecht, dass Rechte eben auch wesentlich dazu beigetragen haben, marginalisierten Gruppen ein Minimum an Schutz zu bieten und deren Festschreiben letztlich oft Erfolge von politischen Kämpfen war. Dies ist ein Punkt, den auch Lefebvre stark macht, wenn er für ein *Recht auf die Stadt* plädiert (hdv: 131) oder für die Erweiterung der Menschen- und Bürger_innenrechte einsteht (hcc: 246-50). So sind für Lefebvre Rechte immer ein Mittel und Produkt der politischen Praxis und im Zusammenhang mit dem Einfordern einer erneuerten *citoyenneté* auch ein Mittel der politischen Praxis. Das *Recht auf die Stadt* versteht Lefebvre also weniger als juristisches Recht, sondern »als Forderung jener sozialen Gruppen, die unter dem reglementierten städtischen Alltag leiden oder in irgendeiner Weise marginalisiert werden« (Ronneberger 2011: 5). David Harvey unterstreicht dies und ergänzt, dass es sich bei dem *Recht auf die Stadt* bei Lefebvre viel mehr um ein kollektives als um ein individuelles juristisches Recht handle, zumal die Neuerfindung der Stadt auf ihrer kollektiven Umgestaltung auf der Grundlage kollektiver und egalitärer Bedürfnisse basiere (Harvey 2012: 4).

Das Argument wird u. a. auch von Boaventura de Sousa Santos gestützt, wenn er hervorhebt, dass der Diskurs der Menschenrechte in der europäischen Moderne einen zentralen Aspekt in den emanzipatorischen Praxen gebildet habe. Dies insbesondere weil es gerade die Sprache der allgemeinen Rechte war, die es ermöglicht habe, den Staat einer demokratischen Kontrolle zu unterwerfen (Sousa Santos 1995: 347). Die nationalstaatliche Ordnung der Menschenrechte hat im Verlauf der Geschichte aber, was mit dem Verweis auf Arendt schon angesprochen wurde, frappante Mängel aufgewiesen. Nach dem Zweiten Weltkrieg und mit der Deklaration der *Allgemeinen Erklärung der Menschenrechte* vom 10. Dezember 1948 und der Konstitution der UNO sollte diesem Umstand der Nichgarantiertheit Rechnung getragen werden. Jedoch blieb dieses neue globale Regime der Menschenrechte, wie es Sousa Santos nennt, äußerst schwach, Rechtsverletzungen waren und sind keine Seltenheit und waren fast immer direkt oder indirekt nationalstaatlichen Ursprungs (ebd.: 329-34).

So anerkennt Sousa Santos zentrale Probleme im Kern des Sprechens über Rechte und hebt hervor, dass diese in gewisser Weise verdinglichen, Konflikte individualisieren und darüber Klassenverhältnisse reproduzieren. Dagegen betont er, dass die Dinge komplexer seien und nicht losgelöst von den politischen und sozialen Komponenten betrachtet werden sollten. Denn oftmals sei es ja auch eher die gesetzgeberische bzw. parlamentarische Seite eines Konfliktes, welche den Boden für die Individualisierung bereite, die dann auf der Ebene des Rechts Anwendung fände (ebd.: 389). In der Analyse städtischer Kämpfe in Brasilien kommt er dabei zum Schluss, dass diese enorm komplex und facettenreich seien. Den Kämpfen eigen sei, dass sie die rechtliche Sphäre des Nationalstaates überwinden und multiskalare rechtliche Debatten einleiten würden, in denen lokale, staatliche und globale Rechtsnormen zum Tragen kämen, die bei Weitem nicht den staatlich festgeschriebenen Gesetzen entsprächen. Dabei würden, um eine emanzipatorische Praxis zu ermöglichen, politische Methoden und juristische Mittel nebeneinander verwendet. Es stimme demnach, dass, wenn Recht als Sphäre des Nationalstaates verstanden wird, wenig zu erreichen ist – dies nicht zuletzt aus Gründen die Tushnet angesprochen hat. Jedoch zeige sich, so

Sousa Santos, dass diesen monolithischen und herrschaftlichen Rechtsnormen zunehmend neue Formen von Recht entgegengehalten werden (ebd.: 385f.). Rechte müssten demnach, wenn sie emanzipatorisch sein sollen, von Einzelinteressen gelöst werden und in ein nicht-nationalstaatliches Projekt überführt werden (ebd.: 339). Zudem müssten Konflikte zuallererst auf politischem und sozialem Terrain ausgetragen werden, um anschließend daraus rechtliche Forderungen entwickeln zu können. Über die Sprache des Rechts könne so der Kontext des Rechts an sich angesprochen werden, was viel weiter reiche, als das Bestreben ein neues Recht in die bestehende Norm zu implementieren (ebd.: 386). Grundsätzlich sind somit gerade die Instabilität und Unbestimmtheit, die Tushnet so kritisiert, genau die Elemente, welche die Rechte, wenn sie entnationalisiert und als politische Projekte verstanden werden, so fruchtbar machen. Rechte können so, dem Argument von Sousa Santos folgend, gegenüber der Utopie geöffnet werden und eine Sprache bilden, um radikale Kritik an politischen und juristischen Institutionen zu üben und neue gesellschaftliche Mehrheiten zu bilden (ebd.: 347).

Dies ist auch genau der Kontext, in dem Lefebvre von Rechten spricht. Im Zusammenhang mit der Idee des Absterbens des Staates – worauf gleich vertiefter eingegangen wird – anerkennt er nämlich, dass der Staat nicht ein und für allemal überwunden werden kann, sondern dass es in ihn zu intervenieren gilt, wofür er die Sprache des Rechts als opportunes Mittel anerkennt. Es mache also Sinn, so Mitchell (2003: 28), die Institutionalisierung von Rechten als Momente der Produktion des Raums zu verstehen. Mitchell argumentiert im Anschluss an Lefebvre, dass der Kampf um Rechte ein Teil dessen sei, was Lefebvre als Widerstand gegen die Hegemonisierung des kapitalistischen, technokratischen und rationalen Raums und Streben nach der Produktion eines Raums der positiven Differenzen verstehe. Es gehe also um nichts weniger als um das Recht, Räume produzieren zu können (ebd.: 29). So ist das lefebvresche Recht als eine Intervention in die gesellschaftliche Strukturierung als Ganzes zu verstehen. Das *Recht auf die Stadt* strebt daher nicht per se die Einschreibung eines Artikels in die Verfassung, wie dies etwa von der »World Charter for the Right to the City« (WSF 2005) angestrebt wird, an. Vielmehr stellt es den Versuch dar, über das strategische Nutzen von Recht in seiner fixierten Form in Gesetzestexten sowie der Bedeutungsgeladenheit des Begriffs, politische Bewegung zu ermöglichen, Kämpfe zu bündeln, dabei aber gleichzeitig auch ein Fundament für künftiges Zusammenleben zu bieten. Es ist kein von einer Instanz zugestandenes Recht, sondern ein Recht, das in politischen Auseinandersetzungen und sozialen

Beziehungen definiert und redefiniert wird, was es zu einem politischen Projekt macht (Gilbert & Dikeç 2008: 259).

3.4 Selbstverwaltung als emanzipatorische Praxis

Wenn Lefebvre sich Gedanken darüber macht, wie konkrete gesellschaftliche Veränderung aussehen könnte, wie also die eingeforderten *Rechte* auch erkämpft werden können, dann wendet er sich dem Konzept der *Selbstverwaltung* bzw. der *autogestion* zu. Begrifflich entspringt der von Lefebvre verwendete französische Begriff *autogestion*, an dem im Folgenden festgehalten wird, dem griechischen *autos* ›selbst‹ und dem lateinischen *gestio* ›Ausführung‹. *Autogestion* und das *Recht auf die Stadt* sind dabei Elemente, die auf ihre Weise eine gesellschaftliche Befreiung bedeuten: Da jede Gesellschaft einen Raum produziert, bedarf es einer spezifisch strukturierten Gesellschaft, um das *Recht auf die Stadt* durchzusetzen. Andersrum befördert der so produzierte Raum auch die entsprechende gesellschaftliche Organisation. Das Erkämpfen des Urbanen und das Erkämpfen von egalitäreren gesellschaftlichen Strukturen bedingen sich also gegenseitig. Dies ist im lefebvreschen Sinne eine dialektische Bewegung und verbindet die beiden Konzepte untrennbar, weshalb hier auf die *autogestion* eingegangen werden muss.

Der Konflikt um den Gehalt von *autogestion*

Wie der Begriff der *autogestion* hier diskutiert wird, geht er zurück auf die französischsprachige antietatistische und anarchistische Bewegungen des 19. Jahrhunderts und auf dessen Wiederaufgreifen in den 1950ern in der Zeitschrift »Socialisme ou Barbarie«, die mit den SI verbunden war. In den 1950er und frühen 1960er wurde der Begriff im Zusammenhang mit den antikolonialen Kämpfen in Algerien und dem Versuch der betrieblichen Selbstverwaltung im Jugoslawien der 1950er und 60er Jahre[18] intensiv disku-

18 Zwischen 1950 und 1953 wurden in praktisch allen Betrieben innerhalb Jugoslawiens Arbeiter_innenräte gebildet, die die betriebliche Selbstverwaltung organisieren sollten. Es ging dabei einerseits um das Zugestehen von ökonomischer Selbstverwaltung, andererseits sollte darüber auch die wachsende staatliche Bürokratisierung minimiert werden. Auch in Ungarn 1956 und in der Tschechoslowakei 1968 war die Forderung nach Arbeiter_innenselbstverwaltung ein Teil der politischen Auseinandersetzung, die jeweils durch die UdSSR militärisch beendet wurde (Danyluk 2012: 115-9). Theodor Bergmann (1994) hält dabei aber fest, dass es faktisch nur wenig wirkliche Selbstverwaltung gab und dass die Mitwirkungsrechte stark begrenzt waren.

tiert (Brenner 2008: 234f.). In den 1970er gewann das Konzept unter dem Begriff *autonomia* auch innerhalb des italienischen Operaismus eine zentrale Bedeutung als zentraler Kampfbegriff des sozialen Aufstands; und war insofern auch namensgebend für die Autonomen-Bewegung (Danyluk 2012: 153-71). Während den 1968er-Unruhen in Paris avancierte *autogestion* zur Parole der revoltierenden Student_innen und Arbeiter_innen aus dem anarchistischen und undogmatisch-marxistischen Spektrum. Zeitgleich entwickelte sich eine intensive theoretische Debatte über den Gehalt des Begriffs, eine Debatte in der Lefebvre selbst Protagonist war (Brenner 2008: 234f.).

Gewerkschaften diverser Couleur, anarchistische Bewegungen, die autoritäre Kommunistische Partei Frankreichs (PCF), aber auch Regionalverwaltungen bezogen sich in unterschiedlicher Weise positiv auf das Konzept (ebd.). So verstanden Protagonist_innen des Gewerkschaftsbundes *Confédération Française Démocratique du Travail* (CFDT), der damals der *Neuen Linken* nahe stand, *autogestion* als Möglichkeit die Selbstverwaltung der Arbeiter_innen in den Produktionsstätten zu erlangen und als ein radikal-demokratisches Gegenmodell zu den hierarchischen und etatistischen Entwürfen der PCF und der *Partie Socialiste* (PS). Die PCF ihrerseits berief sich zwischen 1975 und 78 im Versuch, einen eurokommunistischen Weg einzuschlagen, ebenfalls auf *autogestion*, die aber ausschließlich auf den betrieblichen Produktionsprozess bezogen werden sollte. Gleichzeitig versuchten Regionalverwaltungen unter dem Schlagwort der *autogestion*, ihre Kompetenzen gegenüber dem französischen Nationalstaat zu erweitern. *Autogestion* stand also zeitgleich für antistaatliche und staatliche Politiken, für auf die ökonomische Produktion ausgerichtete sowie diese ablehnende Visionen der Modernisierung aber auch für basisdemokratische und liberal-demokratische Formen der politischen Teilhabe (Brenner & Elden 2009b: 15). In den 1980er Jahren verlor *autogestion*, wegen der sich drastisch verschiebenden ökonomischen Situation und der beginnenden Abkehr vom keynesianischen Wohlfahrtsmodell, aber auch wegen veränderten Alltagspraxen, die sich zunehmend gegen die autoritären und hierarchischen Strukturen des Fordismus richteten und stärker auf Individualismus und Selbstverwirklichung abzielten, an Bedeutung (Ronneberger 2009: 111).

Aus der lefebvreschen Sicht ist *autogestion* eine Form der direkten Demokratie, eine kontinuierliche basisdemokratische Praxis des Alltäglichen, in der Konflikte und Widersprüche einen steten und nicht abgeschlossenen Prozess der Auseinandersetzung, Selbstkritik, Aushandlung und Kampf auslösen (Brenner & Elden 2009b: 16). Mit der Forderung nach *autogestion* richtet er sich direkt gegen den Staat. Er unterstreicht, dass es keinen ›guten Staat‹ gibt, weil dieser zwangsläufig zu einer *Mode de Production Étatique* tendieren würde (hme: 774), und so sei *autogestion* ein Pfad oder eine Praxis, die der Allgegenwärtigkeit des Staates entgegenwirken könne (hme: 779). Für ihn ist *autogestion* daher nicht ein Zusatz zu seiner Analyse der gesellschaftlichen Produktion, sondern er sah die Entwicklung des Gedankens aufs Engste verwoben mit der Kritik der gesellschaftlichen Verhältnisse. Er erkannte darin zusammen mit der SI den zweiten Schritt, der nach der Kritik und »Dekonstruktion« zwingend folgen müsse (Ronneberger 2009: 102f.). Insofern ist *autogestion* für Lefebvre weder eine Zauberformel, die alle Probleme des Klassenkampfes löst, noch ein Konzept, das paragraphengetreu mit Erfolgsgarantie umgesetzt werden kann. Vielmehr sei sie Ort und Gegenstand von Kämpfen und dabei als eine Praxis zu verstehen, die auf die Stärkung aller assoziativen Beziehungen abzielt und weder auf der ökonomischen, noch auf der territorialen Ebene von Städten oder Regionen alleine umgesetzt werden kann (hme: 779f.).

Die Grundlagen der *autogestion* bei Lefebvre

In der Auseinandersetzung mit Marx kommt Lefebvre zum Schluss, dass es im Marxismus drei untrennbare Aspekte gebe, die die revolutionäre Bewegung konstituierten: Die Ausdehnung und Vertiefung der Demokratie, das Absterben des Staates und die Diktatur des Proletariates (hda: 139). Diese Interpretation baut auf einem Zitat aus dem kommunistischen Manifest auf (Lefebvre 1964: 70f.), in dem Marx und Engels betonen, dass der erste Schritt der ›Arbeiterrevolution‹ die Erhebung des Proletariates zur herrschenden Klasse und die Erkämpfung der Demokratie sein muss (Marx & Engels 1848: 481). Von Engels und Lenin übernimmt Lefebvre, dass der Staat, entgegen der innerhalb des Anarchismus vertreten These, dass der Staat durch die Revolution auf der Stelle *abgeschafft* werden müsse, um jedwede Herrschaftsbildung zu verhindern, dieser allmählich zum *Absterben* gebracht werden müsse. So schrieb Engels:

> »*Das Proletariat ergreift die Staatsgewalt und verwandelt die Produktionsmittel zunächst in Staatseigentum*. Aber damit hebt es sich selbst als Proletariat, damit hebt es alle Klassenunterschiede und Klassengegensätze auf, und damit auch den Staat als Staat. [...] Das Eingreifen einer Staatsgewalt in gesellschaftliche Verhältnisse wird auf einem Gebiete nach dem andern überflüssig und schläft dann von selbst ein. An die Stelle der Regierung über Personen tritt die Verwaltung

von Sachen und die Leitung von Produktionsprozessen. Der Staat wird nicht ›abgeschafft‹, *er stirbt ab.*« (Engels 1878: 261f., Herv. i. O.)

Lenin seinerseits betonte 1917 ebenfalls – noch, denn nach 1917 und spätestens ab 1921 ändert er faktisch seine Position – das Moment des Absterben des Staates und verweist in aller Deutlichkeit darauf, dass dieses ein zentraler Bestandteil der Revolution sein müsse, es also nicht vom revolutionären Akt getrennt werden könne, auch wenn dieser den Staat nicht direkt abschaffe (Lenin 1917: 407-13). Diese Position Lenins war es auch, die die Oktoberrevolution 1917, trotz der nicht unmittelbaren Abschaffung des Staates, auch für Anarchist_innen anschlussfähig machte und so eine breite Einheit der ›Linken‹ ermöglichte. (Das spätere Aufgeben dieser Position sorgte gerade in den libertären Kreisen für breite Ernüchterung, die sich ganz konkret etwa im Aufstand von Kronstadt 1921[19] oder dem massenhaften Abwenden von der Sowjetunion als politisches Vorbild äußerte.) Lefebvre distanziert sich in seinen Schriften letztlich deutlich von Lenins Charakterisierung der Revolution als gesellschaftlicher Sprung (ebd.: 408) und steht für einen sehr differenzierten Revolutionsbegriff. So denkt er gerade explizit entgegen Lenin Revolution prozesshaft, als Gefüge vielfältiger revolutionärer Reformen, weshalb sie für ihn als unmittelbarer Moment in den Hintergrund tritt (his: 114). In diesem Sinne liegt Lefebvres Konzeption des gesellschaftlichen Wandels wesentlich näher bei der gramscianischen Idee – auf was später im Zusammenhang mit Laclau und Mouffe noch eingegangen wird – vom alltäglichen Ringen um Hegemonie in langwierigen gesellschaftlichen Auseinandersetzungen, als bei Lenins Konzeption (Kastner 2011: 95). In diesem Gefüge ist der Gedanke der *autogestion* bei Lefebvre zentral, zumal bei ihm die drei oben genannten Elemente Diktatur des Proletariates, Vertiefung der

19 Anfangs März 1921 kam es unter dem Motto »Alle Macht den Sowjets – Keine Macht der Partei« in Solidarität mit den in Petrograd (zwischenzeitlich Leningrad, seit 1991 St. Petersburg) streikenden Arbeiter_innen zu einem Aufstand der Kronstädter Matrosen und der dort stationierten Regimenter der Roten Armee gegen die bolschewistische Zentralregierung in Moskau. Die Forderungen nach einer vollständigen Änderung der Regierungspolitik wurde aufgestellt und angemahnt, dass die Arbeiter_innen und Bauernschaft Freiheit wollten und nicht nach den Dekreten der Bolschewiki zu leben gedachten, sondern über sich selbst verfügen wollten. Der Aufstand wurde Mitte März von der Roten Armee nach den entsprechenden Befehlen des Moskauer Politbüros in einem Blutbad niedergeschlagen, Überlebende festgenommen und massenweise durch die Tscheka exekutiert. Ironischerweise fanden am Tag der Niederschlagung des Aufstandes am 18. März 1921 in ganz Russland Gedenkfeiern zur Erinnerung an die Pariser Kommune von 1871 statt (Berkman 1923).

Demokratie und Absterben des Staates in Raum und Zeit zusammenfallen, sich überlagern und gegenseitig befördern. *Autogestion* ist somit eine Praxis, die der Allgegenwärtigkeit des Staates entgegentritt (hme: 779), eine Bresche in das bestehende System schlägt und so in letzter Instanz Gesellschaft insgesamt verändert (his: 78). Lefebvre baut sein Konzept dabei auf Ideen von Engels und Lenin auf, distanziert sich dabei aber von früh-anarchistischen sowie früh-marxistischen Revolutionskonzepten, da er diese als sprunghafte Konzepte von Veränderung der Gesellschaft ablehnt. Insgesamt kommt er mit seiner *autogestion* zeitgenössischen libertären oder auch poststrukturalistischen Position des gesellschaftlichen Wandels sehr nahe.

Der Staat kann also nicht durch eine Revolution abgeschafft werden, vielmehr müsse er aufgespalten und Schritt für Schritt durch einen neuen Typus von ›Staatlichkeit‹ ersetzt werden, der dann selbst wiederum abgetragen werden müsse und so sich der *autogestion* langsam aber sicher angenähert wird (Lefebvre 1964: 85). Die Utopie Lefebvres ist eine, in der der Staat nicht mehr als Instrument wachstumsorientierter Kapitalakkumulation, alltäglicher Gewalt und bürokratischer Kontrolle dient (Brenner & Elden 2009b: 16), so wie dies der Staat im sozialdemokratisch-kapitalistischen Modell, genau gleich wie im etatistisch-sozialistischen Modell getan habe (hme: 773-9), und, so Neil Brenner (2008: 242), auch im konservativ-neoliberalen Modell immer noch tue.[20] Vielmehr versteht Lefebvre den bestehenden Staat als eine Arena, die auch in den Kämpfen nicht unmittelbar verschwinden kann, sich aber langsam in einem reorganisierten sozialen Raum auflöst. Dieser Prozess könne nur an ein ›Ende‹ führen, und zwar zur *autogestion*, direkter Demokratie und demokratischer Kontrolle, sowie zur Akzeptanz der Unterschiede, die in und durch diesen Kampf produziert werden (Lefebvre 1978a: 323f.). Für Lefebvre spielt somit das Auflösen der Staatsmacht an und für sich weniger eine Rolle, als die Möglichkeit einer

20 Mit diesem Seitenhieb auf das neoliberale Modell verweist Brenner (2008: 242f.) darauf, dass auch im Zuge der Neoliberalisierung der Staat in gewisser Wiese sehr wohl zurückgezogen worden sei – insbesondere gelte dies für Maßnahmen der sozialen Umverteilung – aber insgesamt in seiner Rolle keineswegs marginal geworden sei. So sei der Staat – wie sich aktuell in der seit 2008 anhaltenden Krise in Europa nur allzu deutlich zeigt – ein wesentlicher Garant für das Einhalten einer gesetzlichen Norm, die Wettbewerb und Privateigentum absichert. Zudem komme dem Staat in wesentlicher Weise die Koordination des Wettbewerbes und der Verwaltung der Kapitalakkumulation zu. Alles in allem seien der Nationalstaat und seine Akteur_innen also in keiner Weise – wie oftmals dargestellt – lediglich ein Spielball multinationaler Kräfte, sondern selbst wesentliche Produzent_innen dieses Regimes.

qualitativen Transformation des Staates in ein radikal dezentralisiertes und auf Teilhabe ausgerichtetes institutionelles Gefüge, das soziale Kämpfe nicht nur zulässt, sondern diese auch aktiv fördert und anregt (Brenner & Elden 2009b: 16).

Um das Moment des Prozesshaften zu betonen, greift Lefebvre für die Ausarbeitung der *autogestion* auf das anarchistische Verständnis der Spontanität zurück (hda: 141). Von Pierre-Joseph Proudhon nimmt Lefebvre seinen spezifischen Gedanken der steten Unterwanderung des Staates und die darüber zu erlangende Überwindung dessen auf (ebd.: 143). Die Auffassung Proudhons, dass der Staat nur von den starken Stellen der existierenden Gesellschaft, die im Wettbewerb und Markt gut positioniert sind, her unterwandert werden könne, kehrt Lefebvre in seiner Konzeption um. Er betont nämlich, dass im Gegenteil der Staat von den schwachen, den nicht gefüllten und leeren Seiten her zu unterwandern sei – eine Interpretation, die wohl dem lefebvreschen Verständnis des Alltagslebens entspringt. Es gelte, die Brüche und Spalten zwischen den starken Elementen zu nutzen, dies sei der Ort an dem Bewegung möglich sei, Dinge geschähen und Praxis sich ausbreite (ebd.: 143f.). Ziel bleibe aber, die starken Elemente von den errungenen Räumen her anzugreifen und so *autogestion* zur Ganzheit werden zu lassen (ebd.: 147). *Autogestion* ist somit potentiell überall dort, wo sich soziale Gruppen der Passivität entledigen, aktiv werden und ihr Schicksal in die eigenen Hände nehmen (hme: 779). Sie ist für Lefebvre Mittel und Ziel einer gesellschaftlichen Verschiebung, in der dominante Räume gekippt werden, in der Aneignung über Dominierung, Bedürfnis über Kommando und Nutzen über Tausch stehen (Lefebvre 1979b: 194). Er sieht darin die Möglichkeit, qualitative Entwicklung wieder über quantitatives Wachstum, den Gebrauchswert über den Tauschwert zu stellen (hda: 139).

Die warnenden Worte, die in der Debatte um *autogestion* durchaus zu hören sind, dass jeder Kompromiss, der akzeptiert werde, sich sofort in Kompromittierungen und Verzicht wandle (vgl. Situationistische Internationale 1966), hat Lefebvre durchaus ernst genommen und stellt sich somit auch den Problemen, die das Konzept mit sich bringt: Einerseits sei *autogestion* als isoliertes Projekt, das keinen gesamtgesellschaftlichen Anspruch erhebt, ein »hohles Schlagwort« (his: 78), andererseits sei sie ständig der Gefahr der Degeneration hin zu einem bloßen partizipativen Austausch und der Besetzung durch Partikularinteressen ausgesetzt und mit dem Potential versehen, mit sich selbst in Konflikt zu geraten (hme: 779). Der Hauptwiderspruch, den die *autogestion* hervorbringe, ist, so Lefebvre, der Widerspruch zum Staat bzw. ihr Einfordern von Freiheit. Denn der Staat werde von der *autogestion* als ein Zwangsapparat, der sich über der Gesellschaft errichtet, in Frage gestellt und sie suche deshalb ihn zu überwinden. Aber im Moment der Umsetzung der *autogestion* und der Unterwanderung des Staates – der Moment, in dem der Staat abzusterben beginnt – wird die Frage nach Freiheit neu und diesmal innerhalb der *autogestion* formuliert, so Levebvres Argumentation. Da *autogestion* das Problem der Macht nicht zu lösen vermöge, sondern gar gezwungen sei, sich selbst als Macht, different zwar von der staatlichen, aber dennoch als Macht zu etablieren, ist bei Lefebvre die *autogestion* immer nur die theoretische Essenz der Freiheit, jenes das es anzustreben gilt aber nie ganz erreicht werden kann. Für ihn ist sie also eine Praxis, um die Gesellschaft auf der Basis des Alltagslebens von ›unten‹ nach ›oben‹ zu organisieren. Dabei ist sie das Öffnen des Feldes des Möglichen, und nur durch sie lasse sich die freie Assoziation der Menschen in einer Form errichten, die erlaubt, dass das Leben wieder zum eigenen *œuvre* werden zu lassen (hda: 147-50.).

3.5 *Recht auf die Stadt, autogestion* und wie weiter?

Zu Beginn dieses Kapitels stand die Frage nach Lefebvres Konzept des *Rechts auf die Stadt* und dessen Einbindung in sein theoretisches Verständnis. In der Darstellung, die notwendigerweise eine bestimmte Lesart von Lefebvre wiedergibt und diesen in Teilen auch glatter erscheinen ließ, als er in seinen Texten ist, konnte aufgezeigt werden, dass das *Recht auf die Stadt*, das begrifflich einen Wandel hin zum *Recht auf Differenz* vollzieht, in wesentlicher Weise mit den lefebvreschen Konzepten der Alltäglichkeit und gesellschaftlicher Praxis zusammenhängt. Insgesamt steht das *Recht auf die Stadt* – an diesem Begriff wird aus politischen Gründen trotz der Problematisierung festgehalten – also für eine (Re-)Politisierung der Stadtpolitik, unter der Zielsetzung die öffentliche Verhandlung über Dinge, die alle angehen, (wieder) herzustellen (Gebhardt & Holm 2011: 12). Es geht Lefebvre also darum, durch die Produktion des urbanen Raums die ausbeuterische und entfremdete Alltäglichkeit, die vom Staat und den vorherrschenden gesellschaftlichen Strukturen im Kapitalismus dominiert wird, emanzipatorisch zu überwinden. Die Debatten um das *Recht auf die Stadt* und *autogestion* stellen unter Rückbezug auf das dialektische Denken Lefebvres und in seiner Konzeption der Raumproduktion somit zwei Seiten desselben Kampfes dar. Beides sind Elemente, die auf ihre Weise eine Praxis der Befreiung ermöglichen sollen, indem einerseits ein Raum produziert wird, der dies ermöglicht, und andererseits gleichzeitig eine Organisationsform erkämpft wird, welche diesen Raum auch zu produzieren zulässt; denn ohne Praxis der urbanen Raumproduktion kann es keine egalitäre gesellschaftliche Organisation geben und umgekehrt (hpe: 54).

Um ein Resümee zu ziehen, kann mit Neil Brenner und Stuart Elden (2009b: 37f.) ganz allgemein gesagt werden, dass das Konzept des *Rechts auf die Stadt* sowie die *autogestion* bei Lefebvre sehr facettenreiche Konzepte darstellen, die aber im spezifischen historischen Kontext zu beurteilen sind. Dies weil heute vieles anders ist, als zu Zeiten in denen die Texte verfasst wurden: Die Vergesellschaftungsformen haben sich im Zuge tiefgreifender kultureller, politischer und sozialer Verschiebungen, mitunter als Neoliberalisierung in einem breiten foucaultschen Sinne[21] oder als Prekarisierung im Anschluss an Oliver Marchart (2013: 390-422) zu fassen, aufgrund vielfältiger Herrschaftszusammenhänge und politischer Praxis massiv verändert. Und so müssen von diesen neuen sozialen ›Realitäten‹ ausgehend auch die sozialen Kämpfe neu gedacht werden. Insofern ist es wichtig, die Probleme, die in Lefebvres Konzeption in Bezug auf das Urbane stecken, direkt anzusprechen:

Problematisch ist, dass er in gewissen Bereichen seiner Theorie, obwohl er sich in aller Deutlichkeit gegen jegliche Essentialismen und Ontologisierungen ausspricht, sehr wohl in ein Denken verfällt, das gesellschaftlichen Prozessen äußerlich anmutende Wirkmächtigkeiten kennt und in Teilen eben auch auf historische Bestimmtheiten und deterministische Prozesse abstellt. Zudem ist auch ein gewisse Dominanz von ökonomischen Prozes-

---

21 Foucault fasste Ökonomie nicht als einen gesellschaftlichen Bereich unter anderen, vielmehr wird Ökonomie bei ihm aus der »Gesamtheit menschlichen Handelns [hergestellt], insofern diese durch die Allokation knapper Ressourcen zu konkurrierenden Zielen gekennzeichnet ist« (Bröckling et al. 2000: 16). Im Anschluss an diese These ist Neoliberalismus als ein komplexes Gefüge aus Regierungstechnologien zu fassen, die die Prinzipien des spezifischen Feldes (der) Ökonomie auf (die) Gesellschaft verallgemeinern – der Modus von Gesellschaft selbst wird also verändert. Dies geschieht gleichermaßen über staatliches Regieren, wie aber auch über spezifische »Technologien des Selbst«, die über die Anrufung des Subjektes als ökonomisch handelndes, vollzogen wird. Damit verweist Foucault darauf, dass die Neoliberalisierung nicht von einem Zentrum der Macht ausgeht, sondern eben auch über spezifische Formen der individuellen Selbstführung produziert und reproduziert wird. Neoliberalismus ist also ein auf einer ökonomischen Rationalität aufbauendes komplexes gesellschaftliches Verhältnis, das gesellschaftlich in unterschiedlichsten Praxen hergestellt wird.

sen vor anderen Herrschaftszusammenhängen innerhalb seiner Arbeiten nicht von der Hand zu weisen und so ist es in seinem Denken gerade der Kapitalismus, der – sicherlich zurecht, aber in dieser Singularität halt eben problematisch – für die Entfremdung des Alltäglichen und allgemein die Produktion von Herrschaft verantwortlich gemacht wird. Dies wird im Zusammenhang mit dem *Recht auf die Stadt* besonders deutlich, wenn er sich einerseits der historischen Entwicklung der Stadt und dem Urbanen zuwendet und andererseits der ›Arbeiterklasse‹ die Rolle des revolutionären Subjekts bzw. des Subjekts des Wandels zuweist.

So schwingt bei Lefebvre in seiner Beschreibung der historischen Entwicklung des Urbanen eine fast schon zwanghafte Komponente mit, was sich insbesondere in seiner Achse der Urbanisierung von 0% (nicht existenter Urbanisierung) bis 100% (gänzlicher Urbanisierung) ausdrückt. Auch wenn er dies teilweise schon in seinen Schriften zur Stadt und noch deutlicher im Kontext seines Praxis- und Dialektik-Verständnisses entkräftet, kann dennoch festgehalten werden, dass gerade die beschriebene Achse der Urbanisierung in ihrem Fortschrittszwang in wesentlicher Weise von einem teleologischen Geschichtsverständnis geprägt ist. So kennt die historische Achse der Urbanisierung letztlich fast nur die Triebkraft der Entwicklung des Kapitalismus, auch wenn er anders als Marx nicht auf die Entwicklung der Sphäre der Arbeit, sondern auf die Urbanisierung als treibende Kraft der Subjektivierung und Herausbildung von gesellschaftlichen Klassen abzielt. Geht Lefebvre über diesen ökonomischen Reduktionismus, also die isolierte Betrachtung der Ökonomie als Triebkraft für gesellschaftliche Prozesse, hinaus, bindet er die treibenden Elemente und den Ausgangspunkt der Entwicklung hin zum Urbanen an grundlegende Subjekteigenschaften. Dies ist letztlich aber nicht weniger problematisch, da das Behaupten von immerwährenden Eigenschaften des Menschen die soziale Produziertheit des Subjekts an sich eben auch nicht denken lässt. Zusammenfassend muss daher darauf verwiesen werden, dass, auch wenn Lefebvre das Urbane stets als Möglichkeit und dessen Entwicklung als eine dialektische Bewegung beschreibt, die nicht auf eine gegebene Finalität hinweist, es dennoch aus einer ökonomischen Argumentation entspringende Begründungen und auf historischer Bestimmtheit bzw. Zweckmäßigkeit basierende Elemente sind, die das Argument formen (hru: 133f.).

Der zweite angesprochene Punkt des teleologischen Denkens Lefebvres hängt mit dem ersten Aspekt zusammen und betrifft die Frage nach dem Subjekt des Wandels, also die Frage danach, welche Gruppen bzw. Subjekte eigentlich zum Vollzug eines revolutionären Wandels befähigt sind. Lefebvre betont, dass das *Recht auf die Stadt* der Klasse der Ausgeschlossenen und Verdrängten bedürfe, um erfolgreich zu sein. Diese Klasse der Ausgegrenzten erkennt er als Produkt der gesellschaftlichen Produktion von Stadt und ist gleich der Produktion des Proletariates bei Marx zu verstehen, der diese als zwangsläufig im kapitalistischen Produktionsprozess entstehende revolutionäre Masse von Subjekten verstand (hdv: 135f., 178). Lefebvre verankert die Herausbildung der ›Arbeiterklasse‹ zwar in einem weit breiteren Feld der Produktion – nämlich in der gesamten alltäglichen Herstellung von Gesellschaft –, als dies bei Marx und Engels der Fall ist, dennoch löst er sich nicht von der Vorstellung, dass Klassen historische Aufgaben übernehmen (hdv: 125f.). So sieht Lefebvre die ›Arbeiterklasse‹ als Trägerin, und zwar als alleinige Trägerin, der emanzipatorischen gesellschaftlichen Veränderung (Lefebvre 1978b: 278). Zudem hält er fest, dass die gesellschaftliche Veränderung, da die Urbanisierung zur Totalität tendiere und sie sich als globales Problem stelle (ebd.: 282), eine globale und vergleichbare sein werde, was letztlich eine deutliche Verkürzung von historischen Prozessen auf einen die Revolte in sich tragenden Prozess darstellt. Im größeren Kontext von Lefebvres Arbeiten und insbesondere im Zusammenhang mit seinem Verständnis von Alltag, Dialektik und Interaktion der verschiedenen gesellschaftlichen Ebenen bleibt aber nur schwer nachvollziehbar, warum er an der ›Arbeiterklasse‹ als alleinigem Subjekt des Wandels und an historischen Determinanten festhält. So betont Purcell (2002: 106), dass die zentrale Schwäche des lefebvreschen *Rechts auf die Stadt* oder der *urbanen Revolution* darin liege, dass er über sein Festhalten an dem Konzept der ›Arbeiterklasse‹, primär eben doch die kapitalistische Stadt ins Visier nehme, dabei aber andere Unterdrückungsstrukturen wie Rassismen, Patriarchat oder die heteronormative Dominanz nebensächlich werden lasse.

Hervorzuheben gilt es aber noch einmal, dass Lefebvre kein abgeschlossenes theoretisches Konzept und keine definitive Vision entwarf, sondern vielmehr immer wieder versuchte, sich von Neuem an das urbane Phänomen anzunähern, um Möglichkeiten für eine freiere und selbstbestimmtere Gesellschaftsform zu suchen (Schmid 2011: 29). Gleichzeitig muss aber auch darauf verwiesen werden, dass die hier skizzierten Kritiken, primär auf seine Schriften zum Urbanen abzielen, also nicht allgemeingültig bezüglich seines Theorems sind. An dieser Stelle soll nun durch die Konfrontation des lefebvreschen Ansatzes mit der radikalen Demokratietheorie bei Ernesto Laclau und Chantal Mouffe versucht werden, auf einige dieser hier dargestellten Probleme im Zusammenhang mit dem *Recht auf die Stadt* einzugehen und so auf die Suche nach Möglichkeiten zu gehen.

4. *Radikale Demokratie* bei Chantal Mouffe und Ernesto Laclau

In diesem Kapitel wird nun, um eine anschließende gemeinsame Diskussion der beiden theoretischen Konzepte zu ermöglichen, den zentralen Aspekten des theoretischen Projekts der *radikalen Demokratie* bei Ernesto Laclau und Chantal Mouffe nachgegangen.[22] Die Fokussierung auf die *radikale Demokratie* im Anschluss an die Diskussion der Konzepte Lefebvres ist aber, auch wenn beide theoretischen Ansätze weitestgehend auf unterschiedlichen Ebenen der Verallgemeinerung funktionieren, nicht beliebig und beruht auf drei Aspekten: Erstens basieren beide Ansätze, wenn auch in unterschiedlicher Gewichtung und Ausprägung, auf einem ähnlichen theoretischen Fundament und versuchen dabei, den Marxismus als politisches Projekt zu reformulieren und zu entessentialisieren (vgl. ech, hmp). Zweitens kann Lefebvres Ansatz des *Rechts auf die Stadt* bzw. das *Recht auf Differenz* als Versuch gelesen werden, das Urbane im Kontext *des Politischen* zu lesen, im Sinne, dass ein *Recht auf das Politische* eingefordert wird (Dikeç 2002: 96), ein Aspekt, der auch bei Laclau und Mouffe im Zusammenhang mit der *radikalen Demokratie* zentral ist (epr, cop). Und drittens, sind sich Laclau und Mouffe sowie Lefebvre darin einig, dass es, um Gesellschaft zu verändern, primär einer Veränderung der Aushandlungsebene bedarf, die egalitärer und differenzoffener sein muss, um so die gesellschaftliche Produktion in einem

---

22 Laclau und Mouffe sind nicht die einzigen Autor_innen die sich theoretisch alternativen und emanzipatorischen Formen der Demokratie zuwenden. So hat eine radikale Konzeption der Demokratie gerade in anarchistischen und antiautoritären Bewegungen eine lange theoretische wie praktische Geschichte. In den unzähligen sozialen Revolutionen und Aufständen seit dem Ende des 19. Jahrhunderts wurden radikaldemokratische Konzepte umgesetzt und theoretisch bearbeitet. So etwa im revolutionären Paris in den Jahren 1789-93, 1848 und 1871, im zaristischen Russland 1905 und zu Beginn der Sowjetunion 1917 sowie im Aufstand von Kronstadt 1921 oder der Machnowschtschina in der Ukraine 1917-22, in der deutschen Novemberrevolution 1918, in Spanien 1936 (Bookchin 1996, 1998, 2004, 2005). Aber auch in den *neuen* und *neuesten sozialen Bewegungen* im Kontext von Antiglobalisierungs-, Klima- und Stadtprotesten sowie ganz aktuell in den Platzbesetzungen in Spanien oder Griechenland im Zuge der Krisenproteste 2011, hatten basisdemokratische Konzepte großen Rückhalt. Theoretisch waren diese Revolutionen und Aufstände immer in zeitgenössische theoretische und politische Arbeiten eingebunden, welche bis heute in die Schriften von Hannah Arendt (1974), Cornelius Castoriadis (2006), Richard Day (2005), Alex Demirović (2009), Claude Lefort (1990), Doreen Massey (1995), Mark Purcell (2008) oder Jacques Rancière (1997) etc. hineinwirken.

lefebvreschen Sinne insgesamt zu verändern (vgl. epr, hru, cdp). In der Summe weisen Lefebvres *Recht auf die Stadt* und *autogestion* sowie Laclaus und Mouffes *radikale Demokratie* in der grundlegenden Stoßrichtung Ähnlichkeiten auf und der Ansatz von Laclau und Mouffe kann einen Beitrag dazu leisten, Lefebvres Konzepte zu präzisieren und zu entessentialisieren (Massey 1995), sowie den Blick stärker auf politische Aushandlung zu lenken.

Um auf diese Aspekte vertieft einzugehen, muss zuerst aber die Konzeption der *radikalen Demokratie* bei Laclau und Mouffe aufgearbeitet werden. Hierfür gilt es, zuerst grundlegende Fragen der Theoriebildung anzusprechen, zumal wesentliche Aspekte und die Operationsebene der *radikalen Demokratie* ohne allgemeine Ein- und Rückbindung in ihr Theorieverständnis unverständlich bleiben. Als problematisch anzuerkennen ist, dass die Zugänglichkeit zu den Arbeiten nicht immer einfach ist. Dies wegen der komplexen Sprache und der enormen Dichte an Begriffen und Definitionen, die sich im Verlauf ihres Schaffens wandeln, weiterentwickeln und bei Laclau und Mouffe im Anschluss an ihr gemeinsames Hauptwerk »Hegemony and Socialist Strategy« (ech) aus dem Jahre 1985, auch ausdifferenzieren (Thomassen 2005). Das Erfassen des Argumentes ist somit erschwert, weshalb an dieser Stelle weniger Begriffsarbeit geleistet werden soll, als vielmehr versucht wird, die Essenz ihrer Arbeiten zu erfassen.

4.1 Epistemologischer Zugang: vom *Antagonismus* zur *politischen Differenz*

Die von Laclau und Mouffe vorgenommene Intervention, die je nach Gewichtung verschiedener Teilaspekte als Diskurs-, Hegemonie- oder Demokratietheorie bezeichnet wird, hat erhebliche Kontroversen ausgelöst (vgl. Barnett 2004, Critchley & Marchart 2004, Day 2005, Demirović 2007, Geras 1987, Marchart 2007). Ihr theoretisches Projekt gehört aber zweifellos zu den wichtigsten zeitgenössischen Beiträgen zur politischen Theorie sowie Philosophie. Sie bauen dafür auf Ansätze unterschiedlicher Denkschulen wie etwa den Strukturalismus nach Ferdinand de Saussures, die Hegemonietheorie nach Antonio Gramsci, der Dekonstruktion nach Jacques Derrida oder phänomenologischer Zugänge nach Martin Heidegger auf. Dabei verweisen sie aber auch auf Autoren wie Friedrich Nietzsche oder Georg Hegel. Insgesamt verdichten Laclau und Mouffe diese Ansätze in einer *postfundamentalistischen* Theorie des Sozialen und Politischen (Nonhoff 2007: 7).

Ausgangspunkt der Theoriebildung ist die Auseinandersetzung mit den Klassikern des Marxismus, in der sie versuchen, die marxschen Theorieansätze zu entessentialisieren und Dogmen aufzulösen (ech: 37-78). Laclau und Mouffe erkennen dabei an, dass der Marxismus ihr politisches Referenzsystem bildet und sie sich nicht grundsätzlich davon lösen wollen (ebd.: 34). So hält Laclau fest, dass der Marxismus mehr als jede andere politische Orientierung auf einer radikalen Kritik der bestehenden sozialen Verhältnisse basiert und gleichzeitig deren Veränderbarkeit betont (enr: 4). Es sei die Leistung von Marx gewesen, herauszuarbeiten, dass Praxis immer ausgehend vom Hier und Jetzt gedacht werden müsse. Was zur Folge habe, dass ein alternatives gesellschaftliches Projekt nicht darum herum komme, von dem auszugehen, was historisch bereits geschaffen wurde, letztlich also die reine Verneinung des Bestehenden nicht zielführend sei (ebd.: 55f.). Gleichzeitig hat für beide die Nähe zu den sozialen Bewegungen der zweiten Hälfte das 20. und des beginnenden 21. Jahrhunderts großen Einfluss auf das eigene Selbstverständnis und ihre Theoriebildung. So war es nicht zuletzt die Vervielfältigung der sozialen Auseinandersetzungen, die Laclau und Mouffe zur Reformulierung des ›Marxismus‹ bewegte (ech: 50). Und als ursächlich für diese Vervielfältigung beschreiben sie die breiten Prozesse der Entkolonialisierung, den Zusammenbruch des ›real existierenden‹ Sozialismus, die zunehmende Diffusion und Komplexität des organisierten Kapitalismus und die sich grundlegend verändernde Staatlichkeit. Ihr Ansatz ist von einem poststrukturalistischen Denken inspiriert, das sich durch die Absage an eine intellektuelle Tradition auszeichnet, die als autoritär und restriktiv empfunden wurde, und demgegenüber eine pluralistische Politik befürwortet, in der Differenz und Diversität einen zentralen Platz einnehmen. Dennoch, einen *Post*-Marxismus, der den vollen Bruch mit dem marxistischen Denken sucht, lehnen sie strikt ab und nutzen für sich daher das Label des Post-*Marxismus*, das ihre Kontinuität innerhalb des marxistischen Denkens betonen soll (Sim 2011: 2-4).

Postfundamentalismus

Um einzusteigen wird vertiefter darauf eingegangen, was unter *Postfundamentalismus* zu verstehen ist. Dabei dient vor allem Oliver Marchart (2007, 2010a, b) als Referenz, zumal er diese Debatte im deutschsprachigen Raum wesentlich geprägt hat und als wichtige Hilfestellung dient, um den Zugang von Laclau und Mouffe nachzuvollziehen. Insbesondere ist dem so, da sich Marchart in wesentlicher Weise an den Grundprämissen abgearbeitet hat, welche zumindest in Teilen das Fundament der politischen Theorie bei Laclau und Mouffe sowie anderer Autor_innen, die sich im Feld der *Neuen Theorien des Politischen* verorten, bilden.

Fundamentalismen waren ein zentrales Merkmal der philosophischen, politischen und polit-ökonomischen Theorien der Moderne. Fundamentalistische Zugänge gehen dabei von der Annahme aus, dass gesellschaftliche Prozesse über einen letzten Grund, also eine finale, alles umfassende Begründung, die als objektive und geschlossene Realität gefasst wird, erklärt werden können. Oder anders herum: Es wird davon ausgegangen, dass Gesellschaft wie ein Haus, auf einem fixen, mit wissenschaftlichen Mitteln zu durchdringenden und auch zu erklärenden Fundament errichtet ist. Beispielhaft zu nennen wären etwa die neoklassische Idee des *homo oeconomicus*, die von einem Subjekt ausgeht, das sein Verhalten beständig rational auf die ökonomische Nutzenmaximierung ausrichtet; strukturalistische historische Stufenmodelle, die davon ausgehen, dass bestimmte Stadien der Entwicklung von Gesellschaft auf dem Weg zur ›zivilisierten Moderne‹ oder auch zum ›Kommunismus‹ durchlaufen werden müssen; Erklärungen die sich auf eine göttliche Ordnung berufen; oder Biologismen, um Geschlechterverhältnisse und Rassismen zu begründen. In allen Fällen werden gesellschaftliche Prozesse als bedeutungslos behauptet und scheinbar objektive bzw. theologische Fakten dem beschriebenen Umstand zugrunde gelegt. Viele Theoretiker_innen, die unter dem Schlagwort der Postmoderne bzw. des Poststrukturalismus gesammelt werden, seien, so Laclau, angetreten um genau diesen fundamentalistischen Prämissen zu widersprechen, hätten diese dabei aber oftmals lediglich verneint und durch einen *Antifundamentalismus* ersetzt. Dagegen müsse aufgezeigt werden, dass die reine Ablehnung von fundamentalen Prämissen wenig sinnvoll sei, es vielmehr darum gehen müsse, eine Alternative zwischen *Fundamentalismus* und *Antifundamentalismus* zu finden (ees: 127-9). Denn nur so, so argumentiert Marchart (2010a: 61), ist es möglich, dem Fundamentalismus das Handlungsfeld und das Terrain, auf dem er errichtet wurde, zu entziehen und ihn zu dekonstruieren, also dem Fundamentalismus die Hegemonie streitig zu machen.

Historische Bedingungen dieses Streitigmachens sind tiefgreifende soziopolitische Verschiebungen, die Mitte des 18. Jahrhunderts einsetzten und bei Michel Foucault im Rahmen seiner Vorlesungen zur Gouvernementalität äußerst präzise als Prozess der Auflösung transzendenter – also außergesellschaftlicher – Fundierung im Kontext der Herausbildung eines demokratischen Gedankens beschrieben werden (Foucault 2006a, 2006b). Kennzeichnend für den Wandel ist Marchart (2010a: 52) folgend, zum einen die stete Demokratisierung und die zunehmende Anfechtbarkeit von Begriffsbildung sowie das Anerkennen, dass Kategorien nie gänzlich stabil sein können und sie somit beständig – zumindest potentiell – umkämpft sind. Zum anderen zeige sich, dass trotz der Auflösung von Allgemeingültigkeiten und der verstärkten Politisierung des Sozialen, dennoch immer wieder mehr oder weniger stabile Muster, Strukturen und Deutungen herausgebildet werden, die ›transzendieren‹ bzw. sedimentieren und so die Stellung einer ›strukturellen‹ Ordnung einnehmen. So werde das Spannungsfeld zwischen einer eindeutigen Gründung und der reinen Negation von Gründungsmöglichkeit für Laclau und Mouffe in den historischen Prozessen offengelegt. Zwar sei die Erschaffung eines stabilen Fundamentes bzw. einer Gründung letztlich unmöglich, dennoch müsse anerkannt werden, dass der Versuch dazu omnipräsent sei und jede politische Auseinandersetzung durchziehe. Der eingeführte Begriff der Gründung verweist dabei auf zweierlei: zum einen auf die Unmöglichkeit einer letzten alles bestimmenden Erklärung und zum anderen auf die Möglichkeit kontingenter Gründungen, »also eine Pluralität hegemonialer Bewegungen, die Gesellschaft zu gründen versuchen, ohne [endgültig] jemals dazu in der Lage zu sein« (Marchart 2010b: 146). Bei der Erzeugung von gesellschaftlichen Gründen, die als Fundament für Gesellschaft herhalten, handelt es sich also um einen Prozess, eine politische Aushandlung, was der Behauptung von immerwährenden Objektivitäten den Boden entzieht.

Über die Konzepte des Postfundamentalismus, die letztlich auf Martin Heidegger (2006 [1927]) zurückgehen, so Marchart, soll klar gemacht werden, dass Strukturen, Normen und Werte nicht wirkungslos sind und sondern eine Materialität besitzen, sie jedoch einer beständigen politischen Fixierung bedürfen, grundsätzlich wandelbar sind und lediglich als Produkt von Sedimentation existieren. Sie besitzen also keine Existenz ›an sich‹, sind aber sehr wohl wirkmächtig (Marchart 2010a: 59-84). Unter Sedimentation ist hierbei ein tendenzielles Vergessen der Bedingungen, unter welchen eine soziale Struktur entstanden ist, gemeint. Ein Prozess, in dessen Zuge das Bewusstsein für alternative Möglichkeiten verschwindet, wobei die sedimentierte Struktur tendenziell aus dem gesellschaftlichen Zugriff herausgelöst und dadurch vermeintlich objektiv wird (enr: 34). Joscha Wullweber (2012: 35) spricht bei Sedimentation auch von »Veralltäglichung«, um die Fixierung von Diskursen und Praktiken auf einer alltäglichen und nicht mehr hinterfragten Eben anzusprechen. Der Unterschied einer postfundamentalistischen Position zu einer antifundamentalistischen liegt also darin, so Marchart (2010a: 62f.), dass innerhalb des Postfundamentalismus die Unmöglichkeit einer letztinstanzlichen Benennung des Grundes hervorgehoben wird. Demgegenüber behaupte der Antifundamentalismus lediglich die Abwesenheit aller Gründe, was in dieser Absolutheit wiederum ein fundamentalistisches Argument darstelle. In der Konsequenz bedeutet dies: »Nicht alle sozialen Fundamente haben sich in Luft aufgelöst, [...] sondern der Geltungsbereich eines jeden Fundamentes ist umkämpft und steht prinzipiell zur Disposition.« (ebd.: 16f.) Was daraus folgt, ist die Erkenntnis, dass Identität, Totalität oder Objektivität nicht etwa unmöglich sind, sondern dass sie immer nur auf Zeit stabil sein können. Sie sind immer nur Produkt politischer Produktion und besitzen als solche Materialität und Wirkmächtigkeit, aber sie können nie gänzlich abgeschlossen, nie ganz fixiert, nie auf eine ontologische Legitimation gestellt werden, was sie immer angreifbar und veränderbar macht (ech: 161). So folgt auch, dass selbst der Begriff der Totalität unter der Bedingung, dass er nicht auf der Gesellschaft äußerliche Kategorien zurückgeführt, sondern als ein »Ensemble totalisierender Effekte« (ebd.: 140) in einem grundsätzlich offenen sozialen Komplex erkannt wird, nicht aufgegeben werden muss. Demnach ist es durchaus legitim, von fixierten und homogenisierenden Strukturen auszugehen, um Gesellschaft zu erklären, solange die Strukturen selbst nur als historische Produkte verstanden und selbst zu einem zu erklärenden Element werden.

Das Anerkennen von Kontingenz, die in der allgemeinsten Form als Zufall zu verstehen ist und insbesondere die Unmöglichkeit der Letztgründung anzeigt, ist für das Argument eine grundlegende Bedingung (Marchart 2010a: 74f.). Kontingenz ist dabei jenes Element, auf dessen Basis, Beziehungen anstelle von fixen Identitäten entstehen können (enr: 20). Es gilt aber, dass die *Kontingenz einer jeden Gründung* selbst nicht kontingent sein kann, denn »wenn kein Grund notwendig ist [...], dann ist die Kontingenz des Grundes notwendig« (Marchart 2010b: 146f.). Dabei wird Kontingenz zu einer allgemeingültigen Bedingung. Um in Erscheinung bzw. ins soziale Bewusstsein zu treten, sei Kontingenz aber selbst von einer spezifischen historischen Entwicklung abhängig gewesen und deren Erkenntnis sei somit selbst Produkt einer in einem spezifischen historischen Kontext vollzogenen Produktion. Marchart legt aber Wert darauf, zu betonen, dass in der Moderne die Erfahrung und Erkenntnis der Kontingenz sich zwar deutlich erweitert hat, gleichermaßen sie aber nicht eine Erfindung der Moderne ist (Marchart 2010a: 74-81). Kontingenz an sich wird, Marchart folgend, als historische Konstante gesetzt, sie nimmt also innerhalb des Postfundamentalismus einen »überhistorischen Geltungsanspruch« (ebd.: 79) ein. Historisch sei aber die Erkenntnis der Kontingenz, denn das Anerkennen der letztlichen Grundlosigkeit habe einer spezifischen »historischen Konjunktur« (ebd.: 81) bedurft, die erst in der Moderne geben gewesen sei. Dazu führt Marchart aus:

> »[Dieser] überhistorische Geltungsanspruch mag [...] wenig plausibel klingen, nachdem gerade jede Form historischer Teleologie und Geschichte in Großbuchstaben verabschiedet wurde. Doch man sollte die Alternative bedenken, denn [...] wollte man behaupten, ein vollständig geschlossenes und totalisiertes Signifikationssystem sei zwar heute nicht möglich, aber irgendwann in [...] anderen Zeiten und in anderen Kontexten schon. [...] Dann könnte das notwendige Band zwischen Möglichkeit und Unmöglichkeit getrennt werden.« (Marchart 2010a: 79)

Bei all dem Gesagten wird nun sehr deutlich, dass das Betonen von Kontingenz im Kontext des Postfundamentalismus in keiner Weise »anything goes« bedeutet. Denn neben der historischen Gewordenheit gilt Sedimentierung als zweite Grundbedingung. Kontingenz kann sich also nur auf der Grundlage des Bestehenden entfalten und basiert auf dem Möglichkeitsfeld einer historisch sedimentierten Struktur: »Es handelt sich um eine *strukturierte Unsicherheit*, um *Zufall gepanzert mit Zwang*.« (Wullweber 2012: 42, Herv. i. O.) Somit zeigt Kontingenz zwar für die Handlungsmöglichkeit eine grundsätzliche Offenheit und Nichtdeterminiertheit an, betont gleichzeitig aber die Nichtbeliebigkeit von Handlungsmöglichkeiten (enr: 18f., 27).

> »Mit Sicherheit kann ich eine Reihe von Umständen erklären, die das Aufkommen eines oppressiven Systems *ermöglichen*. Ich kann erklären, *wie* dem System gegenüber antagonistische Kräfte konstituiert wurden und sich entwickelten. Aber der strikte Moment der Konfrontation zwischen beiden [...] wird jeder Art von objektiver Erklärung widerstehen.« (ees: 26 Herv. i. O.)

Das gestiftete Fundament, also das für eine bestimmte Zeit errichtete ideelle und materielle Fundament von Gesellschaft, ist keineswegs zufällig. Denn letztlich gibt es immer Gründe, so Marchart (2010b: 146), warum eine bestimmte Gründungsgeschichte (Diskurs) die Funktion des Fundamentes übernehmen kann (also hegemonial wird). Die unter dem Begriff des Postfundamentalismus gesammelten Ansätze wenden sich damit klar gegen jegliche Form von Essentialisierung und zwangsläufigen Erklärungsmustern. Für Laclau ist dieser Umstand, dass eine Letztgründung immer ausbleiben muss und somit eine Gründung von Gesellschaft nie gänzlich vorgenommen werden kann, aber keineswegs einer, der zu Pessimismus verleiten sollte. Denn die Erkenntnis eröffne im Gegenteil das Verständnis, dass die Welt veränderbar ist und nichts als gegeben hingenommen werden muss (enr: 35f.). So verweist die Abwesenheit eines letzten Grundes auf ein enormes Potential von Politisierungsmöglichkeiten und macht deutlich, dass rein strukturell jedes Ausbeutungsverhältnis, jede Hegemonie und jede Herrschaft herauszufordern ist.

Antagonismus

Auf der Grundlage der postfundamentalistischen Prämissen entwickeln Laclau und Mouffe sodann ihr Konzept des Antagonismus. Ausgangpunkt ihrer Überlegungen ist die nationalistische staatstheoretische Freund-Feind-Unterscheidung bei Carl Schmitt (cop: 17-25). Dieser betont, dass es gerade die Differenzierung in Freund und Feind sei, welche es einem Staat ermögliche, sich in Abgrenzung zum Außen als Souverän zu konstituieren. Gleichzeitig hält Schmitt fest, dass eine völlig befriedete Welt, in der es keine Freund-Feind-Unterscheidung mehr gebe, eine Welt ohne Politik sei und verweist dabei auf ein politisches Primat (Schmitt 1932 [2009]: 19-26). Dieses macht Schmitt fest an dem Potential des Ausnahmezustandes bzw. am Krieg, »dessen Freund/Feind-Unterscheidung alle anderen Unterscheidungen tendenziell außer Kraft setzt«, so Marchart (2010a: 39). Die *Differenz* zwischen Freund und Feind wird bei Schmitt insofern zum Trennenden, als er betont, dass dazwischen kein Drittes existiere, der Konflikt somit nicht auf der Basis von Gemeinsamkeiten ausgetragen werden könne. Laclau und Mouffe – wie übrigens viele andere Autor_innen auch (ebd.) – wenden den daraus hervorgehenden schmittschen Antagonismus diskurstheoretisch und entnationalisieren ihn damit. So werden die essentialistischen Kategorien von Nation oder Staat unmöglich und die Ebene, auf der die Differenz angesiedelt ist, wechselt die theoretische Ebene der Verallgemeinerung: weg vom ›realen‹ Kampf zwischen Nationen, hin zur Differenz als grundlegende Bedingung für die Produktion von Bedeutung (Bedorf 2010: 20f.) – dazu später mehr. Eine weitere zentrale Referenz für das Antagonismusverständnis von Laclau und Mouffe ist die strukturalistische Sprachwissenschaft nach Saussure, der davon ausgeht, dass Objekte, Identitäten, Strukturen – im Allgemeinen ein Bedeutungssystem – nicht *positiv,* sondern nur *negativ* in der Abgrenzung vom Außen bzw. vom Anderen definiert werden können, dass Bedeutung also nur in einem System von Differenzen entstehen kann

(Marchart 2010a: 190). Urs Stäheli fasst die Bedeutung der Differenz treffend zusammen:

> »Gesellschaft differenztheoretisch zu denken bedeutet zunächst, dass Gesellschaft nicht aus ›Letztelementen‹ wie z. B. Individuen oder auch einzelnen Handlungen besteht, die miteinander Verbindungen eingehen. Vielmehr entstehen die einzelnen ›Elemente‹ erst in einem Beziehungsgeflecht. Erst durch die Position in einem derartigen Gewebe, und somit durch die Abgrenzung von anderen Positionen, kommen ›Elemente‹ zustande. Wenn also kein Element aus sich heraus bestimmt werden kann, dann bekommt die Beziehung zu dem, was es nicht ist, eine zentrale Bedeutung.« (Stäheli 2000: 8f., Herv. i. O.)

Die *Differenz* nimmt dabei also eine zentrale Rolle ein, da es ihrer bedarf, um Bewegung im sozialen Feld in Gang zu bringen. Dabei ist sie als Differenz *als* Trennendes zu verstehen und stellt eine radikale sowie unüberwindbare Differenz zwischen Innen, dem was die Bedeutung ausmacht, und Außen, dem, was nicht in der Bedeutung enthalten ist, dem, was nicht hinein gehört und als das Andere verstanden wird, dar. Die beiden Pole der Differenz werden theoretisch so gefasst, dass ein Zusammenfallen der beiden Seiten unmöglich ist (Marchart 2010a: 197f.). So hält Mouffe zwar fest, dass jedem Objekt ein Teil eingeschrieben ist, das nicht zu ihm gehört und somit »das Sein eines Objektes nicht als reine [...] ›Objektivität‹ konzipiert werden« kann (cdp: 36), gleichermaßen das absolute Außen wie das absolute Innen unerreichbar bleiben und nie in der Reinform auftreten können (Marchart 2010a: 304). Dem sei so, da, sobald das Außen ins Innen eindringe, es auf der analytischen Ebene selbst zum Innen werde. Da das Außen als das radikal Andere bzw. das, was das Innen nicht ist, gefasst wird, ist zu schließen, dass die Grenze, welche das Innen vom Außen trennt, nur im Zusammenbruch der Bedeutung erkennbar ist. Die Grenze zwischen Innen und Außen ist daher eine radikale Grenze (ebd.: 190). Diese Grenze ist niemals als neutrale Grenzen zu verstehen. Sie setzt immer einen Ausschluss voraus, denn wäre dies nicht der Fall, würden die beiden Seiten der Grenze zusammenhängen (ees: 66f.) und es wäre möglich, das Außen als Bestandteil des Innen zu verstehen, als voneinander abhängig, und so wären die beiden Seiten der Grenze auf einer höheren Ebene der Verallgemeinerung des Argumentes identisch (Marchart 2010a: 194). Für das Argument von Laclau und Mouffe ist hier zentral, die Grenze nicht als trennende, sondern als *tatsächliche* und als das Ende der Signifikation anzeigend zu verstehen (eip: 27, Herv. i. O.). Sinnbildlich könnte das bisher Gesagte mit dem Bild einer Klippe vor dem weiten Horizont dargestellt werden. Denn, was ausgedrückt werden soll, ist, dass jede Bedeutung, also der Boden auf dem wir stehen, ein Bestimmtes einschließt und mehr oder weniger bekannt ist. Das Außen, der Horizont, ist hierbei immer präsent, wenn auch nur als Potential, das ›an sich‹ nicht erfasst werden kann, aber anzeigt, dass ein Weitergehen möglich ist. An der Grenze des Benannten bzw. dem Abgrund der Klippe stehend, kann nicht auf die andere Seite geschielt werden, denn da ist erst einmal von sich aus nichts außer der Horizont. Wenn die Grenze überschritten wird, dann bedeutet dies den Sturz in den Abgrund, der aber alsbald in der Produktion von neuer Bedeutung aufgefangen wird, es wird neues Land produziert, der endlose Sturz oder das Übergehen in den Horizont ist unmöglich. Der Sprung über die Klippe ist dabei immer ein Produkt von aktivem Widersetzen gegen ein Bestimmtes und wird durch dieses Widersetzen in der Produktion von neuer Bedeutung aufgefangen.

Antagonismus bezeichnet bei Laclau und Mouffe genau diese radikale Grenze einer jeden Signifikation bzw. den Punkt, an dem die ultimative Unmöglichkeit einer Objektivität offen zutage tritt (ech: 161). Er ist also nicht ein objektives, klar definier- und bestimmbares Verhältnis zwischen Dingen. Vielmehr muss Antagonismus hierbei als das verstanden werden, »was nicht *gesagt*, so doch *gezeigt* werden kann« (ech: 165, Herv. i. O.). Dies im Sinne, dass die Grenzen der Objektivität durchaus erfahrbar, aber nicht mit Sprache bestimmbar sind, »da ja Sprache nur als Versuch einer Fixierung dessen existiert, was der Antagonismus untergräbt« (ebd.). Erfahrbar ist der Antagonismus, wie Laclau und Mouffe ihn denken, einerseits im Versagen der vollkommenen Errichtung einer jeden Ordnung bzw. einer jeden Sinnstruktur und andererseits im Versagen des Versuchs, eine Ordnung jenseits der Differenz zu schaffen. Antagonismus ist so zwar potentiell überall, gleichzeitig aber nicht per se gegeben. Der zentrale Punkt dabei ist, so Laclau, dass der Antagonismus selbst auch keine objektive Bedeutung einnimmt, er aber verhindert, dass sich eine objektive Bedeutung auf Dauer zu konstituieren vermag (enr: 17), er somit als politisch produzierte radikale Ablehnung einer bestehenden Ordnung zu verstehen ist. Zur Herausbildung eines Antagonismus, müsse also ein bestehendes Bedeutungssystem in seiner Objektivität in der Praxis durch ein politisches Projekt radikal abgelehnt werden (ech: 165-7). Hierbei wird deutlich, dass Antagonismus auf zwei Ebenen als Begriff funktioniert: Zum einen zeigt er die Unmöglichkeit von letztinstanzlicher Begründung an, zum anderen dient er der Bezeichnung für den »konkreten Konflikt zwischen gesellschaftlichen Gruppen bzw. Subjekpositionen« (Wullweber 2012: 45). In der letzten Konsequenz bedeutet diese Definition von *Antagonismus* als ›Erfahrung‹ der Grenze, dass er nicht eine der Gesellschaft selbst eingeschriebene, sondern eine der Gesellschaft äußerlich Kategorie ist. Antagonismus stellt hier also eine Bedingung der Produktion von Gesellschaft selbst dar und kann daher nicht umgangen werden. Dem muss so sein, so Laclau und Mouffe, da Antagonismus die Grenze dessen anzeigt, was Gesellschaft überhaupt ist, die Grenze dessen anzeigt, was politisch produziert wird (ech: 165). Gesellschaft ist dabei aber nicht mit dem Sozialen gleichzusetzen. Zumal das Soziale für sie eine andere Bezeichnung für das Diskursive ist und somit das Feld benennt, auf dem sich Diskurse herausbilden (Critchley & Marchart 2004: 4). In anderen Worten, es bezeichnet die Gesamtheit des Möglichen, auf dem sich eine jede Bedeutung ausbreiten kann. Das Soziale als Terrain selbst hat somit kein Wesen (ech: 130) und die sedimentierten Formen der ›Objektivität‹ definieren auf dem Feld des ›Sozialen‹ die Gesellschaft, so Laclau und Mouffe (enr: 35).

> »Wir müssen folglich die Offenheit des Sozialen als konstitutiven Grund beziehungsweise als ›negative Essenz‹ des Existierenden ansehen sowie die verschiedenen ›sozialen Ordnungen‹ als prekär und letztlich verfehlte Versuche, das Feld der Differenz zu zähmen. Demnach kann die Vielgestaltigkeit des Sozialen weder als ein System von Vermittlungen noch die ›soziale Ordnung‹ als ein zugrundeliegendes Prinzip begriffen werden. Es gibt keinen ›der Gesellschaft‹ eigentümlichen [fixierten] Raum, weil das Soziale selbst kein Wesen hat.« (ech: 130, Herv. i. O.)

Dies bedeutet wiederum, dass das Soziale selbst auch ein Produkt politischer Praxis ist, weshalb ein politisches Primat vor dem Sozialen behauptet wird (Marchart 2010a: 199). Diesen Punkt gilt es später noch zu präzisieren, mitgenommen werden sollte hierbei aber, dass Laclau und Mouffe in diesem Argument die Kategorien »Gesellschaft« wie »Soziales« selbst entessentialisieren und zu einem zu Erklärenden machen, was sie über die Praxis der Politik tun.

Für soziale Beziehungen charakteristisch ist Laclau folgend, dass sie immer kontingent sind, es sich um Machtbeziehungen handelt, sie durch ein politisches Primat gekennzeichnet und sie immer radikal historisch sind (enr: 26-36). Gesellschaft dagegen ist für sie ein Produkt partieller Schliessungs- bzw. Fundierungsversuche, also ein sedimentiertes Produkt politischer Praxis, das durch die Anwesenheit des Außen fortlaufend destabilisiert zu werden droht und auch wird. Gesellschaft und das Soziale stehen in einem wechselseitigen Verhältnis, wobei das Soziale beständigen Einhegungsversuchen durch die Konstitution von Gesellschaft ausgesetzt ist, was aber nie vollständig gelingt (Marchart 2010a: 200f.). In dem fortlaufenden Wechselspiel von Gründung bzw. dem Versuch ein stabiles Fundament zu errichten und Destabilisierung kann gemäß Laclau und Mouffe eine komplette Fundierung von Gesellschaft nie gelingen. Sehr wohl könnten aber Knotenpunkte in unterschiedlicher Dichte erzeugt werden, die eine relative Fixierung von Gesellschaft ergeben würden. Gesellschaft sei in letzter Instanz somit zwar unmöglich aber notwendig, da sonst keine Basis hergestellt werden könne, auf deren Grundlage Gemeinschaft organisiert werde (ech: 170). Allgemeiner ausgedrückt: Letztbegründung ist zwar unmöglich, aber Fundierung ist notwendig, um Bedeutung herzustellen.

Hegemonie und Diskurs

Die Konzepte von *Hegemonie* und *Diskurs* spielen für das bisher Gesagte eine zentrale Rolle und sind eng miteinander verknüpft. Laclau und Mouffe versuchen damit darzulegen, über welche Praxen Deutung und Fixierung vollzogen wird. Sie zeigen damit auf, wie sich trotz der Unmöglichkeit einer letzten Fundierung von Bedeutungssystemen Bedeutung erzeugen lässt, die eine gesellschaftliche Wirkmächtigkeit und Materialität besitzt.

Dafür folgen sie mit ihrem Hegemoniebegriff Antonio Gramsci (ech: 79-122), der seinerseits damit eine Debatte aufgriff, die der russischen Sozialdemokratie Ende des 19. Jahrhunderts entsprang (Opratko 2012a: 30). Ausgangspunkt der damaligen Debatte sei der Glaube daran gewesen, dass es im politischen Kampf weniger darum gehe, die Einheit der Klasse im Kampf zu sichern, als es vielmehr notwendig sei, die Wirksamkeit der ›Arbeiterklasse‹ im Klassenkampf an sich zu garantieren (ech: 81f.). So wurde, wie Benjamin Opratko (2012a: 31) argumentiert, die Notwendigkeit hervorgehoben, politische Bündnisse einzugehen, wobei gleichermaßen der Verlust der eigenen Position als reale Gefahr erachtet worden sei. Der Begriff der Hegemonie versuche dabei genau dieses Problem anzugehen, indem eine Praxis vorgegeben werde, durch welche die ›Arbeiterklasse‹ in den einzugehenden Bündnissen eine führende bzw. hegemoniale Rolle einnehmen kann, um so die eigenen Positionen konsequent durchzusetzen. Im Unterschied zu den früheren Ansätzen der Hegemonietheorie, betonen Laclau und Mouffe, habe Gramsci die Möglichkeit eröffnet, hegemoniale Verknüpfungen zu denken, also die Produktion von Bündnissen über die bisher vorherrschende leninistische Idee des »Klassenbündnisses« hinaus zu denken, was sich in seinem Begriff des *historischen Blocks* niederschlage (ebd.: 100f.). Der Begriff »historischer Block« steht dabei für ein gesellschaftliches Gefüge von sozialen und politischen Kräften sowie von Regierten und Regierenden, das sich unter den spezifischen Bedingungen der gesellschaftlichen Verhältnisse und Produktionsverhältnisse unter einer ideologischen Ausrichtung eint und so verknüpft hegemonial zu werden vermag (Neubert 2001: 83). Gerade dieses Betonen der Teilhabe der Beherrschten an der Herrschaft selbst, was Michel Foucault später präzisieren sollte, ist dabei ein wesentlicher Fortschritt der gramscianischen Herrschaftsanalyse im Vergleich zu ihm vorhergehenden Analysen (Kastner 2011: 101). So verweisen auch Laclau und Mouffe darauf, dass Gramsci sich von anderen anti-ökonomistischen kommunistischen Positionen seiner Zeit vor allem darin unterscheide, dass in seinem Verständnis die ›Arbeiterklasse‹ nicht die Macht im Staat ergreifen müsse, sondern diese im Kampf selbst zum Staat werde (ech: 104). Die gramscianische Hegemonietheorie, die am Konzept der ›Arbeiterklasse‹ als revolutionärem Subjekt festhalte, beinhaltet letztlich, so Laclau und Mouffe, doch noch eine transzendente Gründung in der Sphäre des Ökonomischen. So werde »der letzte Kern der Identität des hegemonialen Subjekts an einem Punkt [in der Sphäre der Ökonomie, *d. Verf.*] konstituiert, der dem Raum, in dem es artikuliert wird, äußerlich ist« (ech: 124). Sie begründen dies damit, dass obwohl Gramsci festgestellt habe, dass das politische Subjekt streng genommen nicht eine Klasse, sondern einen »komplexen Kollektivwillen« (ebd.: 103) darstelle, er gleichzeitig auch davon ausgehe, dass Klasse »ein notwendiger struktureller Rahmen für jeden Kampf« (ebd.: 105) darstelle. Gleichzeitig ist mit Harald Neubert (2001: 51, 79f.) festzuhalten, dass Gramsci von klassenbezogenen Interessen ausgeht, die der jeweiligen Klasse auch historische Aufgaben übertragen. Laclau und Mouffe fassen die Problematik, wie folgt zusammen:

> »Die ökonomische Basis mag [bei Gramsci] nicht den endgültigen Sieg der Arbeiterklasse sicherstellen, da dies von deren Fähigkeit zur hegemonialen Führung abhängt. Indes kann auf ein Scheitern der Hegemonie der Arbeiterklasse nur eine Rekonstitution der Hegemonie der Bourgeoisie folgen, so dass der politische Kampf am Ende stets ein Nullsummenspiel zwischen Klassen ist. Dies ist der verborgene essentialistische Kern, der im Denken Gramscis immer noch lebendig ist und der dekonstruktiven Logik der Hegemonie Schranken setzt.« (ech: 105)

So versuchen Laclau und Mouffe im Gegenzug Hegemonie diskurstheoretisch zu wenden, wodurch Hegemonie zur Bezeichnung für die generelle

Logik der politischen Institutionen des Sozialen wird (Critchley & Marchart 2004: 3). Hegemonie ist bei ihnen also als eine diskursiv hergestellte Totalität zu verstehen, die sich als geschlossen darstellt und dem bezeichneten System eine hoheitliche Deutung gibt, die bisweilen außerhalb des gesellschaftlichen Zugriffs stehend anmutet. Hegemonie ist in ihrem Verständnis also nicht wie bei Gramsci die Bezeichnung für eine spezifische Form der Machtausübung, die über durch Zwang und Gewalt abgesicherte Zustimmung der Zivilgesellschaft funktioniert – somit auch nichthegemoniale Situationen denkbar sind – (Opratko 2012a: 35-52), sondern bezieht sich auf jede Produktion von Bedeutung, Ordnung, Objektivität. Hegemonie zeigt dabei an, dass jede Ordnung und jede Bedeutung in gesellschaftlichen Prozessen der Hegemonisierung hergestellt werden und nur auf Zeit fixiert werden. Nichthegemoniale Situationen werden somit unmöglich, da dies das Zusammenbrechen jeder Bedeutungsstruktur bedeuten würde.

Aufschlussreich, um die Bedeutung der Hegemonie im theoretischen Apparat von Laclau und Mouffe zu verstehen, ist die Zusammenfassung von »Hegemony and Socialist Strategy« (ech) durch Mouffe in »The Democratic Paradox« (cdp):

> »Die zentrale These [...] lautet, dass soziale Objektivität durch Machtakte konstituiert ist. Das beinhaltet, dass jede soziale Objektivität letztlich politisch ist und Spuren des Ausschlusses, der ihre Konstitution begleitet, aufweist. Unter ›Hegemonie‹ haben wir [...] das wechselseitige Ineinanderfallen [..] von Objektivität und Macht verstanden. [...] Macht [ist dabei] nicht als äusserliches Verhältnis, das zwischen zwei präkonstruierten Identitäten hergestellt wird, konzipiert, sondern eher als das, was die Identitäten selbst konstituiert. Da jede politische Ordnung Ausdruck einer Hegemonie, eines spezifischen Musters von Machtverhältnissen ist, darf man sie nicht als Repräsentation von Interessen präkonstituierter Identitäten missverstehen. Vielmehr konstituiert sie diese Identitäten selbst auf einem prekären und immer verwundbaren Terrain.« (cdp: 101, Herv. i. O.)

Die Diskurstheorie bei Laclau und Mouffe ist demnach eine Theorie der Produktion von Bedeutung und Ordnung (Marchart 2010a: 218), die in aller Deutlichkeit die Kontingenz und Historizität aller Objekte und Subjekte hervorhebt (ecp: 118) und darauf verweist, dass menschliche Wesen sich ihre Welt in kollektivem Handeln konstruieren und durch diese Konstruktion den Dingen ihr Sein geben (ebd.: 110). Letztlich bedeutet dies, dass die soziale Wirklichkeit als diskursiv verstanden werden muss, da alles, was mit einem Sinn aufgeladen ist, mit einem Namen bezeichnet wird. Jedes Produkt von sozialer Produktion kann daher nur in der Differenz zu anderen diskursiv und über Hegemonisierung etabliert werden. Objekte, Subjekte, Zustände, Materialitäten oder auch Praxen erhalten erst im sozialen Gefüge und im Prozess des Aufeinandertreffens einen Sinn bzw. eine Bedeutung, so die aus dem bisher gesagten zu ziehende Konsequenz (Nonhoff 2007: 9); mit dem Konzept des Diskurses wird hier also betont, dass jede soziale Handlung und Produktion bedeutungsvoll ist (Opratko 2012a: 132). Diskurstheoretisch formierte Hegemonie verweist dabei darauf, dass Herrschaft über soziale Praktiken hergestellt und darüber auch verteidigt wird. Gleichzeitig wird damit aber auch der grundsätzlich prekäre Status der Herrschaft verdeutlicht (Nonhoff 2007: 12). Zentral für das Verständnis sind dabei Äquivalenz und leere Signifikanten, über welche essentialistische Erklärungen des revolutionären Subjekts umgangen werden sollen.

In einem Äquivalenzverhältnis, argumentiert Laclau, ist jedes einzelne System von Signifikationen für sich ein System der Negativität, das sich aber unter einem vermeintlich Gemeinsamen gruppiert, das als *leerer Signifikant* bezeichnet wird (ees: 39). In anderen Worten heißt dies, dass jede einzelne Sinnstruktur sich letztlich über die Differenz zum Außen etabliert, also in der Negation entsteht, sich in politischen Prozessen aber als gleichwertige Struktur unter einem gemeinsamen kleinsten bzw. zumindest kleineren Nenner bündeln kann. Dies gilt etwa wenn sich Partikularproteste gegen steigende Mieten, gegen die Schließung des kommunalen Schwimmbades und der Kampf gegen die Verdrängung von marginalisierten Gruppen in Stadtteilen – was jeweils eigenständige »Systeme der Negativität« darstellen – unter dem Nenner des *Rechts auf die Stadt* gebündelt werden. In der Theorie von Laclau und Mouffe ist es die politisch hergestellte gemeinsame Negation eines bestehenden Verhältnisses und nicht eine historische Aufgabe, die unterschiedliche Partikularinteressen unter einem Gemeinsamen – dem leeren Signifikanten – in einem Äquivalenzverhältnis bündelt. Die politische Produktion des Nenners wie auch die Erkenntnis, dass dieser keineswegs progressiv sein muss, wird insb. deutlich, wenn vergegenwärtigt wird, dass keineswegs alle Strategien gegen soziale Verdrängung und sozialräumliche Aufwertung sich auf ein *Recht auf die Stadt* berufen. So finden sich auch rassistische und nationalistische Strategien mehr oder weniger offen in der Debatte: Nicht selten wird die Zuwanderung von (reichen) Ausländer_innen oder Ortsfremden als Auslösendes für die soziale Verdrängung gebrandmarkt. Beispielhaft ist etwa die Debatte um die Zuwanderung ›der‹ Schwaben in Berlin oder wohlhabender Ausländer_innen in der Schweiz, wo in beiden Fällen die Ursache für die Wohnungsnot, steigende Mieten und der ›fehlgeleiteten‹ Stadtentwicklung im Zuzug der jeweiligen Gruppe ausgemacht wird. Die vorgeschlagene Lösung heißt dann Abschottung und Eindämmung der Zuwanderung und nicht *Recht auf die Stadt*.

In seinem 2005 veröffentlichten Werk »On Populist Reason« (epr) widmet sich Laclau grundsätzlich der Frage nach dem Zustandekommen von Äquivalenzverhältnissen – sprich dem Verknüpfen von Forderungen. Für ihn sind die Grundlage für die Herausbildung von *Forderungen* gemeinsame auf einem spezifischen historischen Terrain gegebene Erfahrungen, die über die Artikulation von Forderungen nachgelagert Gruppen konstituieren und nicht äußerlich oder transzendent präformierte soziale *Gruppen*. *Forderung*, im Englischen *demand*, beinhaltet, so Laclau, eine doppelte Bedeutung: zum einen *request* [Erbitten/Einfordern] und zum anderen *claim* [Anspruch/Anforderung]. Die Doppeldeutigkeit des Begriffs *demand* macht sich Laclau zunutze und erkennt im Übergang von *request* zum *claim* die Basis einer popularen[23] Identitätsbildung und der Produktion von Äquivalenzbeziehungen. So würden sich Problemstellungen, die aus den spezifischen gesellschaftlichen Erfahrungen hervorgehen, primär in der Form eines *request* ausdrücken. Wenn diesem Bitten um Lösung des Problems innerhalb des Bestehenden aber nicht nachgekommen werde, würde sich der *request* in einen *claim* umwandeln, der letztlich die Grundlage für die politische Konstitution einer Gruppe und der Antagonisierung sei.

23 Laclau verwendet nicht *popular* sondern *populistisch*. Dabei ist bei Laclau nicht *Populismus* gemeint, wie er gängigerweise verstanden wird. Denn die gängige Definition ist enorm vage und beschreibt *Populismus* in den Begrifflichkeiten von »Unklarheit«, »intellektuell arm«, als »Störendes«, »irrational« und »manipulativ«, allgemein wird *Populismus* also in keiner Wiese positiv gefasst. Demgegenüber fragt Laclau, ob es aber nicht genau diese negativen Kategorien seien, die letztlich jede politische Positionierung ausmachen würden (epr: 16f.). Von diesem Gedankengang ausgehend hält Laclau fest, dass die Undenkbarkeit von popularen Strategien letztlich die Folge eines rationalistischen, individualistischen und auf Expert_innenkonsens orientierten Politik sei, was Mouffe mit dem Begriff des Postpolitischen bezeichnet (epr: 19). Insofern sei nie wirklich über die Rolle von popularen Strategien nachgedacht und schon gar nicht in Betracht gezogen worden, dass *Populismus* ein legitimer Weg sei, um eine politische Assoziation herzustellen. Dies sei die Folge einer latent vorhandenen Skepsis gegenüber Massen oder gesellschaftlichen Gruppen (epr: 63), die sich etwa in Thatchers (1987) »there is no such thing as society« widerspiegelt. Um sich begrifflich von der gängigen Lesart des *Populismus* abzugrenzen, wird hier, wenn von Laclaus *Populismus* die Rede ist, der Begriff des *Popularen* verwendet.

Als anschauliches Beispiel kann hier die Erklärung von Andrej Holm zu der aktuellen Formierungen stadtteilbezogener Proteste gegen Mietsteigerungen und Verdrängung in Berlin, die er im Zuge der Podiumsdiskussion »Konflikte in der Stadt – Proteste und soziale Bewegungen in Berlin«[24] formulierte, herangezogen werden. Holm betonte nämlich, dass die Stadtteilproteste genau zu dem Zeitpunkt ein vertieftes Mobilisierungspotential zu entwickeln begannen, als ›immanente‹ Lösungsstrategien zunehmend unmöglich wurden. Lange Zeit sei es in Berlin so gewesen, dass bei Wohnungsverlust die Menschen nicht gleichzeitig aus ihren sozialen Umfeldern gerissen worden seien, sie seien lediglich im selben Stadtteil in eine andere Wohnung gezogen. Dem *request*, in einem bestimmten zentrumsnahen Stadtteil leben zu können, sei also in gewisser Weise innerhalb der Logik der Spekulation mit Wohnraum noch Folge zu leisten gewesen. Aktuell funktioniere dies aber nicht mehr, so Holm, und bei Wohnungsverlust stünden die Menschen oftmals vor dem Unausweichlichen und seien gezwungen wegzuziehen, meist in deutlich peripherere Bezirke, weit ab von den angestammten sozialen Strukturen und nicht selten auch weit ab der Arbeitsplätze. *Request* kann also nicht mehr bedient werden und es kommt zur Formulierung eines *claims*, der sich bisweilen auch antagonistisch und massiv konflikthaft manifestiert. Als anderes Beispiel kann Alex Demirović' Argument beigezogen werden, dass die 2011 weltweit ausgebrochenen sozialen Bewegungen der Plätze mit ihren Forderungen nach ›realer Demokratie‹ oder ›direkter Demokratie‹ genau in dem Moment ausgebrochen seien, als die bisherigen Strategien der Governance, sozialen Widerspruch zu vereinnahmen und in die Konsensbildung zu integrieren (Demirović 2013: 204) oder diesen als gänzlich illegitim abzustempeln, nicht mehr aufgegangen sei. Sprich die gesellschaftlichen Polarisierungsdynamiken von den »parlamentarisch-demokratischen Prozessen selbst nicht mehr überbrückt« (ebd.: 207) werden konnten.

Eine Forderung, die für sich alleine isoliert bleibt, bezeichnet Laclau als *demokratische Forderung*. Demokratische Forderungen hingegen, die sich über Äquivalenzketten verbinden und so vervielfachen, bezeichnet er als *populare Forderung* (epr: 73f.). Unter dem Begriff *demokratisch* im Kontext der *demokratischen Forderungen* versteht Laclau aber nicht eine an ein ins-

24 Die Podiumsdiskussion (vgl. http://protestinstitut.eu/2013/06/21/video-von-der-auftaktkonferenz/) fand am 19. Juni 2013 im Rahmen der Tagung »Viel Bewegung – wenig Forschung?«, die vom 19. bis 20. Juni 2013 am Wissenschaftszentrum Berlin für Sozialforschung durchgeführt wurde, statt.

titutionalisiertes demokratisches Regime gebundene Forderung, denn sehr wohl könnte auch ein totalitäres System auf *demokratische Forderungen* reagieren. Was mit *demokratisch* angesprochen wird, ist somit lediglich, dass erstens eine Forderung *von* irgendeiner untergeordneten Gruppe *an* das System gerichtet wird, und zweitens, dass das Aufkommen dieser Forderungen auf einer Form des Ausschlusses oder Mangel basiert (ebd.: 125). Die Konstitution von gesellschaftlichen Gruppen sei demnach das Produkt eines komplexen Formierungsprozesses über Forderungen, die aber immer auch scheitern kann. Die Logik der Äquivalenz ist Laclau folgend als eine Vereinfachung des politischen Raums zu denken, da es Kategorien vereint und zusammenführt, während die Differenz den politischen Raum erweitert, vertieft und offenhält (ech: 171). Die Identität eines Objektes ist in diesem Äquivalenzverhältnis eine doppelte und steht zum einen für das mit Bedeutung Aufgeladene, zum anderen beinhaltetet sie aber auch die kontextbezogene Position innerhalb des größeren Systems, in dem sie ein ersetzbares Element darstellt (ebd.: 97f.).

Zusammengefasst heisst dies, dass sich Äquivalenzketten im Übergang von *request* zu *claim*, um das herausbilden, was als leerer Signifikant benannt wurde. Äquivalenzbeziehung ist somit ein Bedeutungssystem, das ein Allgemeines – die Negation einer Bedeutung oder Objektivität – im Zentrum trägt, aber nie das ganze Spektrum der Negation bzw. jeder einzelnen partikularen Forderung abzubilden vermag, da das Allgemeine das Partikulare nie ganz abzubilden vermag. Kurz: Es handelt sich dabei um einen im Verhältnis zur eigenen Forderung kleineren gemeinsamen Nenner in der Negation eines Bestehenden. Die leeren Signifikanten, um die sich die Beziehung bündelt, sind selbst aber auch sozial produziert und somit keine vordefinierte historischen Einheiten. Freilich entstehen leere Signifikanten, wie sie bei Laclau und Mouffe besprochen werden, aber nicht beliebig, sondern basieren auf historischen Gegebenheiten, Erfahrungen und Deutungsmöglichkeiten innerhalb des Bestehenden. Hegemonie ist dabei also auf der Basis der historischen Gegebenheiten produzierte Dominanz eines spezifischen Interesses, das sich in Form von Äquivalenzketten um einen leeren Signifikanten gruppiert. Dabei nimmt die Erzählung einer spezifischen Äquivalenzkette die Funktion der Gründung oder Fundierung an, die aber der postfundamentalistischen Prämisse folgend in letzter Instanz immer nur auf Zeit geschlossen bleiben kann (ees: 75). Die Produktion von leeren Signifikanten – auch wenn diese immer leer bleiben müssen – ist eine Grundbedingung, denn ohne diese würde jegliche Produktion von Bedeutung unmöglich, es gäbe schlicht keine Grundlage auf der sich Gesellschaft errichten, keine Grundlage auf der Gruppen entstehen und keine Basis von der aus sich Subjekte formieren könnten (epr: 169-71).

Gemäß Laclau setzen diese Prämissen, das theoretische Feld der *Artikulation* voraus, um Hegemonie zu denken (ech: 127). *Artikulation* ist hierbei jede Praxis, die eine Beziehung zwischen Elementen auf der Grundlage aufbaut, »dass ihre Identität als Resultat einer artikulatorischen Praxis modifiziert wird« (ebd.: 141). Joscha Wullweber bestimmt im Anschluss an Laclau und Mouffe Artikulation als ein Set aus »sprachlichen und nicht-sprachlichen Handlungen [...], [als] einen Akt des In-Beziehung-Setzens von Elementen« (Wullweber 2012: 39), worüber die Identitäten der In-Beziehung-gesetzten Elemente verändert wird. Dabei betont er, dass Artikulationen zwar oftmals interessensgeleitet entsteht, dies aber nicht sein muss (ebd.). Die aus dieser Praxis der Artikulation hervorgehende ›Totalität‹ bezeichnen Laclau und Mouffe als *Diskurs*. Genaugenommen ist der Diskurs also die Totalität aller sprachlichen und nicht-sprachlichen Äußerungen, sowie die Form der Äußerung selbst (ecp: 100). Keinesfalls ist der Diskurs also als rein sprachliches Phänomen zu verstehen, sondern vielmehr »muss [...] die gesamte materielle Dichte der mannigfaltigen Institutionen, Rituale und Praxen« (ech: 146) als von Diskursformationen strukturiert und durchdrungen gedacht werden. Laclau und Mouffe legen Wert darauf, dass es ihnen fern liege, zu behaupten, dass es dem menschlichen Denken und Wahrnehmen äußere Existenzen nicht gebe, sie halten aber fest, dass Gegenstände außerhalb von Diskursen für Subjekte nicht fassbar sind (ebd.: 144f.). So stelle der diskursive Charakter eines Objekts auch seine materielle Existenz an sich nicht in Frage, vielmehr gelte, dass der Diskurs dem Objekt einen Platz zuweist, an dem das Objekt oder Subjekt eine bestimmte Bedeutung erhält. Dies bedeutet dann, dass jedes Objekt wie Subjekt nur in der Praxis erzeugt werden kann. Denn bei Stillstand gibt es keinen Diskurs und somit auch keine Platzzuweisung, woraus bei Laclau und Mouffe folgt, dass das Diskursive selbst nicht Objekt ist, sondern einen theoretischen Horizont darstellt (ecp: 100-5). Die diskursiven Formationen können dabei weder durch die Kohärenz ihrer Elemente noch über ein äußerliches Subjekt vereinheitlicht werden. Es ist ein Gefüge von partiell widersprüchlichen Positionen, die sich dennoch um einen leeren Signifikanten in der Form eines Äquivalenzsystems als ›Totalität‹ herausbildet. Die Unterscheidung zwischen diskursiven und nicht-diskursiven Praxen wird, da kein Objekt außerhalb des Diskurses bestehen kann, so die Auffassung von Laclau und

Mouffe, hinfällig. Gleichzeitig sei der Diskurs aber nicht unbeschränkt und könne wegen den oben schon erwähnten Prämissen niemals in einer reinen Positivität bzw. Objektivität aufgehen; er werde zwingend immer an seine Grenzen stoßen (ech: 141-8).

Der diskurstheoretische Zugang ist somit ein Ansatz, um Hegemonie zu dekonstruieren, der aufzuzeigen versucht, in welcher Weise Entscheidungen, die letztlich ungründbar sind, in ihrem je spezifischen historischen und materiellen Kontext – vermeintlich – rational entschieden werden. Dekonstruktion ist in diesem Gefüge der Versuch, den politischen Charakter der sozialen Verhältnisse theoretisch zu fassen (ees: 132). Die Hegemonie ihrerseits zeigt an, wie spezifische diskursiv hergestellte gesellschaftliche Ordnungen über die Produktion von Äquivalenzketten um einen leeren Signifikanten in einem spezifischen historischen Gefüge dominant und so zu sozial verdichteten Totalitäten werden, die Gesellschaft herausbilden und so eine materiell strukturierende Wirkung entfalten.

Die politische Differenz – das Politische und die Politik

In den vorhergehenden Ausführungen wurde auf die Unmöglichkeit einer letzten Fundierung von Gesellschaft, den Antagonismus sowie auf den Hegemonie- und Diskursbegriff eingegangen. Dabei tauchte die Figur der Differenz zwischen Innen und Außen oder dem Partikularen und Universalen immer wieder auf. Und so wird zumindest implizit die von Martin Heidegger begründete *ontologische Differenz* angesprochen, die in wesentlicher Weise das politische Primat vor dem Sozialen zu denken helfen vermag.

Der folgende Abschnitt soll nun dabei helfen, dieses Differenz-Verhältnis besser zu verstehen und aufzeigen, wie die unmöglich gewordene transzendente Ontologie in der Form einer *politischen Ontologie*, als eine im ›realen‹ begründete ›Ontologie‹, dennoch erhalten bleibt, was, um eine »anything goes«-Perspektive abzuwenden, absolut zentral ist. Dabei spielen die Begrifflichkeiten bzw. die Differenz zwischen *der Politik* und *dem Politischen* eine zentrale Rolle. Gleichzeitig sind die Begriffe und ihre Differenz auch zentral, um die *radikale Demokratie* und die daraus – gerade von Mouffe (cop, ces, cdp, vgl. S. 51ff.) – formulierte Kritik an der bestehenden Demokratie zu verstehen.

Die begriffliche Trennung von *dem Politischen* und *der Politik* wurde im Kontext des französischen *Centre de Recherches Philosophiques sur la Politique* zu Beginn der 1980er aufgegriffen. Es ging den beiden Begründern Philippe Lacoue-Labarthe und Jean-Luc Nancy darum, die Möglichkeit »einer politischen Befragung des Politischen« (Bedorf 2010: 13) wiederzufinden. Damit sollte einer politischen Theorie widersprochen werden, »die nur danach fragt, wie die Politik zu organisieren sei und wie sich diese Organisation rechtfertigen lasse« (ebd.). Heute lassen sich zwei gegensätzliche theoretische Argumentationen im Kontext der begrifflichen Trennung erkennen, so Marchart: Zum einen jene, die im Anschluss an Hannah Arendt entwickelt wurde, und die »im Politischen einen Raum der Freiheit und öffentlichen Deliberation« (Marchart 2010a: 35) sieht, und zum anderen jene, die auf Arbeiten von Carl Schmitt aufbaut und im Politischen »einen Raum der Macht, des Konfliktes und Antagonismus« (ebd.) erkennt. Arendt zufolge liege die Motivation der Menschen, sich in ihrer Vielfalt zu assoziieren, in der Sorge um die Gemeinschaft. Den Kern ihres Ansatzes bildet also eine positive Referenz auf das Menschliche. Schmitt dagegen argumentiere, dass sich Gemeinschaft in der Differenz zu einem gemeinsamen äußeren Feind erschaffe und er damit der Gemeinschaft das Denken in Differenzen zugrunde lege (ebd.: 38). Laclau und Mouffe sind dabei mit ihrer Konzeption von Antagonismus und der Betonung der Differenz klar in der schmittschen Tradition zu verorten. Deutlich wird dies etwa in der laclauschen Definition von *das Politische*, das er als Moment des Antagonismus bezeichnet, also den Moment, in dem fixierte, scheinbar objektive Konzepte und vermeintliche Wahrheiten ins Wanken geraten und politisiert werden (enr: 35). Jede politische Praxis reaktiviert dabei eine sedimentierte Praxis *der Politik*, was *das Politische* als den Raum kontingenter und öffnender Artikulationen begreifbar macht (eip: 36). Demgegenüber versucht *die Politik*, so Laclau, Einheit zu stiften, was letztlich aber nur durch die Errichtung eines ›Wir‹ gegen ein ›Sie‹ funktionieren könne. Mouffe, die in ihren Arbeiten im Anschluss an »Hegemony and Socialist Strategy« größere Anstrengungen unternimmt, eine Präzisierung der beiden Begriffe vorzunehmen (cop: 15-47, ces: 51-4, cdp: 107-24), definiert *das Politische* ebenfalls als die Dimension des Antagonismus, demgegenüber versteht sie *die Politik* als Ensemble von Diskursen, Institutionen und Praxen, die eine spezifische Ordnung zu errichten versuchen (cdp: 102f.). So ist bei ihr *die Politik* der Begriff, der sich auf die mannigfachen konkreten Verfahren und Institutionen bezieht, die Ordnung schaffen, während *das Politische* die Art und Weise anspricht, wie das Soziale als Gesamtes hergestellt wird (cop: 15f.). In Bezug auf das oben Gesagte gilt, dass *die Politik* nur existieren kann, weil das Fehlen einer letzten Gründung das Verhandeln über die Gültigkeit von Konzepten erst erlaubt, denn andernfalls wäre alles nur eine Frage von Gesetzmäßigkeiten (ees: 97). Pointiert kann mit Marchart (2010b: 145) argumentiert werden, »dass die Differenz zwischen *Politik* und *dem Politischen* [...] die Rolle einer Markierung oder eines Symptoms des abwesenden Grundes von Gesellschaft annimmt.« *Das Politische* ist also als Begriff eingeführt worden, um in einer Welt, die, gemäß jener Autor_innen, die sich im Feld des Postfundamentalismus verorten, kein ultimativ fixes Fundament mehr kennt, neben *der Politik* eine neue ›ontologische‹ Dimension einzuführen, um das Allgemeine neben dem Partikularen weiter denken zu können.

Sowohl bei Laclau wie auch bei Mouffe taucht, wie Marchart (2010a: 185-220) argumentiert, im Zusammenhang mit der *politischen Differenz* zwischen *dem Politischen* und *der Politik* der Bezug auf die *Ontologie* und das *Ontische* auf. Bei Martin Heidegger ist das *Ontologische* (Sein) dabei die *materia prima*, das, von dem alles herzuleiten ist, das die Fülle der Möglichkeiten darstellt und als Verständnishorizont verstanden werden muss. Das *Ontische* (Seiende) dagegen umfasst alle ›realen‹ Konzepte, seien diese materiell oder immateriell. *Sein* und *Seiendes* gehören dabei untrennbar zusammen, sind aber nie identisch, was die *ontologische Differenz* ausmacht (ebd. 59-84).

Auch wenn Heidegger phänomenologisch vorgeht, schwingen bei ihm metaphysische Muster mit (vgl. Rentsch 2008: 244-50) und so besteht die im postfundamentalistischen Denken vorgenommene Abkehr von Heidegger im Wesentlichen darin, die ontologische Differenz als *politische Differenz* zu verstehen und diese dadurch der Metaphysik gänzlich zu entheben, so Marcharts (2010a, b) weitreichende These. Denn im Moment, in dem nicht nur das Wechselspiel der ontologischen Differenz anerkannt wird, sondern auch erfasst wird, dass es keine transzendente Gründung geben kann, »ist auch die Geschichte der Ontologie eine Geschichte ihrer eigenen Desintegration« (ebd.: 150), also eine Geschichte des Zusammenbruchs aller streng ontologischen Prämissen. Die Ontologie scheitert in dem Moment an ihrer Allgemeingültigkeit, ohne dass die Sphäre des Allgemeingültigen an sich gänzlich überwunden worden wäre. Ontologie ist im besten Fall eine partikulare, eine auf Zeit fixierte, was aber unmittelbar die Frage aufkommen lässt, wie diese dann begründet wird (ebd.: 151). Die Antwort liegt gemäß Marchart (2010a: 273-9) darin, jede Ontologie als durch politische Praxis auf der Ebene *der Politik* hergestellt zu verstehen, Ontologie also im Ontischen selbst zu gründen und über politische Produktion zu erklären. Das Ontologische bzw. *das Politische* werde so selbst zu einem Produkt von Praxis bzw. von Politik, die in Sedimentationsprozessen produziert wird.

Insofern stellt Laclau ein radikales politisches Primat innerhalb der sozialen Produktion von Subjekten, Objekten und Geschichte fest (enr: 33-6). Damit meint er, dass jede Bedeutungszuschreibung, immer Produkt einer Aushandlung auf der Ebene von Politik ist, die verstetigt wird. Das *Ontologische* und das *Ontische* bzw. *das Politische* und *die Politik*, stehen dem Argument Marcharts folgend in einem Austauschverhältnis, das in beide Richtungen wirkt, beides sind Produkte politischer Produktion, die sich wechselseitig bedingen und nie in Reinform existieren können. So ist es wichtig, zu betonen, dass es beider Seiten der *politischen Differenz* bedarf und *die Politik* nicht minder zentral ist als *das Politische*. Zu finden sei *das Politische* in den Brüchen und Spalten des Sozialen, die von *der Politik* gefüllt, gedehnt oder auch geschlossen würden (Marchart 2010b: 155f.). Pointiert bedeute dies, so Marchart, dass »Politik [...] als ›ontischer‹ Name des Politischen im Zustand der Aktivierung dienen [kann]« (ebd.: 155). *Die Politik* bekomme dabei *das Politische* nie ganz zu fassen, »da sie von diesem durch eine unüberbrückbare Kluft getrennt ist« (ebd.: 156). Darum könnten wir als Handelnde auch keine Subjekte dieser Aktivierung sein, sondern würden »vom Politischen aktiviert« (ebd.). Es sollte also nicht der Fehler begangen werden, die beiden Ebenen von *dem Politischen* und *der Politik* als Ineinanderfallend zu betrachten, denn so wie das Allgemeine das Partikulare nie ganz darzustellen vermag, so kann *das Politische* bzw. das Ontologische auch nicht mit *der Politik* bzw. dem Ontischen zusammenfallen, die Differenz bleibt in der Interaktion also bestehen.

Wird dem hier Gesagten, also dass es ohne Differenz keine Bedeutung gibt und die ontologische Differenz als *politische Differenz* zu lesen ist, gefolgt, so impliziert dies, dass jede Bedeutung in letzter Instanz politisch hergestellt ist und dass der diskurstheoretische Zugang von Laclau und Mouffe, wie Marchart argumentiert, der Etablierung einer *politischen Ontologie* gleichkommt. Das scheinbar Apolitische ist somit nichts anderes als sedimentierte politische Praxis, deren vormalige Offenheit in Vergessenheit geraten ist, jedoch wieder politisiert bzw. aktiviert und umgeformt werden kann. Am Begriff der Ontologie, der letztlich problematisch geworden ist, wird aber festgehalten, um das Spannungsverhältnis zwischen quasi-Transzendentem, *dem Politischen*, und den sich ›real‹ manifestierenden Praxen, *der Politik*, sowie die Ebene der Verallgemeinerung der theoretischen Intervention anzuzeigen (ebd.: 214-18).

4.2 *Radikale Demokratie* als Konzept

Die oben diskutierten theoretischen Konzepte, die Kritik am Fundamentalismus und die Betonung der Kontingenz schaffen nun die Möglichkeit, über eine politische Konstitution von Gesellschaft nachzudenken, die dem bisher Gesagten weitestgehend Rechnung trägt (ech: 208f.). Laclau und Mouffe schlagen hierfür das Konzept der *radikalen Demokratie* vor (ebd.: 218-38), mit dem sie versuchen, eine gesellschaftliche Aushandlungsform zu benennen, die mit dem Antagonismus und der diskursiven Hegemonisierung von Bedeutung arbeitet. Im Folgenden wird nun auf die Konzeption eingegangen und aufgezeigt, in welcher Weise das Demokratiemodell mit den theoretischen Vorannahmen zusammenhängt sowie welche Vorschläge für eine Praxis der *radikalen Demokratie* gemacht werden.

Postpolitik als Kritik

Um ein vertieftes Verständnis für die radikale Demokratietheorie zu bekommen, werden zuerst die unter dem Schlagwort *Postpolitik* vor allem von Mouffe formulierten Kritiken an der modernen pluralistischen und liberalen Demokratie dargestellt (cdp: 33-6). Dabei sollte das *Postpolitische* nicht mit dem verwechselt werden, was etwa Colin Crouch (2008: 7-44) als *Postdemokratie* beschreibt und primär auf den Wandel von Verfahrenstechniken abzielt.[25] Dem gegenüber betonen postpolitische Zugänge, wie auch jener von Mouffe einer ist, nicht primär die konkreten Defizite der gegenwärtigen »real existierender Demokratien« – auch wenn diese anerkannt werden –, sondern kritisieren das immer stärkere Ausschließen der Kontingenz, die starrer werdenden Schließungen der politischen Aushandlung – sprich das Untergraben *des Politischen* – und die Unterschlagung des Antagonismus (Marchart 2010a: 335-7).

So kritisiert Mouffe, dass jeglicher Dissens aus aktuellen (neoliberalen) Formen der Politik – aus sozialdemokratische gleichermaßen wie aus konservativen – ausgeschlossen worden sei und es nicht mehr gelinge, gesellschaft-

25 In seinem Buch »Postdemokratie« beschreibt Crouch (2008: 7-44) konsequent den zunehmenden Verlust demokratischer Partizipationsmöglichkeiten und den Wandel hin zu einem System in dem noch gewählt wird, Wahlen aber von Finanzinteressen und PR-Berater_innen dominiert werden und die bestehenden Eliten zunehmend an Einfluss gewinnen. Dabei wählt er einen sehr deskriptiven Ansatz und führt zur Erklärung dieser Entwicklung lediglich an, dass jedes System ein Lebensverlauf analog einer Parabel aufweise und die Demokratie des 19. und 20. Jahrhunderts historisch bedingt ihrem Ende hinzugehen würde.

liche Fragen zu politisieren. Demgegenüber sei der universelle rationale Konsens zwischen vernünftigen Menschen als Basis der Politik eingeführt worden (cpd: 9, 41). Insbesondere sei dies problematisch, da der politische Liberalismus auch zu definieren beanspruche, wer als vernünftig gilt und wer nicht, und zur Not der Konsens der Vernünftigen auch mit Zwang durchgesetzt werde (ebd.: 41-6). Es geht bei der Kritik aber nicht darum, Konsens zu verteufeln, zumal jede Aushandlung in einer Einigung enden müsse – auch wenn die Einigung nur darin besteht, sich auf die Uneinigkeit zu einigen. Vielmehr geht es darum, zu kritisieren, dass der Konsens selbst zum Leitmotiv politischer Aushandlung verkommen sei. So besteht, wie Robin Celikates (2010: 278) hervorhebt, in den zeitgenössischen liberalen Gesellschaften ein Primat des Konsens vor dem Konflikt, wodurch Antagonismus geleugnet werde. Ein weiteres Merkmal des Postpolitischen stellt Mouffe folgend der Umstand dar, dass der Wettstreit politischer Ansichten durch die Kategorien *richtig* und *falsch* ersetzt wurde und der Wettstreit dabei eigentlich gar keiner mehr sei (cop: 12). Michel Foucault beschäftigte sich im Zuge seiner Arbeiten zur Herausbildung der kapitalistischen und später der neoliberalen Subjektivierung in den späten 1970ern ebenfalls intensiv mit dieser These (Foucault 2006a, b). Er betont dabei, dass die Frage nach dem richtigen Regieren zwar keineswegs neu sei, dass unter Vorzeichen des Aufkommens der Politischen Ökonomie als Wissenschaft aber immer mehr die Frage nach Erfolg und Misserfolg ins Zentrum der Aufmerksamkeit rückte. Dies sei ein wesentlicher Unterschied zu früheren Formen von *richtig* und *falsch*, da die neue Rationalität ihre Legitimität nicht mehr aus einer der Gesellschaft äußerlichen Figur von Gott oder Naturrechten beziehe, sondern aus dem Innern der Regierungspraxis gespeist werde (Foucault 2006b: 13-48). Die von Mouffe angesprochenen Kategorien von *richtig* und *falsch* sind also Foucault folgend in den Kategorien von ökonomischem *Erfolg* und *Misserfolg* zu verstehen.

Der beschriebene Verlust der Möglichkeit zur Antagonisierung und des Bewusstseins der Konflikthaftigkeit von sozialen Aushandlungen ist Mouffe zufolge somit die wirkliche Gefahr für die Demokratie und wiegt weit stärker als die verfahrenstechnischen Mängel, wie sie etwa von Crouch beschrieben werden (cdp: 37). Denn letztlich sei es genau die Negierung der Antagonismen und gleichzeitige Fokussierung auf den Konsens, was der Demokratie den Boden der Legitimität entziehe. Von einer postpolitischen Ordnung sei in diesem Zusammenhang deshalb zu sprechen, weil eine solche Konstellation das Element *des Politischen* aus der Aushandlung verbanne (ebd.: 41-6). In dieser Ausprägung von Demokratie werde diese, so Mouffe, auf einen rein prozeduralen Prozess der Behandlung eines Interessengruppenpluralismus reduziert (ebd.: 87), was zu einer Entpolitisierung von Politik unter der Vorherrschaft des Konsens geführt habe (ebd.: 105). Alles in allem stelle das eine erhebliche Gefahr für die demokratische Konstitution von Gesellschaft an und für sich dar (Marchart 2010a: 333-50).

Radikale Demokratie

Als Gegenperspektive zur postpolitischen Demokratie formulieren Laclau und Mouffe ihr Konzept der *radikalen Demokratie*. Zentral für sie ist, dass die historischen Bedingungen für eine Analyse und eine Praxis, die zu einer radikal demokratischen Konstitution von Gesellschaft führen können, im Kontext der »demokratischen Revolution« geschaffen worden seien. Mit »demokratischer Revolution« bezeichnen sie im Anschluss an Alexis de Tocqueville, der im 19. Jahrhundert zur Frage der Demokratie gearbeitet hatte, das Zusammenbrechen eines hierarchischen und nicht-egalitären Gesellschaftstyps, der sich durch die göttliche Ordnung legitimiert habe. Ihre These lautet dabei, »dass erst ab dem Moment, als der demokratische Diskurs [von Freiheit und Gleichheit] in der Lage war, die verschiedenen Widerstandsformen gegen die Unterordnung zu artikulieren« (ech.: 195), die Möglichkeit gegeben gewesen sei, verschiedene Unterordnungsverhältnisse in Relation zu setzen und zu verbinden. Diese »Revolution« erkennen sie zum einen in der allgemeinen Ausbreitung demokratischer Gedanken im Anschluss an die Aufklärung des 18. Jahrhunderts, den großen Revolutionen in Frankreich (1789-93) und Nordamerika (1773-76) und dessen Vertiefung in den massiven Arbeiter_innenkämpfen im 19. und 20. Jahrhundert. Und zum anderen im Aufkommen poststrukturalistischer Ansätze, die Essentialismen dekonstruieren und Letztgründungen unmöglich machen. Sie erachten das Aufkommen dieses letztgenannten theoretischen Feldes als eng mit den historischen Bedingungen und sozialen Kämpfen der jeweiligen Epochen verbunden. So seien es gerade die Verschiebungen hegemonialer Formationen, die breite Kommodifizierung, Bürokratisierung, die Verschiebung des liberal-demokratischen Gedankens sowie tiefgreifende kulturelle Veränderungen, die nach dem Ende des Zweiten Weltkrieges einsetzten, gewesen, welche die Basis für die *neuen sozialen Bewegungen* und deren artikulatorische Multiplikation geschaffen hätten. Diese Bewegungen, so betonen Laclau und Mouffe, sind nicht per se neu gewesen, sondern ihre Neuheit charakterisiere sich im Wesentlichen dadurch, dass sie Formen der

Unterordnung mittels der demokratischen Konzeption von Freiheit und Gleichheit angegriffen und so die »demokratische Revolution« auf eine Vielzahl neuer Bereiche ausgeweitet hätten (ebd.: 192-213). Beispielhaft sei etwa der Kampf um Frauenrechte, der sich als Feminismus zu konstituieren begonnen habe, als das Konzept der Gleichheit und Freiheit *der* Bürger, verwendet worden sei, um die Gleichheit der Geschlechter einzufordern (ebd.: 195). Dieses Übertragen der ursprünglich auf (wohlhabende) Männer beschränkten politischen Freiheit und Gleichheit auf eine Vielzahl von sozialen Feldern wie Arbeit, die Stadt, Ökologie, Familie, soziale Beziehungen usw. habe die neuen sozialen Bewegungen hervorgebracht (ebd.: 200).

Aus der historischen Analyse und theoretischen Interpretation schließen Laclau und Mouffe, dass die *radikale Demokratie* historisch heute zum ersten Mal eine Basis vorfindet, auf der sie theoretisch denkbar und praktisch umsetzbar ist (ees: 147). Gleichzeitig könne sie sich aber in keiner Weise auf einen zwangsläufigen emanzipatorischen Drang, der sich losgelöst von gesellschaftlichen Prozessen als historische Konstante formiere, berufen (Marchart 2010b: 157). Es gibt also keinen historischen Zwang zur *radikalen Demokratie*. Dieses Argument, das ein sehr grundsätzliches und auf der ontologischen Ebene zu verorten ist, zeigt also lediglich das Möglichkeitsfeld der Emanzipation und nicht die Emanzipation selbst an, und verweist darauf, dass eine praktische *radikale Demokratie* nur in der Praxis der Politik erkämpft werden kann. So gilt es bereits hier festzuhalten, dass die *radikale Demokratie* in wesentlichen Bereichen auf einer ontologischen Ebene der Verallgemeinerung des Argumentes beschrieben wird und auch auf dieser ihre Legitimation gewinnt.

Der Demokratiebegriff, den Laclau und Mouffe vorschlagen, sollte grundsätzlich nicht mit jenem Demokratiebegriff verwechselt werden, mit dem heute das staatspolitische System gefasst wird. Laclau versteht die *radikale Demokratie* als eine gesellschaftliche Struktur, die sich auf der Basis des Anerkennens des Antagonismus und der Tatsache, dass es keine abschließbaren Strukturen gibt, herausbildet (epr: 127). *Radikale Demokratie* ist somit der Inhalt eines emanzipatorischen Projekts oder besser emanzipatorischer Projekte, da es Emanzipation unter der postfundamentalistischen Prämisse als singulären Prozess nicht mehr geben kann (ees: 146). Auf den Punkt gebracht, bedeute diese Demokratiedefinition bei Laclau und Mouffe, so Robin Celikates (2010: 300), dass Demokratie keine Staatsform und kein gesellschaftlicher Zustand, sondern ein konflikthafter Prozess darstelle, der in eine neu strukturierte demokratische Praxis münden solle. Um deutlich auf die ontologische Legitimation der Demokratie und nicht auf die »real existierender Demokratien« zu verweisen, bezeichnen Laclau und Mouffe ihren Ansatz, den sie explizit als »Alternative für eine neue Linke« formulieren, als *radikale Demokratie* (ech: 218). (Mouffe, die sich in ihren Arbeiten vertieft mit der *radikalen Demokratie* auseinandersetzt, bezeichnet das Projekt später auch als *agonistisch-pluralistische Demokratie* (cpd).)

Der Begriff *radikal* steht hierbei für die Zielsetzung, egalitäre Praxen in immer breiteren Bereichen des Sozialen zu verankern, wohingegen *pluralistisch* die relative Autonomie der verschiedenen Gruppen voneinander hervorhebt, die in einem demokratischen Projekt anerkannt und artikuliert werden müssen und als einzelne Elemente von Äquivalenzketten sichtbar werden (Critchley & Marchart 2004: 4). So wird einerseits die zu vertiefende Praxis von Demokratie und andererseits gleichzeitig die weitere Ausdehnung der Pluralität angesprochen und deren Wechselspiel unterstrichen. Unter dem Begriff *Agonismus*, den Mouffe einführt, um *radikale Demokratie* zu konkretisieren, beschreibt sie im Gegensatz zum *Antagonismus*, der einen Kampf unter Feind_innen darstelle, einen Konflikt unter Gegner_innen. Die beiden Begriffe benennen nach Mouffe zwei Typen politischer Beziehungen, die nebeneinander stehen und unterschiedliche Intensitäten von Konflikthaftigkeit ausdrücken. So liegt das Ziel einer demokratischen Politik darin, die immer vorhandenen Antagonismen in Agonismen zu transformieren, damit sich Konflikte nicht bis zum Punkt der *totalen* Auseinandersetzung – der ultimativen Vernichtung des Feindes – steigern. Hierfür müssten Kanäle geöffnet werden, durch die Antagonismen bearbeitet werden könnten, ohne das Gegenüber als Feind_in zu betrachten, sondern lediglich als Gegner_in wahrzunehmen (cdp: 104). Allgemein gehalten bedeutet dies, dass eine praktische Aushandlungsform zwischen antagonistischen Positionen geschaffen werden muss, auf der die Konflikte, deren Positionen sich nicht auf einem gemeinsamen Nenner verhandeln lassen, durch eine institutionalisierte Form der Aushandlung in ihrer Konflikthafthaftigkeit abgeschwächt werden soll. Im Verständnis von Mouffe nimmt die Demokratietheorie somit, so Alex Demirović (2008: 24), die Rolle des Überwachenden ein. Sie achte darauf, dass die Regeln eingehalten werden, sodass die demokratische Aushandlung in ihrer pluralistischen und agonistischen Form weiterbestehen kann und dass die Antagonisierung nicht zu weit geht.

Im Unterschied zur liberalen Vorstellung eines rational begründeten Konsenses, der im Zusammenhang mit dem Postpolitischen angesprochen wurde, wird Konflikt und Kampf somit zu einer wesentlichen Bestimmung radikal-demokratischer Praxis. Der Prämisse folgend, dass Macht nicht als äußerliches Verhältnis zwischen zwei präkonstruierten Identitäten, sondern als die Identitäten selbst konstituierend zu verstehen ist, ist weiter hervorzuheben, dass es einer radikal-demokratischen Politik nicht um die Frage gehen kann, wie Macht eliminiert wird, »sondern wie sich mit demokratischen Werten kompatiblere Formen von Macht konstituieren lassen« (cdp: 102). Dies könne vollzogen werden, indem anerkannt werde, dass eine Macht, die sich durchsetzt, immer von manchen Gruppen getragen und als legitim anerkannt werde. Jede Legitimität und jede gesellschaftliche Gruppe basiere also auf einer Form von – zwar relational hergestellter aber dennoch erfolgreicher – Macht (ebd.: 101f.). Insofern gibt es kein Jenseits der Hegemonie und Macht. Der Kern emanzipatorischer Praxis, wie sie im Kontext der *radikalen Demokratie* behandelt wird, liegt also darin, Macht aufzuspalten und Hegemonie bzw. Subjektivierung und Signifikation im Plural anzuerkennen (ces: 42). Macht, deren Sedimentierung und die darüber vollzogenen Fundierungsversuche von Gesellschaft sowie die hegemonialen Signifikationen sind somit in der Konzeption der *radikalen Demokratie* nicht die problematisierten Kategorien. Es geht Mouffe darum, eine gesellschaftliche Aushandlungsform zu finden, in der *das Politische* – unter Achtung der Grundbedingungen der *radikalen Demokratie* – jederzeit auftreten kann und ein ständiger Prozess des Aushandelns aller gesellschaftlicher Bereiche möglich wird, also Sedimentierungen jederzeit aufgebrochen werden können.

Laclau und Mouffe halten abschließend fest, dass eine Praxis, die auf *radikale Demokratie* abzielt, insgesamt gesehen, die soziale Spaltung auf einer neuen Basis etablieren muss. Sie schlagen dabei vor, dies auf dem offenen Feld des Diskursiven, das Konflikt und Auseinandersetzung fördert anstelle sie zu unterdrücken, zu entwickeln (ech: 219). Damit soll gesagt sein, dass es nicht per se darum geht, dieses oder jenes Verhältnis zu verändern, sondern dass es darum gehen muss, die unterschiedlichen Kämpfe weiter zu verknüpfen und so den Konflikt um die Aushandlungsform hin zur praktischen *radikalen Demokratie* vorwärts zu treiben.

Radikal-demokratische Praxis

Leider bleiben die konkreten Ausführungen auf eine praktische Umsetzung eines politischen Projekts der *radikalen Demokratie* im Werk von Laclau und Mouffe eher marginal (Sim 2011: 7). Einige Hinweise darauf, was darunter zu verstehen sein könnte, liefert Mouffe in ihren jüngeren Arbeiten (vgl.

cdp, cop, ces), und auch im gemeinsamen Werk mit Laclau von 1985. Auf diese, wenn auch knappen, Ansätze wird im Folgenden nun eingegangen.

Laclau und Mouffe stellen ihrer Arbeit die These voran, dass es der Logik der Kontingenz folgend keinen Grund gibt, warum sich zwingend eine egalitärere Zukunft ergeben sollte (ech: 233f.), und daher stets die Gefahr der Etablierung totalitärer Strukturen besteht (ees: 102). Anerkannt werden müsse daher, dass es sich bei dem Projekt der praktischen Umsetzung einer *radikalen Demokratie* um ein grundsätzlich politisches Projekt handle, das über die Hegemonisierung des Gedankens *radikaler Demokratie* selbst errungen werden müsse, was ein mögliches Scheitern immer beinhalte. Eine Praxis der *radikalen Demokratie* muss daher auch immer wieder reproduziert werden, dies auch, weil sie wie jede andere gesellschaftliche Formation immer nur partiell geschlossen sein wird (Marchart 2010a: 331f.). Im Prozess dieser Kämpfe und der Produktion eines radikal-demokratischen Projekts, so betonen Laclau und Mouffe, sind antirassistische, antisexistische, antihomophobe, antikapitalistische usw. Kämpfe zentrale Bestandteile (ech: 226). Wobei jedes sich konkret formierende radikal-demokratische Projekt, so die beiden weiter, immer auch eine sozialistische Dimension beinhalten muss, zumal die kapitalistischen Produktionsverhältnisse Quelle zahlreicher ›real existierender‹ Unterordnungsverhältnisse seien (ebd.: 221).

Eine zentrale Frage, die sich Mouffe im Zusammenhang mit der *radikalen Demokratie* stellt, ist die Frage nach dem *Demos*, weil demokratisches Regieren eines Demos bzw. einer Form der Definition von politischer Gemeinschaft bedürfe. Es geht hierbei um die zentrale Frage, wer an Entscheidungsprozessen teilhaben kann, aufgrund welcher Kriterien und auf Basis welcher räumlichen Ordnung. Da ein globaler Souverän, gleich wie der Nationalstaat, mit den Bedingungen ihres theoretischen Projekts nicht vereinbar sei (cpd: 51), versucht sie, auf die Frage in einer Weise zu antworten, die den Nationalstaat zu überwinden sucht, aber dennoch die globale Perspektive nicht umgeht. Dafür müsste die Wir-Sie-Unterscheidung auf eine Weise hergestellt werden, die nicht auf einer nationalistischen Erzählung beruht. Die Möglichkeit, dies zu tun, sieht Mouffe primär in der Überführung von Antagonismus in den Agonismus, da so die für den Nationalstaat typische Freund-Feind-Beziehung unterlaufen werden könne. Als möglichen Weg der Umsetzung zeichnet sie eine pluralistische und multipolare Weltordnung (cop: 119). Pluralistisch heißt für sie, dass nicht ein einziges Modell als das Richtige behauptet wird – dies auch dann nicht, wenn es sich um ein grundsätzlich kosmopolitisches, multikulturelles oder humanistisches handelt – sondern eine Mehrzahl von Entscheidungszentren, die nebeneinander als hegemoniale Blöcke existieren, hergestellt werden (ebd.: 151f.). Mouffe verweist dabei unter Referenzierung auf den ehemaligen Bürgermeister von Venedig, Massimo Cacciari (l'Ulivo, Mitte-Links-Bündnis), dessen Ideen sie als sehr anregend erachtet, auf die Ebene der Stadt und eine föderale Konstitution von Regionen (cpd: 52f.). Cacciari (1999) fordert, den zentralistisch-autoritär-bürokratischen Apparat des Nationalstaates durch einen neuen Föderalismus der Regionen und Städte zu ersetzen. Der angedachte Föderalismus vermöge es, so Cacciari, die besonderen Identitäten der Städte und Regionen anzuerkennen, und sei somit die Basis einer nicht separierenden Autonomie, die Solidarität und Wettbewerb miteinander verbinde und Konflikte zulasse. Zentral dabei sei, dass die Autonomie es ermögliche, ein komplexes Beziehungsgefüge zu knüpfen und die eigene Position im internationalen Kontext zu entwickeln. Kurz, es gehe darum, einen »Föderalismus von unten« (cop: 16) aufzubauen. Gleichzeitig betont Mouffe aber, dass ein »linkes Projekt« (ebd.) nur auf der europäischen Ebene obsiegen könne, denn nur auf dieser Ebene seien ein echtes Gegenmodell zum Neoliberalismus und eine Gegenhegemonie gegen die aktuelle Globalisierung zu schaffen.

> »Es ist [..] klar, dass [...] ein linkes Projekt heute nur ein europäisches sein [kann]. In dieser Zeit der Globalisierung kann die Zähmung des Kapitalismus nicht auf der Ebene des Nationalstaates alleine realisiert werden. Nur innerhalb des Kontextes eines integrierten Europa, in dem die verschiedenen Staaten ihre Kräfte bündeln, könnte dieser Versuch, das Kapital stärker zur Verantwortung zu ziehen, gelingen. [...] Zugleich müsste die Antiglobalisierungsbewegung zu einer wirklichen politischen Bewegung werden, die sich um eine hegemoniale politische Artikulation all der verschiedenen Kämpfe auf der ökonomischen, politischen, sozialen und kulturellen Ebene bemüht. [...] Aus diesem Grund ist es [..] wichtig, so viele regionale und lokale Foren anzuregen wie möglich, in denen Widerstände sich verknüpfen und gemeinsame Kämpfe artikuliert werden können.« (ces: 61f.)

Mouffe schlägt dabei eine konkrete politische Praxis vor, die sich an Gramscis *Stellungskrieg* orientiert (ces: 38f.). Stellungskrieg steht bei Gramsci, wie Harald Neubert (2001: 32-9) ausführt, für eine Politik, in deren Zuge Gesellschaft und damit auch der Staat Schritt für Schritt verändert werden. Es gelte dabei, Erfolge zu halten, neue Veränderungen einzuleiten und so sukzessive eine kommunistische Gesellschaft zu erschaffen. Konkret bedeutet die Anlehnung an Gramsci für Mouffe, dass es in der politischen Praxis darauf ankommt, eine breite Bündnispolitik zu betreiben (ces: 29), zumal nur so ein neuer »kollektiver Wille« der *radikalen Demokratie* errungen werden könne (ebd.: 38f.). Diese Politik berge zwar die Gefahr der Vereinnahmung und Veränderung des eigenen Projekts durch ›fremde‹ Interessen, doch sei diese Gefahr der zu bezahlende Preis, um die bestehenden Machtstrukturen aufzubrechen (ebd.: 39). Auf die Problematik, dass Postfundamentalismus letztlich alle Möglichkeiten einer politischen Entwicklung offen lässt, antwortet Mouffe, dass eine pluralistische Politik grundsätzlich jene ausschließen könne, welche die grundlegenden Spielregeln nicht akzeptieren würden. Grundprämisse der zu schaffenden Institutionen und Verfahren sei somit, dass sie für den Antagonismus offen sind bzw., dass das Feld der Aushandlung für die grundsätzliche Infragestellung von Institutionen und Verfahren offen ist (cop: 158).

Im Unterschied zu Mouffe lässt Laclau sämtliche Aspekte der konkreten Umsetzung der *radikalen Demokratie* weitestgehend offen. Dafür widmet er sich vertieft der Art und Weise der Artikulation und Konstitution eines Subjekts des Wandels. Um die Gesellschaft zu verändern, so betont er, bedürfe es immer auch des Ausbreitens neuer Subjekte des Wandels, die aber nicht wie etwa ›Arbeiterklasse‹ aus einem strukturellen Argument abgeleitet werden dürfen (enr: 41). Dennoch, auch *radikale Demokratie* basiert auf der Produktion eines entsprechenden Subjekts (epr: 171). Die Produktion dieses Subjekts geschehe im Wesentlichen über die diskursive Artikulation von Forderungen auf der Basis spezifischer historischer und materieller Erfahrungen sowie der Formierung von Repräsentation durch die Bündelung dieser Forderungen. Subjekte und Gruppen, die sich mit einem emanzipatorischen Projekt identifizieren, müssen sich also auch intensiv mit dem Status, den sie in einer Gesellschaft selbst innehaben, auseinandersetzen. Denn letztlich liegt die Krux des Wandels darin begraben, dass in Teilen auch mit der eigenen Subjektkonstruktion gebrochen bzw. darüber hinausgegangen werden muss. Nach Laclau sei dem so, weil einerseits gemeinsames Kämpfen immer eines Bündelns von Positionen in Äquivalenzketten bedürfe, also das Partikulare zugunsten des Universalwerdens in Teilen ›aufgegeben‹ bzw. zurückgestellt werden muss. Andererseits aber auch, weil, solange sich auf einen Zustand nur in der Ablehnung bezogen wird, die Produktion des Eigenen immer nur auf dieser Ablehnung aufbauen kann, sprich vom Verworfenen auch nach einer potentiellen Überwindung abhängig bleibt bzw. das Abgelehnte in seiner Abwesenheit weiter wirkt. Im Prozess des Wandels ist es also, wie Laclau unterstreicht, notwendig, eine positive Identität zu schaffen, die sich auf ein anderes als auf das negierte Herrschaftsverhältnis bezieht (ees: 82). In konkreten politischen Auseinandersetzungen und gerade in Bündnisarbeit erweist sich dies oftmals als problematisch, da die Negation oftmals den gemeinsamen Nenner ausmacht und eine Formulierung des Positiven ungleich schwerer scheint – ja gar zu offenem Streit führen kann. Dennoch macht Laclau sehr deutlich, dass es nicht ausreichen kann, Kritik zu üben, um ein neues gesellschaftliches Projekt durchzusetzen. Es müssen auch Utopien geschaffen werden, die über die reine Ablehnung hinausgehen, denn als »Set symbolischer Bedeutungen« (epr: 235) sind Utopien für eine emanzipatorische Perspektive absolut zentral.

Die *radikale Demokratie* beinhaltete insofern Gedanken von *großer* und *kleiner* Politik, Praktiken, die einerseits auf das Hegemonialwerden von Positionen und andererseits auf die Verschiebung der Subjektpositionen abzielen. Gleichzeitig werden auch unterschiedliche Skalen der politischen Praxis angesprochen, deren Definition sowie Interaktion aber offen bleiben. Der Inbegriff der *großen* Politik, die alles verändernde Revolution (Marchart 2010a: 294), lehnen Laclau wie Mouffe ihren theoretischen Prämissen folgend als unmögliche Perspektive zwar ab (ech: 221), dennoch bleibt ein Element von *großer* Politik enthalten. Das ist nicht zuletzt Folge des Bezugs auf die Hegemonietheorie, zumal Hegemonie immer auf die Ausweitung einer Position abzielt (Day 2005: 72-5). Darauf verweist auch Marchart (2010a: 304f.), wenn er festhält, dass, um von Politik sprechen zu können, ein partikulares Projekt eine Tendenz zum *Majoritär-Werden* aufweisen muss (Marchart 2010b: 301). Letztlich bleibt in den Arbeiten die Frage der räumlichen Verortung des Demos oder die Reichweite der Hegemonie aber offen. Trotz der Negation der Möglichkeit der *einen* Revolution und einer Skepsis gegenüber *großer Politik* wird auf diese Weise die Türe hin zu einer Politik der großen Skalen offen gehalten, zumal Hegemonisierung letztlich immer auf Globalität abzielt (Opratko 2012a: 150). Ein weiterer Kritikpunkt, den es anzufügen gilt, formulieren Alex Demirović (2013: 206-14) sowie Richard Day (2005: 71-5). Die beiden Autoren, die grundsätzlich der *radikalen Demokratie* gegenüber aufgeschlossen sind, verweisen nämlich darauf, dass bei aller Kritik, die vor allem Mouffe an der liberalen Demokratie formuliert, sie zumindest in einem sozialdemokratischen Sinne in einer liberalen Tradition verhaften bleibe (Demirović 2013: 212) und die konkreten Praxisvorschläge, die der heutigen Demokratie innewohnenden multiplen Spaltungen – wie etwa der zwischen Politik und Ökonomie – nicht grundsätzlich aufzulösen vermöge (ebd.: 214):

> »Denn die Demokratie ist bestimmt als die Sphäre des Allgemeinen; der konflikthafte Prozess der Durchsetzung und Konstitution dieses Allgemeinen wird per se in positiven Begriffen gedacht. Über die Opfer und die Kosten wird nicht nachgedacht, ebenso wenig über die gesellschaftlichen Bedingungen, die ein solches konflikthaftes Handeln überhaupt erforderlich machen. [...] Die Sphäre der Wirtschaft, die Eigentums- und Lohnverhältnisse bleiben außer Betracht, also jene Verhältnisse, unter denen die Individuen notwendigerweise nicht Gleiche sein können [...]. Demokratie bleibt [zudem] immer noch an den Staat gebunden.« (Demirović 2013: 212)

Trotz dieser Aspekte sollte als Fazit zur *radikalen Demokratie* mitgenommen werden, dass diese versucht, eine politische Praxis zu benennen und dabei den in den ersten Abschnitten beschrieben Grundbedingungen Rechnung zu tragen. Sie stellt den Versuch dar, eine theoretische Fundierung zu finden, mit der sich gesellschaftliche Veränderung unter Anerkennung der historisch etablierten Kontingenz und Ungründbarkeit denken lässt. Es geht also nicht darum, einen theoretischen Überbau über die ›Realität‹ zu stülpen, sondern von der ›Realität‹ ausgehend ein Möglichkeitsfeld zur emanzipatorischen Praxis zu finden. Den Prämissen folgend, kann sich die *radikale Demokratie* aber nicht auf eine außergesellschaftliche Legitimation stützen und kann nur als politisches Projekt fruchtbar gemacht werden. Die *radikale Demokratie* zeigt demnach das historische Möglichkeitsfeld der Emanzipation auf und stellt eine Möglichkeit dar politische Praxis auf ihren Grad der Ermöglichung von Freiheit zu bewerten – nicht mehr und nicht weniger.

5. Möglichkeiten

In den beiden vorhergehenden Kapiteln wurde aus der Perspektive des *Rechts auf die Stadt* und der *radikalen Demokratie* auf die theoretischen Zugänge von Lefebvre sowie Laclau und Mouffe eingegangen. Nun können die beiden Konzepte miteinander diskutiert und Problemstellungen angesprochen werden. Klar ist dabei, dass eine vollständige Gegenüberstellung der beiden Ansätze nicht geleistet werden kann und somit die diskutierten Bereiche im Wesentlichen darauf abzielen, die Diskussion für ein aktuelles *Recht auf die Stadt* zu öffnen und Möglichkeiten des Zusammendenkens aufzuzeigen.

Zu Beginn der Diskussion der radikalen Demokratietheorie wurde in den Raum gestellt, dass das Zusammendenken von Lefebvre mit Laclau und Mouffe nicht beliebig sei. So wurde hervorgehoben, dass, obwohl die Theorien auf einer unterschiedlichen Ebene der Verallgemeinerung ausgebreitet werden, die beiden Ansätze auf einer sich nahestehenden theoretischen Basis beruhen und die vorgeschlagenen emanzipatorischen Projekte eine ähnliche Stoßrichtung erkennen lassen. Diesen Punkten wird nun nachgegangen, was konkret bedeutet, dass in einem ersten Teil Anknüpfungspunkte innerhalb der beiden Theorien gesucht werden, wobei dies aufgrund der Fülle an Referenzen nur skizzenhaft geschehen kann. Ziel ist es dabei, ein Verständnis für die Überschneidungen und Ähnlichkeiten zu schaffen. Zudem sollen die bei Lefebvre problematisierten Aspekte angesprochen werden, aber auch die Basis gelegt werden, um in den Ansatz von Laclau und Mouffe mit Lefebvre zu intervenieren. In einem zweiten Teil wird nochmals auf die beiden zentralen Konzepte von *Raum* und *Differenz* eingegangen, da darüber, und gerade wegen der Unterschiedlichkeit der Konzepte innerhalb der beiden Theorien, an konkreten Punkten die Ähnlichkeiten und Unterschiede der beiden Zugänge starkgemacht werden können, was für das später zu formulierende *Recht auf die Stadt* durchaus hilfreich ist.

5.1 Anknüpfungspunkte: von Marx über Gramsci zur Praxis

Der erste Teil der gemeinsamen Diskussion von Lefebvre mit Laclau und Mouffe behandelt die erkenntnistheoretischen Zugänge und die jeweils zentralen Begrifflichkeiten *Ungründbarkeit*, *Kontingenz* und *Praxis*. Ziel ist es, dabei aufzuzeigen, dass das Zusammendenken der beiden theoretischen

Projekte grundsätzlich möglich und auch sinnvoll ist. Zudem soll damit ein Verständnis dafür geschaffen werden, dass mit dem Versuch, Lefebvre weiter zu entessentialisieren, ihm nicht Unrecht getan wird, sondern dass diese Stoßrichtung in seinem Argument bereits angelegt ist.

Von Marx aus weiterdenken

Ausgangspunkt der theoretischen Arbeiten von Lefebvre wie auch der von Laclau und Mouffe ist eine kritische Auseinandersetzung mit den marxschen Werken. So betonen alle drei, dass es Marx gewesen sei, der das kritische Denken eingeführt und das Verständnis für die Veränderbarkeit der bestehenden sozialen Verhältnisse stark geschärft habe. Dabei streichen Laclau und Mouffe sowie Lefebvre hervor, dass Marx den Grundstein dafür gelegt habe, Praxis immer als ausgehend vom Hier und Jetzt zu denken. Gleichzeitig distanzieren sich beide Zugänge klar vom Dogmatismus und Finalismus. Im Großen und Ganzen ist Lefebvre aber Marx stärker positiv zugewandt als Laclau und Mouffe. Geprägt von seinem ›Zeitgeist‹, seinen persönlichen Erfahrungen und seiner theoretischen Bildung verstand er sich selbst stets als Marxist, der im Werk von Marx zwar Mängel erkannte, dieses aber nicht grundsätzlich in Frage stellte. Während sich Lefebvre mit seiner Arbeit also an diversen Stellen explizit positiv auf Marx bezieht und Konzepte wie *Tausch-* und *Gebrauchswert*, *Entfremdung*, *Produktion* und *Praxis* etc. übernimmt, anpasst bzw. neu interpretiert und gerade im Zusammenhang mit seiner Alltagskonzeption und dem Verständnis des Urbanen gänzlich neu kontextualisiert, entfernen sich Laclau und Mouffe wesentlich weiter von Marx und dem Marxismus. Sie selbst verorten sich daher im Feld des *Post-Marxismus*. (Womit sie ihre weiterhin vorhandene Nähe zum marxistischen Projekt betonen, dieses also nicht gänzlich verwerfen.)

Ausgangspunkt der theoretischen Auseinandersetzung mit der marxistischen Theorie bei Laclau und Mouffe ist eine kritische Analyse und Dekonstruktion theoretischer Arbeiten, die im Anschluss an Marx etwa von Rosa Luxemburg, Wladimir I. Lenin, Eduard Bernstein oder Karl Kautsky zum Ende des 19. und zu Beginn des 20. Jahrhunderts verfasst wurden. Die Hauptargumentationsachse, die sie dabei in »Hegemony and Socialist Strategy« herausarbeiten, dem Werk, in dem sie sich am intensivsten mit dem Erbe des Marxismus auseinandersetzen, verweist dabei auf die zunehmende Wichtigkeit des Konzepts der Hegemonie. Dies betonen sie insbesondere vor dem Hintergrund einer tiefgreifenden »demokratischen Revolution« und dem komplexer werdenden Kapitalismus, was alles in allem neue politische Logiken hervorgebracht habe und den bestehenden Marxismus in die Krise geführt habe (ecp: 121). Die »Krise des Marxismus« zeichnet sich dabei ihrer Ansicht nach dadurch aus, dass es zunehmend schwierig wurde, die multiplen, fragmentierten und vielfältigen sozialen Kämpfe im Kontext des Klassenkampfes zu denken (ech: 50). Laclau und Mouffe sehen das grundlegende Problem dabei nicht in einem mangelnden Verständnis für neue Formen des Klassenkonfliktes, sondern erkennen im Scheitern der Erfassung der *neuen sozialen Bewegungen* innerhalb der marxistischen Theoriebildung ein Problem des marxschen Zugangs und letztlich auch des Marxismus selbst. Sie öffnen dabei das Spannungsfeld, in dem sie aufzeigen, dass Marx einerseits Geschichte als objektiven Prozess der Entwicklung der Produktivkräfte gefasst habe (eip: 25), was sich etwa im Basis-Überbau-Konzept niederschlage (vgl. Marx 1859: 8f.), und er andererseits aber betont habe, dass die Geschichte aller bisherigen Gesellschaften die Geschichte von Klassenkämpfen sei (vgl. Marx & Engels 1848: 462). Diese beiden Prämissen seien letztlich nicht zusammenzudenken ohne in zirkuläre Erklärungsmuster zu verfallen und eine transzendente Gründung von Gesellschaft vorzunehmen, so Laclau und Mouffe. Denn, wenn ersteres – der objektive Prozess der Entwicklung der Produktivkräfte – gegeben sei, dann sei letzteres – Geschichte von Klassenkämpfen – nur in der Abhängigkeit der starren historischen Vorgaben zu denken. Es werde also überflüssig, von Kämpfen zu sprechen, zumal Kämpfe dann nur noch den Status eines zwangsläufigen Aufeinanderprallens von Positionen in der Zeit haben könnten. Weil die Kämpfe nunmehr Produkt von teleologischen historischen Prozessen wären, müsste auch der Auslöser für diese Kämpfe außerhalb des Gesellschaftlichen liegen, zumal die Kämpfe selbst nicht produktiv sein könnten – sie sind ja determiniert.

Der Hauptkritikpunkt an den Versuchen innerhalb der Theoriebildung, im Anschluss an Marx auf die Problematik zu reagieren, lautet, dass diese Theorien zu einer rigiden und dogmatischen Doktrin verkommen und innerhalb ihrer eigenen theoretischen Fundamente hängengebliebene seien (Sim 2011: 3f.) und so letztlich im theoretischen Klassenreduktionismus, ökonomischen Determinismus, dem Glauben an geschichtliche Gesetzmäßigkeiten und Revolutionsgläubigkeit verharrt seien (Opratko 2012a: 125-30).[26]

26 Betont werden soll hier, dass, seit Laclau und Mouffe ihre Kritik 1985 formulierten, auch in der sich als marxistischen Theoriebildung verstehenden Tradition viele Weiterentwicklungen vonstattengingen und gerade im Kontext des Post-Operaismus, des Open Marxism oder der breiten Foucaultrezeption innerhalb marxistischer Strö-

Diese Kritik am deterministischen Denken teilt Lefebvre klar. Dies wird im Zusammenhang mit seinem Verständnis von Alltag als Ort des politischen Wandels, als Ausgangspunkt, um das Mögliche zu denken, deutlich. So unterliege Alltag zwar einer beständigen Entfremdung und Kolonisierung durch die kapitalistische Produktionsweise, dennoch könne er nie gänzlich untergeordnet werden und weise somit eine gewisse Eigenständigkeit auf. Lefebvre beschreibt dies mit seinem Modell der Ebenen der gesellschaftlichen Wirklichkeit, indem er festhält, dass der Alltag zwar im Kontext der Raum-Zeit der kapitalistischen Akkumulation stattfinde, nie aber ein Spiegelbild davon sei.

Während Lefebvre also über seine Konzeption der Ebenen, seiner triadischen Dialektik und der Raumproduktion einen Ausweg aus dem Essentialismus bei Marx sucht, stellt für Laclau und Mouffe Gramsci den Wendepunkt in der marxschen Theorietradition dar (ech: 100-7), auf dessen Grundlage es möglich geworden sei, die »Krise des Marxismus« zu überwinden. Gramsci habe dies möglich gemacht, indem er Subjekte in seiner Hegemoniekonzeption nicht mehr alleine als auf dem Terrain des Ökonomischen hergestellt gefasst habe, sondern diese als in gesellschaftlichen Verhältnissen in einem breiten Kontext hergestellt erkannte. Laclau und Mouffe übernehmen diesen Ansatz und wenden seine Hegemonie im Kontext der postfundamentalistischen Prämissen diskurstheoretisch. Die beiden verbinden dabei die poststrukturalistische Differenz *als* Trennendes mit der in Gramscis Hegemoniekonzeption innewohnenden Tendenz zum Bündeln zu einem theoretischen Konzept, das auf der Differenz basiert aber gleichzeitig die Notwendigkeit und Möglichkeit der Konstitution politischer Projekte betont, verbindet also zwei sich zuwiderlaufende theoretische Elemente und setzt sie in Beziehung (Opratko 2012a: 135f.). Jens Kastner (2011: 99f.) argumentiert, dass Laclau und Mouffe mit dem Betonen der Rolle von *der Politik* innerhalb der *politischen Differenz* im Anschluss an Gramsci, der mit seinem Stellungskrieg und seiner Konzeption von Zivilgesellschaft selbst Alltäglichkeit mitzudenken versucht habe, ein vertieftes Verständnis von Alltäglichkeit herausgearbeitet hätten. Damit wird Heideggers phänomenologischer Zugang materialistisch gewendet und Laclau

---

mungen die Kritik in dieser Vehemenz relativiert werden muss. So wurden gerade auch Klassenreduktionismus, der Glaube an geschichtliche Gesetzmäßigkeiten und Revolutionsgläubigkeit innerhalb der Theoriebildung vehement kritisiert. Weitestgehend beibehalten wurde aber ein latenter ökonomischer Determinismus, der, wie hier argumentiert wird, in seiner essentialistischen Form weiter zu kritisieren ist.

und Mouffe vollziehen dieselbe Wende, die auch Lefebvre vollzog. Um es auf den Punkt zu bringen, zwischen dem Verständnis des ›Ontischen‹ und der lefebvreschen Alltäglichkeit zeichnen sich tiefliegende Parallelen ab. Beide Begriffe deuten letztlich auf die Sphäre hin, in der Praxis vollzogen wird, die Welt sich verändern lässt. Beide Konzepte sind dabei in der Lage, die Eingriffe durch Ideologie, Macht und Herrschaft mitzudenken. Bei Lefebvre werden gesellschaftliche Kräfteverhältnisse und Herrschaft, die wie die Ebenen der gesellschaftlichen Wirklichkeit verdeutlichen, auf jeweils unterschiedlichen Ebenen angeordnet sind, im komplexen dialektischen Prozess der Raumproduktion relevant, wobei Herrschaft sich in die jeweiligen Orte einschreibe und so auch materiell erfahrbar würde. Bei Laclau und Mouffe wird das ›Ontische‹ durch das stete Eingreifen des ›Ontologischen‹ permanent gewandelt und verschoben, wobei auch das ›Ontologische‹ sich mitverschiebt. Ausgangspunkt des Wandels ist aber immer politische Praxis im Alltäglichen oder ›Ontischen‹, da ansonsten auf ein teleologisches Verständnis von Geschichte oder auf eine transzendente Ontologie zurückgegriffen werden müsste. Das Ablehnen einer solchen Erklärung von Gesellschaft eint wiederum beide Ansätze. Diese Parallelen sind an dieser Stelle zentral für die Diskussion, zumal deutlich wird, dass, auch wenn Laclau und Mouffe eine andere Sprache wählen und sie ihr Projekt der Entessentialisierung weit radikaler vorantreiben, als Lefebvre dies tut, doch offensichtlich ist, dass im Argument ähnliche Stoßrichtungen liegen.

Weitere Anknüpfungspunkte ergeben sich dadurch, dass Lefebvre, wie Stefan Kipfer (2008) herausarbeitet, sich zumindest fragmentarisch auf Gramsci bezieht und gleichzeitig im Versuch, den Marxismus von Dogmen und Finalismen zu lösen, über Gramsci hinaus geht (Kipfer 2008). Hegemonie wird dabei ein Element, um Raumproduktion zu denken. So verbindet Lefebvre in »La Production de l'espace« Hegemonie mit der Produktion des Raums und weist darauf hin, dass über Raumproduktionen Hegemonie gestützt wird (hpe: 10f.). Dabei verstand Lefebvre Hegemonie als ein unvollendetes und nie gänzlich abgeschlossenes Resultat eines multidimensionalen Prozesses, der im Spannungsfeld zwischen Wahrnehmen, Denken und Praxis liege (Kipfer 2008: 205). Für Lefebvre sei es Gramsci gewesen, der mit seiner Hegemonietheorie den Weg für eine »Philosophie der Praxis« (ebd.: 195) eröffnet habe, was er primär in dessen Konzeption des alltäglichen Ringens um politische Vorherrschaft und der schrittweisen Revolte erkannt habe; insofern teile er mit Gramsci das Bestreben danach, einen ergebnisoffenen und nicht-objektivistischen Marxismus zu etablieren, so Kipfer weiter. Das

Hegemonieverständnis Lefebvres ist dabei offensichtlich nicht identisch mit jenem von Laclau und Mouffe, insofern er dieses nicht im Kontext einer diskursiven Formation fasst. Gleichzeitig ist aber auch Kipfers Behauptung, dass Laclau und Mouffe sich grundlegend von Lefebvre unterscheiden würden schlicht nicht haltbar und wurzelt in einem tiefen Missverständnis für den Hegemonie- und Diskursbegriff bei Laclau und Mouffe. So behauptet Kipfer, dass die beiden Hegemonie als eine linguistische Fixierung von endlos sich entziehenden sprachlichen Zeichen fassen würden und insofern Hegemonie im Anschluss an Laclau und Mouffe eine rein sprachliche Kategorie darstelle (ebd.: 202). Das dem nicht der Fall ist, sollte bis hier hin aber klar geworden sein. Denn Diskurs ist bei Laclau und Mouffe als die aus jeder materiellen und nichtmateriellen Praxis hervorgehende ›Totalität‹ und Produktion von *Bedeutungen* zu verstehen. Der Diskurs schafft dabei durch Sedimentation materielle und nichtmaterielle Objekte, die jeweils eine Wirkmächtigkeit haben.

Ein letzter anzusprechender Punkt, der der Auseinandersetzung mit Marx entspringt, ist die Frage nach dem Potential zum gesellschaftlichen Wandel. Für Lefebvre wie Laclau und Mouffe kann gesellschaftlicher Wandel immer nur die Folge von konkreter Praxis und Produkt eines politischen Projekts des Wandels sein, sei dies wie bei Lefebvre *autogestion* oder bei Mouffe und Laclau *radikale Demokratie*. In diesem Kontext fassen die beiden theoretischen Projekte Utopie als Essenz politischer Projekte, die absolut notwendig zur Formulierung von Perspektiven seien. So hält Laclau fest, dass es nicht ausreicht, Kritik zu üben. Es müssten auch Utopien geschaffen werden, die über die Ebene der reinen Negation der bestehenden Verhältnisse hinausgehen. Denn Utopien als »Set symbolischer Bedeutungen« (epr: 235) seien für eine emanzipatorische Perspektive absolut zentral, da sie helfen würde, positiv konnotierte politische Projekte zu etablieren. Und auch Lefebvre versucht, mit dem Setzen seiner strategischen Hypothesen Utopien auszuloten, um so grundlegenden emanzipatorischen Wandel einzuleiten. Hier treffen sich die beiden Ansätze erneut, insofern auch die *radikale Demokratie* versucht, eine theoretische Fundierung zu finden, mit der sich gesellschaftliche Veränderung unter Anerkennung der Kontingenz und Ungründbarkeit denken lässt. Es geht also beiden Ansätzen, ausgehend von einer Neuinterpretation des marxschen Werkes, darum, Möglichkeiten zu eruieren um eine ›freiere‹ und ›egalitärere‹ Gesellschaft jenseits des Bestehenden zu denken und so emanzipatorischen gesellschaftlichen Wandel auszulösen.

Ungründbarkeit, Kontingenz und Praxis

Neben den angesprochenen Referenzen auf Marx und Gramsci gehen die Konzepte von Laclau und Mouffe im Wesentlichen auf Saussure, Derrida, Heidegger, Nietzsche und Hegel zurück. Daraus entwickeln sie die zentralen Konzepte der *Ungründbarkeit*, *Kontingenz* und *Praxis*. Zur Rekapitulierung des oben bereits zu Laclau und Mouffe ausgeführten: *Ungründbarkeit* zeigt an, dass es keine transzendenten Kräfte gibt, die einen letzten Grund für Gesellschaft legen. Dies bedeutet, dass Gesellschaft immer nur auf einem auf Zeit stabilisierten Fundament errichtet ist, das mittels politischer Praxis verändert werden kann. *Kontingenz* ist dabei als die grundsätzliche Offenheit von Praxis unter der Bedingung von historischer Gewordenheit zu verstehen. Es wird betont, dass es sehr wohl Gründe gibt, warum etwas so ist und nicht anders. Dass etwas ist, wie es ist, besagt aber nicht, dass es sein muss, wie es ist. Kontingenz betont daher, dass, ausgehend von historisch produzierten Strukturen, die immer als sedimentierte Politik verstanden werden, jede Antwort bzw. Handlung begründbar ist, dass gleichzeitig aber immer auch eine andere Antwort möglich sein kann. *Praxis* ist hierbei der zentrale Begriff, denn ohne sie verharrten die Dinge im Stillstand und es würde kein Diskurs zustande kommen, keine Platzzuweisung wäre möglich und somit wäre jede Subjektivierung und jede Produktion von Bedeutung unmöglich.

In Bezug auf diese Konzepte finden sich im lefebvreschen Werk diverse Anknüpfungspunkte. Dies erstaunt nicht, zumal Lefebvres Arbeiten neben einer grundlegenden Marxlektüre ebenfalls auf einer tiefgreifenden Aufarbeitung von Nietzsche und Heidegger basieren, die beide – sehr wohl in unterschiedlicher Weise und Vehemenz – eine finale Gründbarkeit von Gesellschaft ablehnen, Kontingenz mitdenken und Praxis ansprechen (vgl. Gerhardt 2008, Rentsch 2008). Insofern kann Lefebvre mit seinem Praxisbegriff, seinem Begriff des Möglichen und seiner Konzeption der triadischen Dialektik selbst als ein Denker der Kontingenz und der Ungründbarkeit gelesen werden.

Lefebvre versteht dabei Praxis als Ausgangspunkt und Ziel aller theoretischen Reflexionen. Mit Praxis ist aber nicht das Gegenstück zur Theorie gemeint, sondern die zielgerichtete Gesamtheit menschlicher Tätigkeit. Unklar bleibt dabei, woher die Zielgerichtetheit der Praxis bei Lefebvre kommt und der Verdacht liegt nahe, dass sie zumindest in Teilen aus dem Zuschreiben von historischen Aufgaben abzuleiten ist. So blitzt an dieser Stelle eine Spur der transzendenten Gründung auf, die bei Lefebvre präsent ist und im Kontext der Entstehung des Urbanen bereits angesprochen wurde. Wird dies für den Moment vernachlässigt, so sind Parallelen zum Praxisbegriff bei Laclau und Mouffe nicht von der Hand zu weisen. Denn für sie ist Praxis eng verbunden mit der Praxis der Artikulation, die als Bedingung einer jeden Gruppenkonstitution gilt, dies in dem Sinne, dass sich Gruppen nur bilden können, wenn Bewegung stattfindet und das Außen erfahren wird. Die aus der Praxis der Artikulation hervorgehende ›Totalität‹ ist für Laclau und Mouffe der Diskurs (ech: 141), der letztlich auch eine Zielgerichtetheit enthält, die aber klar im Bereich der politischen Projekte, die auf der Grundlage der historischen Gegebenheiten artikuliert werden, zu verorten ist. So haben beide theoretischen Zugänge einen Aspekt in ihrem Praxisbegriff, der auf ein zielgerichtetes Handeln abzielt. Jedoch haben sie diese nicht in der gleichen Konsequenz ausformuliert und während die Zielgerichtetheit bei Lefebvre ein transzendentes Gründungselement aufweist ist sie bei Laclau und Mouffe im Wesentlichen selbst Produkt politischer Praxis auf der Grundlage des Bestehenden.

Was die Idee der Ungründbarkeit angeht, so findet sich diese bei Lefebvre in der Übernahme der von Nietzsche formulierten fundamentalen Kritik an jeder Form von Fixierung von Denken in Totalitäten und der Metaphysik, die Nietzsche als Stillstand jeder Bewegung und als Tod einer jeden Aushandlung geißelte (Schmid 2005: 103-5). Dieses Ablehnen einer jeden endgültigen Fixierung sowie die Abkehr von allen Finalismen wie etwa Ökonomismus, Historizismus oder Soziologismus waren sodann zentrale Grundlagen für Lefebvres Werk, auf die er auch seine Konzeption der Raumproduktion ausrichtete:

> »Jede Zentralität, einmal etabliert, ist dazu bestimmt, an Zerstreuung zu leiden, von den Effekten der Sättigung, der Zermürbung, äußerer Aggressionen usw. aufgelöst zu werden oder zu explodieren. Dies bedeutet, dass das ›Reale‹ nie gänzlich fixiert werden kann, dass es beständig in einem Zustand der Mobilisierung steht. Es bedeutet auch, dass die generelle *Figur* (des Zentrums und des ›Dezentrierens‹) im Spiel ist, was Raum lässt für sowohl Repetition als auch Differenz, für Zeit als auch Nebeneinanderstellung.« (hpe: 399, eigene Übersetzung, Herv. i. O.)

Wichtig ist hierbei, dass die lefebvresche *Zentralität* sehr eng mit der Bestimmung der *Totalität* bei Laclau und Mouffe zusammenfällt, so er kurz vor dem zitierten Abschnitt betont: »der Begriff der Zentralität ersetzt den Begriff der Totalität, platziert sie neu, revitalisiert sie und wendet sie dialektisch.« (ebd.) Lefebvres Nietzscheinterpretation, die darauf basiert, dass er diesen mittels Marx materialistisch wendet, ermöglicht es ihm, die Erforschung des vermeintlich Unmöglichen zu eröffnen und so einen Weg hin zur Formulierung konkreter Utopien, die mittels des dialektischen Verfahrens stets an das Hier und Jetzt rückgebunden werden, zu finden. Im lefebvreschen Möglichkeitsbegriff steckt damit ein starker Kontingenzbegriff. Denn einerseits betont er damit die grundsätzliche Veränderbarkeit, bezieht also eine grundlegende Offenheit mit ein, und andererseits verweist er damit darauf, dass immer vom Hier und Jetzt aus gedacht werden muss, dass sich das Mögliche also nur auf der Basis des bereits Bestehenden errichten kann. Damit beinhaltet sein Konzept auch einen radikale Konzeption von Geschichtlichkeit, womit beide Bedingungen des Kontingenzbegriffes bei Laclau und Mouffe erfüllt sind.

Um gesellschaftlichen Wandel bzw. alternative gesellschaftliche Produktion zu denken, war für Lefebvre die poetische Strategie Nietzsches alleine aber zu idealistisch und auch den Existenzialismus[27] Heideggers erkannte Lefebvre als in der Sphäre des Metaphysischen und der Philosophie verhaftet (Schmid 2005: 120). So kritisiert Lefebvre Heidegger auf eine ähnliche Art und Weise wie Laclau und Mouffe dies tun und betont, dass Heidegger in wesentlichen Bereichen eine transzendente Ontologie sowie eine verkappte Theologie errichte, dadurch mystifiziere und falsch verallgemeinere. Zudem empfand Lefebvre Heidegger als zu abstrakt und unkonkret, weshalb er versucht, Heidegger zu ›erden‹ und dessen phänomenologischen Zugang in Beziehung zu Praxis und zu den materiellen Verhältnissen zu setzten. Wie Hegel durch Marx vom Kopf auf die Füße gestellt worden sei, so müsse auch Heidegger vom Kopf auf die Füße gestellt werden, so die Auffassung Lefebvres (Elden 2004b: 90-2). Er stellte dafür der phänomenologischen Fassung der Wahrnehmung bei Heidegger den Begriff der räumlichen Praxis zur Seite, um aufzuzeigen, dass sich Wahrnehmung nicht nur im Kopf abspielt, sondern ebenfalls auf einer konkreten Materialität basiert (Schmid 2005: 238).

27 In der Existenzphilosophie geht es darum, »alles von einem ›Kern‹ des Menschen her erfahrend zu verstehen« (Wuchterl 2003). Es handelt sich dabei um eine relativ junge Denkströmung, die zu Beginn des 20. Jahrhunderts aufkam. Gerade das Denken in gesellschaftlichen Kategorien der 1960er Jahre ließ die Existenzphilosophie wegen ihres »Rückzug auf das Innere« (ebd.) des Menschen in die Kritik geraten. Heidegger war mit seinem Werk »Sein und Zeit« (2006 [1927]) neben Karl Theodor Jaspers und Jean-Paul Sartre einer der Protagonisten des Existenzialismus, wenn auch er sich später davon distanzierte (Wuchterl 2003).

So war für Lefebvre die Erkenntnis, dass jede Bedeutung und Wahrnehmung in der Praxis produziert wird und somit zwangsläufig auch räumlich-materiell ist, der zentrale Ansatzpunkt, um Materialität konzeptuell mitzudenken (hmp: 12f.). Aus dieser Auseinandersetzung entsteht bei Lefebvre die triadische Dialektik in der *gesellschaftliche Praxis, das Wort und das Denken* sowie *der schöpferische Akt* untereinander und gleichzeitig dialektisch verbunden sind. Er entwickelte somit ein Modell in drei Polen, das auf einen fortlaufenden Prozess historischer Produktion unter kontingenten Bedingungen verweist, letztlich also eine Theorie darstellt, die versucht, gesellschaftliche Produktion auf der Grundlage derer Ungründbarkeit zu denken. Und genau an diesem Punkt treffen sich Laclau und Mouffe mit Lefebvre erneut. Denn auch sie verweisen mit ihrer Kontingenz, dem Diskurs- und Hegemoniebegriff in der radikalsten Form auf die Produziertheit einer jeden Bedeutung sowie Ordnung und somit darauf, dass produzierte Strukturen immer als ein aus der Perspektive der Kontingenz und der letztlichen Ungründbarkeit zu Erklärendes gelten müssen. Was die Arbeiten von Laclau und Mouffe im Gegensatz zu Lefebvre auszeichnet, ist, dass sie die Produziertheit von Bedeutung auch auf die Subjektebene herunterbrechen sowie auf die Ebene der Ontologie anwenden, und die Frage der gesellschaftlichen Praxis wie Produktion von sämtlichen Essentialismen befreien. Sie radikalisieren das Konzept also und treiben damit die theoretische Stoßrichtung Lefebvres in gewisser Weise weiter.

Im lefebvreschen Werk finden sich hingegen diverse Stellen, in denen er mit seinen eigenen Vorannahmen – Dogmatismus zu umgehen, Finalitäten zu Negieren und Praxis als Ausgangspunkt der Gesellschaftsanalyse zu setzen – bricht. So tut er dies etwa in der Theorie der Urbanisierung und des Subjekts des Wandels im Kontext des *Rechts auf die Stadt*. So schwingt bei Lefebvre, wenn er die Entwicklung der Stadt bzw. den Prozess der Urbanisierung in Anlehnung an das marxsche Geschichtsmodell mittels der Raum-Zeit-Achse von »nicht existenter Urbanisierung« bis zur »gänzlichen Urbanisierung« beschreibt, eine fast schon zwanghafte historisch Entwicklung von der *Natur* über den *Stadt-Land-Gegensatz* zum *Urbanen* mit. Wie schon angesprochen, relativiert er die »gänzliche Urbanisierung«, in dem er festhält, dass die Urbanisierung auch im Zustand des Urbanen nie eine geschlossene Totalität erreichen könne. Ein teleologisches Element bleibt aber, da er letztlich gleich Marx den Widerspruch zwischen einer Geschichte der Kämpfe und teleologischem Geschichtsverständnis nicht gänzlich hinter sich zu lassen vermag. Nicht zuletzt wird dies deutlich, wenn die Entwicklung des Urbanen und die Segregation betrachtet werden, die Lefebvre im Wesentlichen doch über ökonomisch bestimmte Faktoren erklärt und weitere Ausschlussmechanismen wie etwa Geschlecht oder Ethnizität etc. konsequent vernachlässigt (Purcell 2002: 106). Aus der Perspektive von Laclau und Mouffe ist dies problematisch, da sie mit ihrem Projekt angetreten sind, um genau diesen Widerspruch zu umgehen. Andererseits wurde hier aufgezeigt, dass Lefebvre selbst in weiten Teilen zumindest in seinen theoretischen Arbeiten ein Denker der Kontingenz und Ungründbarkeit ist und somit die Prämissen zur Urbanisierung mit seinem eigenen theoretischen Fundament in Konflikt geraten. Es wird also deutlich, dass sich auch innerhalb Lefebvres Arbeiten ein Spannungsfeld zwischen eigenem theoretischem Anspruch und Umsetzung seiner konkreten Studien öffnet.

Die Frage nach dem Subjekt des Wandels

Der letzte in diesem Kontext anzusprechende Punkt, der auch einen wesentlichen Einfluss auf die Frage nach einem neu formulierten *Recht auf die Stadt* hat, ist die Frage nach dem Subjekt des Wandels. Schon zuvor wurde mehrfach angesprochen, dass gerade in diesem Bereich die Konzeption des *Rechts auf die Stadt*, aber auch die der *autogestion*, zentrale Problemstellen aufweisen und stark auf einen marxschen Klassenbegriff und Klassenkampf zurückgreifen.

So betont Lefebvre, dass das Erkämpfen des *Rechts auf die Stadt* der Klasse der Ausgeschlossenen und Verdrängten bedarf. Er definiert also ein klares Subjekt des Wandels, das im Rahmen einer historischen Aufgabe den gesellschaftlichen Wandel hin zur urbanen Gesellschaft einleiten soll. Im Gegensatz zu Marx erkennt Lefebvre aber die Produktion dieser Klasse nicht in einem engen Begriff der ökonomischen Produktion sondern im Kontext eines weiten Produktionsbegriffs, der sämtliche Herstellung gesellschaftlicher Äußerungen umfasst und im Kontext der Urbanisierung zu fassen ist (Harvey 2012: xiii). Für Lefebvre war die Segregation, die mit dem Prozess der Urbanisierung und Industrialisierung einherging, die sozialen Ungleichheiten auf das räumliche Terrain projizierte und diese erfahrbar mache, der zentrale Prozess der Herstellung der ›Arbeiterklasse‹ (hdv: 161). Dabei betont Lefebvre sehr wohl, dass der Prozess der Segregation nicht durch eine gleichförmige Strategie der Herrschaft geleitet wird. Da es dem kontrollierenden Staat und den privatwirtschaftlichen Fraktionen des Kapitals aber darum gehe, sich die urbanen Eigenschaften anzueignen und so das Aufkommen des Urbanen zu verhindern, würden so – wie anno 1871 bei der Pariser Kommune – die sich manifestierenden urbanen Elemente mittels mannigfachen Prozessen der Kontrolle unterbunden. Was für ihn bedeutet, dass die produktive Konfrontation von Eigenheiten, wechselseitigem Wissen und Anerkennung, ideologische und politische Auseinandersetzung, das Nebeneinander von Lebensweisen, kulturelles Schaffen und allgemein die Herausbildung eines demokratischen Gedankens unmöglich gemacht werde. Segregation. Also ist die soziale Ausdifferenzierung des Stadtbildes dabei die logische Konsequenz und der Ausdruck der sozialen Ungleichheit auf dem Terrain, so Lefebvre (ebd.: 105f). Sie schaffe Ausschlüsse, die spezifische Lebensweisen herstelle und so die Klasse der Ausgeschlossenen, eben die ›urbane Arbeiterklasse‹, produziere. Lefebvre löst sich, um die Herausbildung seiner revolutionären Klasse zu beschreiben, somit zwar von einem Primat der ökonomischen Produktion, verankert sein Argument aber im Anschluss an Engels in einem mechanischen Urbanisierungsverständnis und starren Subjekteigenschaften.

Insofern behält Lefebvre ein essentialistisches Element in seinem Argument, zum einen, zumal er der ›Arbeiterklasse‹ eine privilegierte Rolle im emanzipatorischen Kampf zuweist und zum anderen, weil der Prozess hin zur urbanen Gesellschaft eine essentialistische Komponente beinhaltet. Dies wird besonders offensichtlich, wenn er davon spricht, dass eine Welt geschaffen werden müsse, die den menschlichen Bedürfnissen Sicherheit und Abenteuer, Geselligkeit und Einsamkeit, Zufriedenheit und Unzufriedenheit, Ausgeglichenheit und Unausgeglichenheit, Entdecken und Erschaffen, Arbeiten und Spielen, Sprechen und Schweigen gegenüber offen ist. Er sieht den Weg hin zum Urbanen darin angelegt, dass alle Subjekte den Drang zum Anhäufen, Zusammenfügen und Aufheben in sich grundsätzlich verinnerlicht hätten. In diesem Argument liegt sodann eine transzendente Gründung des Urbanisierungsprozesses, da dieser in grundsätzlichen menschlichen Eigenschaften gegründet wird. Zusammengefasst bedeutet dies überspitzt, grundlegende menschliche Eigenschaften führten zum Prozess der Urbanisierung, die Urbanisierung wiederum schafft Segregation und eben diese produziert die ›Arbeiterklasse‹.

Das Problem, das Lefebvres Konzeption innewohnt, wird in der Konfrontation mit Laclau und Mouffe offensichtlich. Die Klassenrhetorik kritisch analysierend, arbeiten Laclau und Mouffe drei Bedingungen heraus, die darauf hinweisen, dass Subjekte transzendent gegründet werden: Erstens, wenn die Gesetze der Bewegung strikt äußerlich dargestellt werden. Zweitens, wenn der Prozess der Subjektivierung des Subjekts aus transzendenten

Bewegungsgesetzen abgeleitet wird. Und drittens, wenn diese historische Entwicklung den Einzelnen Interessen verleiht, wodurch sie insgesamt zum historisch bestimmten revolutionären Subjekt werden (ech: 113).

Lefebvres Konzeption des Subjekts des Wandels im Kontext des Urbanen beinhaltet Elemente dieser drei Faktoren. So basieren die Gesetze der Urbanisierung letztlich – trotz aller Rhetorik der sozialen Produktion – auf transzendenten Faktoren. Diese Urbanisierung produziert die Klasse der Ausgegrenzten und zuletzt muss anerkannt werden, dass bei Lefebvre immer auch ein Element des historischen Zwanges zum Wandel mitschwingt, der den Subjekten Interessen verleiht und ihnen eine historische Aufgabe zukommen lässt. Laclau und Mouffe kritisieren diese Position und verweisen darauf, dass es unmöglich geworden sei, von der Homogenität der ›Arbeiterklasse‹ zu sprechen und sie vorab aus einem historischen Mechanismus der kapitalistischen Akkumulation, hierbei die Urbanisierung, zu definieren (ebd.: 116-20):

> »Entweder besitzt man eine Geschichtstheorie, gemäß der diese widersprüchliche Pluralität beseitigt und eine vollkommen vereinte Arbeiterklasse im Augenblick des proletarischen Chiliasmus' sich selbst transparent wird – in diesem Fall können ihre ›objektiven Interessen‹ von Anfang an bestimmt werden; oder aber man verzichtet auf diese Theorie und damit auf jedwede Basis, bestimmte Subjektpositionen gegenüber anderen in der Bestimmung der ›objektiven‹ Interessen des Agenten als ganzem zu privilegieren – in diesem Fall [...][gilt es] die Idee von einem vollkommenen einheitlichen und homogenen Agenten wie der ›Arbeiterklasse‹ des klassischen Diskurses aufzugeben.« (ech.: 122, Herv. i. O.)

Der Punkt ist letztlich der, dass Klasse als zwanghaftes Subjekt des Wandels nur auf der Basis eines historischen Stufenmodells, das auf der Grundlage eines externen Prozesses gegründet werden kann, was bei Marx die Produktionsweise und bei Lefebvre die Urbanisierung ist, bestehen kann. Unter Berücksichtigung der postfundamentalistischen Prämissen und der Differenz als Bedingendes wird es unmöglich, den *Kampf* ›an sich‹ und die *Subjekte des Kampfes* gleichzeitig über dasselbe Element entstehen zu lassen. Laclau und Mouffe vollziehen diesen Perspektivenwechsel, indem sie das bleibende Element, also das Erklärende, nicht in einer transzendenten Struktur oder einem Geschichtsprozess verorten, sondern auf der Ebene *Differenz* verallgemeinern und somit Differenz und die daraus hervorgehenden Antagonismen bzw. die Kämpfe selbst als immer vorhanden und unauslöschlich erklären. Was also als ontologische Konstante gesetzt wird, ist das Vorhandensein der Differenz, Kontingenz sowie Bewegung und Konflikt, alles andere bleibt Kontingent. Was daraus hervorgeht, lassen sie aber abgesehen von der Behauptung der permanenten Politisierbarkeit einer jeden Bedeutungsstruktur unbestimmt.

> »Was auch immer die politische Orientierung ist, durch die sich der Antagonismus kristallisiert […]: *die Form des Antagonismus* als solch ist in allen Fällen identisch. Er besteht also immer in der Konstruktion einer sozialen Identität […] auf der Basis einer Äquivalenz zwischen einer Reihe von Elementen oder Werten, die jene anderen, denen sie entgegengesetzt sind, ausschließen oder nach Außen verlagern. Wieder sind wir mit der Spaltung des sozialen Raumes konfrontiert.« (ech: 206, Herv. i. O)

Es geht dabei also nicht darum, die Produktion von Ausgrenzung in ihrer Materialität zu verneinen, zumal die kapitalistische Produktionsweise zweifellos massive soziale (und auch räumliche) Ausschlüsse, Unterordnung und Ungleichheit produziert, so Laclau und Mouffe. Diese ›Strukturen‹ sind (nicht zuletzt in der räumlichen Materialisierung) erfahrbar und tragen so auch wesentlich zur Etablierung von spezifischen Forderungen bei. Genau dies ist es dann, was Lefebvre mit seiner Beschreibung der Urbanisierung hervorragend herausarbeitet. So betont auch Laclau, dass die proletarische Klasse sehr wohl das Produkt kapitalistischer Entwicklung ist, jedoch könne über die Analyse der kapitalistischen Vergesellschaftung nur das Aufkommen des Proletariates erklärt werden, mitnichten könne aber erklärt werden, warum dieses eine privilegierte Rolle der Emanzipation einnehmen solle (ees: 36). Es geht also darum, Erklärungsmuster, die ›reale‹ Prozesse und Materialitäten nicht aus gesellschaftlichen Prozessen heraus erklären, zusammen mit daraus abgeleiteten Handlungsanweisungen zu verwerfen. Eine sich eventuell konstituierende Klasse kann dann im besten Fall ein politisches Projekt sein, das sich um einen leeren Signifikanten gruppiert und den Forderungen im Zusammenhang mit dem Erfahrenen und Erlebten entspringt. In Bezug auf das marxsche Klassenverständnis, auf das Lefebvre sich im Groben bezieht, kann daher betont werden, dass *Klasse an sich* als starres objektives Verhältnis nicht möglich ist und *Klasse für sich* nur aus einem politischen Projekt auf der Basis gemeinsamer Erfahrungen entspringen kann. Um das objektive Klassenverhältnis anzusprechen, verwendet Marx den Begriff der *Klasse an sich*. Damit zeigt er an, dass Menschen auf Grund des Besitzes von Produktionsmitteln oder eben auch nicht, objektiv einer Klasse zugeordnet werden können und ihnen darüber – selbst wenn sie diese nicht erkennen

– historisch Bestimmte Interessen eingeschrieben sind. Wenn sich aber aus diesem objektiven Verhältnis eine gemeinsam agierende Klasse, die auch subjektiv besteht, zusammenschließt kann Marx folgend, von *Klasse für sich* gesprochen werden (Burzan 2007: 17). Beide Konzepte müssten mit Laclau und Mouffe problematisiert werden und es müsste darauf verwiesen werden, dass es sehr wohl beschreibbare Prozesse gibt, über die eine Klasse rückgreifend definiert werden kann, diese Prozesse und Elemente aber wie bei der *Klasse an sich* als objektiv zu fassen, geht mit Nichten. *Klasse für sich* kann sich also nicht auf ein objektives Fundament berufen, und ist damit nicht wahrer oder gewichtiger als andere soziale Beziehungen. Es stimmt aber, dass Klasse als strategischer Begriff zur Politisierung und zur Formierung eines Antagonismus im bestimmten Feld der Arbeitsbeziehungen durchaus sinnvoll sein kann. Insgesamt gesehen sollte ›Klasse‹ (Laclau spricht hierbei vom Popularen) demnach genau gleich wie ›Strukturen‹ nicht als überwunden angesehen werden, jedoch muss sie immer von einem kontingenten und nicht schließbaren Prozess der Produktion und nicht von einem teleologischen Geschichtsverständnis gedacht werden (Bewernitz 2005: 24). Handlungsmacht einer Gruppe ergibt sich nicht aus sich selbst, sondern weil sie im Kontext des politischen Projekts hergestellt wird. Das ist es dann auch, was Laclau in »On Populist Reason« zur Geltung bringen wollte.

Letztlich erstaunt aber das Primat der ›Arbeiterklasse‹ im Kampf um das *Recht auf die Stadt* auch aus der Analyse des lefebvreschen Werkes selbst, zumal sein Denken der Alltäglichkeit und die Negation von Finalismen und mechanischen Perspektiven eine Zuspitzung auf ein Primat eines spezifischen revolutionären Subjekts selbst verwirft. Überraschend tritt dies zum Vorschein, wenn Lefebvre darauf verweist, dass es nicht darum gehen könne, den Menschen oder das Menschliche ›an sich‹ zu *definieren*, sondern es im Gegenteil darauf ankomme, das, was den Menschen zu definieren beansprucht, beiseite zu schaffen, um so den Menschen *sich selbst* in der Praxis definieren zu lassen, denn so alleine werde der Weg zur Freiheit geöffnet (hmp: 327, Herv. i. O.).

5.2 Raum, Differenz, Urbanisierung

Während Laclau und Mouffe ihr Argument praktisch durchwegs auf dem Terrain grundlegender ontologischer Kategorien auslegen, ist Lefebvre wesentlich stärker in der Sphäre des ›Ontischen‹, also im Beschreiben der ›Realität‹, zu verorten. Lefebvre entwickelt zwar mit der Theorie der

Raumproduktion und der triadischen Dialektik Methoden und Zugänge, um Materialität im Zusammenhang mit dem Denken und der Praxis zu fassen, Ausgangspunkt seiner Analysen bleibt aber die Materialität, das zu Beobachtende und Wahrzunehmende. Während Laclau und Mouffe ebenfalls in der Sphäre des Beobachtens und Wahrnehmens starten, widmen sie sich dann aber, da ihr theoretisches Projekt dies letztlich erfordert, viel stärker der Frage nach der Produktion – in einem gesamtgesellschaftlichen Verständnis. Sie lösen sich also von der Frage nach dem, *was* produziert wird, um eine Theorie der Produktion, eine Theorie des *wie*, aufzustellen, die die postfundamentalistischen Prämissen zur Gänze entfaltet.

Dies ist zu beachten, da in beiden Theorien ähnliche Begriffe in ähnlichen Zusammenhängen verwendet werden, diese aber teilweise auf unterschiedlichen Ebenen der Verallgemeinerung angelegt sind. Im Spezifischen betrifft dies etwa die Kategorien *Raum* und *Differenz*, die hier im Folgenden auf Grund der Wichtigkeit für das *Recht auf die Stadt* exemplarisch diskutiert werden. Das zentrale Argument, das hier entwickelt werden soll, ist, dass die Begriffe gerade wegen der unterschiedlichen Ebenen, auf denen sie angelegt sind, gewinnbringend zusammenzudenken sind und sie sich nicht unvereinbar gegenüberstehen.

Zwischen Raum und Zeit

In »New Reflections on the Revolution of our Time« widmet sich Laclau u. a. der Raumfrage. Er betont dabei, dass *Raum* als genaues Gegenteil von *Zeit* zu denken ist und *Verräumlichung* in diesem Sinne die Eliminierung des Zeitlichen darstellt. Die Verräumlichung der Zeitlichkeit finde dabei durch die Reduktion der Variabilität auf einen invariablen Zustand ihren Ausdruck. Insgesamt sei so möglich, von der Hegemonisierung von Zeit durch Raum zu sprechen, während das Umgekehrte nicht möglich sei (enr: 41f.). »Zeit kann nichts hegemonisieren, zumal sie ein reiner Effekt der Dislokation ist. Das ultimative Scheitern aller Hegemonisierung meint dann, dass das Reale – den physischen Raum eingeschlossen – in der letzten Instanz zeitlich ist.« (ebd.: 42, eigene Übersetzung) Daher gelte auch, dass jeder Versuch, etwas über Raum auszusagen, kein Versuch sei, etwas über die Gesellschaft auszusagen, sondern vielmehr einen Versuch darstelle, sie selbst zu errichten (ebd.: 82). Die kritische Geographin Doreen Massey (1992: 114) reagiert auf diese Analyse vehement und kritisiert, dass das binäre Gegeneinandersetzen von *Zeit*, als dynamisches Element, und *Raum*, als starres und verstetigendes Element, bei Laclau, hochproblematisch sei und hinter die Tradition der Raumkonzeption innerhalb der kritischen und radikalen Geographie im Anschluss an Lefebvres »La Production de l'espace« zurückfalle. Es stört sie insbesondere, dass in der laclauschen Raumdefinition Raum, da starr und unbeweglich, als unpolitisch zu fassen sei. Demgegenüber sei innerhalb der kritischen und radikalen Geographie zumindest seit den 1980ern stets betont worden, dass Raum dynamisch und sehr wohl politisch sei, somit Raum als gesellschaftlich konstruiert zu betrachten sei, gleichzeitig Raum aber auch eine Wirkmächtigkeit auf die Produktion des Sozialen habe (vgl. Belina & Michel 2007b, Glasze 2012: 156-8). Massey (1992: 112-7) wirft Laclau sodann vor, dass dieser dem zweiten Aspekt, dass das Soziale auch räumlich konstituiert sei, widerspreche und er damit eine Entpolitisierung des Raums vollziehe. Diese Kritik an Laclau ist nicht zu vernachlässigen. Denn würde sie zutreffen, würde dies bedeuten, dass Lefebvres Raumproduktion in diametralem Widerspruch zu den Grundprämissen von Laclau und Mouffe stehen würde.

Es gibt aber durchaus Grund zur Annahme, dass Masseys Kritik nicht zutreffend ist. Denn wie oben aufgezeigt, treffen sich beide theoretischen Projekte an zentralen Punkten und Laclau und Mouffe denken sehr wohl auch den materiellen Aspekt jeder diskursiven Struktur mit. Sie betonen dabei in aller Deutlichkeit, dass jede Formierung von Gruppen immer nur über das Etablieren von Forderungen entstehen kann, die den gegebenen materiellen und immateriellen Zuständen entspringen, der Diskurs selbst also zwangsläufig auch räumlich ist (Marchart 2002: 4)[28]. Somit ist nicht nachvollziehbar, warum Raum nicht auch als materielle Struktur mitgedacht werden soll. So verweist Marchart darauf, dass es in diesem Kontext zu einem Übertragungsfehler der Kategorie der Raum/Zeit bei Laclau in die geographische Raum/Zeit-Diskussion gekommen sein dürfte (ebd.: 2). Und in der Tat, selbst in den Passagen, die Massey (1992: 113-5) zitiert, tauchen bei genauem Lesen Widersprüche zu ihrer Interpretation auf. Laclau führt dort nämlich aus:

> »Wenn wir auf Raum referenzieren, dann tun wir dies nicht in einem metaphorischen Sinne, von einer Analogie mit physischem Raum ausgehend. Raum ist hier keine Metapher. Jede Repetition die von einem strukturellen Gesetz des Ablaufes beherrscht wird ist Raum. Wenn physischer Raum auch Raum ist, dann weil er in dieser generellen Form der Räumlichkeit partizipiert.« (enr: 42, eigene Übersetzung)

28 Seitenzahlen beziehen sich auf den Ausdruck im A4-Format des Onlineartikels.

In dem Zitat stecken somit zwei räumliche Begrifflichkeiten, einerseits *Raum* und andererseits *physischer Raum*. Laclaus – abstrakter, aber sehr spezifischer – Wortgebrauch legt nahe, dass sich hinter dieser Trennung auch ein theoretischer Gedanke verbirgt und es einen Unterschied zwischen »Raum« und »physischem Raum« gibt. So betont Marchart (2002: 3), dass bei den Begriffen *Zeit* und *Raum* bei Laclau Vorsicht geboten sei, zumal sie in einer sehr eigenwilligen Weise verwendet würden. (Sinn und Unsinn dieser Begriffsverwendung sei nun aber mal dahingestellt.) *Zeit* stehe dabei für alle störenden Effekte, die auf jede Struktur wegen der Unmöglichkeit der Letztgründung von Strukturen zwangsläufig einwirken. Zeit steht also für Wandel, Entscheidungen und das Politische (Glasze 2012: 158). *Raum* dagegen stehe für alle produzierten Strukturen, die in diesem Kontext als Topographien zu fassen sind (Marchart 2002: 3). Der laclausche Raum entspricht dabei dem Bild der Sedimentation von politischen Praxen in ein starres Gefüge und benennt das spezifisch gesteckte Feld der Gesellschaft, das aber nie gänzlich geschlossen werden kann, da dies einer transzendenten Gründung bedürfe. *Zeit* ist bei Laclau somit das Element, das die Ungründbarkeit anzeigt und ist mit dem Politischen verbunden (Glasze 2012: 158). *Raum* ist in diesem Kontext nicht primär physischer Raum, wenn er darin auch eine Rolle spielt, sondern die Topographie von vielschichtigen Bedeutungen und das Ende dieses Raums ist im Moment der Antagonisierung zu erfahren. Der *Raum* bei Laclau hängt somit mit dem oben definierten Grenzbegriff zusammen und endet eben dort, wo ein Begründungssystems endet, dort, wo eine ›Objektivität‹ ihr Ende erfährt (Dikeç 2012: 672f.).

Was Massey also verpasse, so Marchart (2002: 6), ist das, was als *ontologische Differenz* zwischen *Raum* und *Zeit* in der laclauschen Begrifflichkeit bezeichnet werden kann. *Raum* als Element der Einhegung, als Moment der Gründung, versus *Zeit*, die diese Gründung aufbricht, stehen dabei in einer wechselseitigen Beziehung und speisen sich. Die reine *Zeit* ist ebenso wie der reine *Raum* in diesem Verständnis unmöglich. Was somit als »Hegemonisierung von Zeit durch Raum« (enr: 42) zu verstehen ist, ist die Bemühung, *Zeit* in *Raum* umzuwandeln, also möglichst viele Elemente dem Zugriff durch die *Zeit* zu entziehen, um eine möglichst stabile Bedeutungs-Topographie (*Raum*) zu schaffen (Marchart 2002: 3). Weil es *Raum* als den reinen Raum nicht geben kann, eröffnet dies im Umkehrschluss die Möglichkeit, *Räume* zu denken, die dann sehr wohl politisch im Sinne Masseys sind. Mit dem Begriff der *Verräumlichung* entwickelt Laclau einen Begriff, um zu benennen, dass Räume fortwährend einer Herstellung bedürfen und daher einem ständigen Prozess der Produktion und Reproduktion unterliegen. »Verräumlichung ist folglich nichts anderes als die Hegemonisierung von Zeit durch Raum« (ebd.: 6). *Verräumlichung* spielt bei Laclau und Mouffe somit eine Doppelrolle, zum einen ist sie die Domäne der Universalisierung, zum anderen gilt sie als Bedingung für jede Subjektivierung (Dikeç 2012: 672). Dies in dem Sinne, dass Gründung als der Prozess der Sedimentierung notwendig für jede Subjektivierung ist. *Zeit* ist in dieser Logik die Kategorie *des Politischen*, das diese Sedimentierung zwangsläufig unterwandert und aufbricht. Georg Glasze hält abschließend fest, dass dies letztlich bedeute, dass genau gleich wie bei aller Produktion von Bedeutung, auch die Produktion des Raums in einem lefebvreschen Sinne nur deshalb möglich ist, weil eben die Produktion des Raums immer umkämpft ist, also jeder Raum immer auch politisch ist. Dies wird aber zunehmend auch in der Tradition im Anschluss an Laclau und Mouffe anerkannt und so setzt sich auch hierbei – Jahrzehnte nachdem Lefebvre das *Recht auf die Stadt* formuliert hat – die Gewissheit durch, dass die konkreten gesellschaftlichen Räume von Relevanz sind und die Veränderung der Gesellschaft auch die Veränderung ihrer Räume bedarf (Glasze 2012: 161f.). Als Fazit kann also betont werden, dass Laclau sehr wohl beide Pole der geographischen Raumdebatte anerkennt bzw. zumindest – da er dies ja nicht direkt anspricht – mitdenken lässt und die *gesellschaftliche Produktion von Raum* sowie die *Produktion von Gesellschaft über den Raum* in keiner Weise unterschlägt (Marchart 2002: 4f.). Laclaus *Raum* und *Zeit* zeigen insofern das Terrain und die grundlegende Bedingung an, auf der eine lefebvresche Raumproduktion in letzter Instanz erst möglich wird.

Das Spannungsverhältnis zwischen den beiden Ansätzen ergibt sich aber an einem anderen Punkt umso deutlicher: Laclau und Mouffe legen mit ihrem Zugang und dem Versuch, eine generelle Theorie der gesellschaftlichen Produktion im weitesten Sinne zu formulieren, in wesentlicher Weise eine Theorie der Repolitisierung, der Reaktivierung bereits sedimentierter Strukturen vor. Auf der Seite der Politisierung ist beständig Praxis in Form von konkreter Politik im Spiel. Durch Erfahrungen und Erlebnisse wird Artikulation möglich und so in politischen Auseinandersetzungen bereits objektiviertes repolitisiert. Wie Benjamin Opratko (2012a, b) und in Ansätzen auch Alex Demirović (2013: 209f.) richtig bemängeln, wird die zentrale Frage *wie* bereits repolitisierte Strukturen in den Korpus der Gesellschaft eingehen, wie Bestehendes reproduziert wird und warum sich bestimmte Hegemonieprojekte durchsetzen können und andere nicht bei

Laclau und Mouffe aber praktisch gänzlich unterschlagen. Kurz: »Nirgendwo wird davon gesprochen, dass Sedimentierung eine Praxis beschreibt.« (Opratko 2012a: 144) Die Funktionsweise von Sedimentierung wird also unterschlagen; also genau die Frage, so die Auffassung hier, welche als zentral gelten sollte, wenn es darum geht, Formen von Verstetigung gesellschaftlicher Objektivitäten und Strukturen zu verstehen. Um aber die Ansätze von Lefebvre sowie von Laclau und Mouffe zusammenzudenken, ist es unerlässlich auch die Seite der Sedimentierung als politische Praxis zu denken. Denn das, was Lefebvre als *Produktion des Raums* versteht, kann am ehesten mit der laclauschen Kategorie der *Verräumlichung* im spezifischen Feld der Produktion von *sozialem Raum* – in Lefebvres Begrifflichkeit[29] – gefasst werden. Dies geht aber nur, wenn anerkannt wird, dass die *Verräumlichung* nicht eine strukturelle Logik jenseits der Akteur_innen darstellt, wie es Opratko (2012a: 144) Laclau zum Vorwurf macht, sondern sie als eine von Herrschaftsmustern und materiellen wie nicht-materiellen Widerständen durchzogene politische Praxis verstanden wird. Nur so lässt sich auch erklären, warum ständig Aspekte von Gesellschaft auch sehr breit repolitisiert werden – also ein Moment der Politisierung stattfindet – ohne dass sie einen merklichen Einfluss auf die Funktionsweise der Gesellschaft als Ganzes auszuüben vermögen. Erinnert sei hier nur etwa an die massiven Mobilisierungen in Griechenland, Spanien, Portugal und Großbritannien gegen die umfassenden Sparmaßnahmen, ohne dass die herrschende Politik – bis jetzt – merklich verändert wurde.

Wird dieses theoretische Argument akzeptiert, dann ermöglicht das Zusammendenken der beiden Raumkonzepte die lefebvresche Theorie der Raumproduktion radikal zu entessentialisieren und die Kategorien des Sozialen bzw. der Gesellschaft selbst jeder transzendenten Gründung zu entziehen. In letzter Instanz bedeutet dies somit, dass, unter Rückgriff auf die weiteren theoretischen Prämissen bei Laclau und Mouffe, die zentrale Aussage Lefebvres *sozialer Raum ist Produkt von sozialer Produktion* dahingehend umzuformulieren ist: *sozialer Raum ist ein Produkt von politischer Produktion*. Im Umkehrschluss vermag das Mitdenken der räumlichen Kategorie Lefebvres in aller Deutlichkeit darauf zu verweisen, dass konkrete

29 Der Begriff sozialer Raum ist hier uneindeutig, da bei Laclau und Mouffe mit dem Sozialen das Diskursive bzw. das Feld benannt wird, auf dem sich Diskurse herausbilden können. Sprich das Set an Möglichkeiten benannt wird. Mit sozialem Raum hingen benennt Lefebvre den gesellschaftlich hergestellten Raum, der dabei die Triade aus Physischem, Mentalem und Sozialem enthält.

Raumproduktionen und im Allgemeinen Sedimentierung nie beliebig und immer von Herrschaftsmechanismen durchzogen sind und diese auch zu benennen sind, Sedimentierung also einen sehr umkämpften politischen Prozess darstellt. Plädieren möchte ich also dafür, die bei Laclau und Mouffe formulierte Konzeption der Sedimentierung zu überdenken und diese sowie den Prozess der Repolitisierung, bzw. das Aufbrechen von Momenten des Politischen, eben auch als politische Praxis zu denken, was den Vorteil hätte, dass gesellschaftliche Kräfteverhältnisse auch jenseits der Momente des Aufbrechens, besser in den Griff bekommen werden könnten.

Differenz als Ausgangspunkt

Es wurde bereits angeführt, dass die Projekte von Laclau und Mouffe sowie Lefebvre u. a. zusammenzudenken sind, weil Lefebvres Ansatz des *Rechts auf die Stadt* und sein Betonen der Differenz als produktives Element des Urbanen als Versuch gelesen werden können, das Urbane im Kontext eines *Rechts auf das Politische* zu fassen. Diese Aussage basiert darauf, dass in beiden Ansätzen Differenz explizit als produktives Element, das Bewegung ermöglicht und Neues zu erschaffen hilft, dargestellt wird. In beiden Ansätzen wird das Untergraben der Differenz, bei Lefebvre durch den kapitalistisch-bürokratischen Staat und bei Laclau und Mouffe in der generellen Bewegung hin zu einer postpolitischen Ordnung, kritisiert und betont, dass dies den grundlegenden Wandel hin zu einer neuen Form der Demokratie, einmal als *autogestion* und einmal als *radikale Demokratie* bezeichnet, verhindern würde. Jedoch sind die Differenzbegriffe nicht identisch und funktionieren auf unterschiedlichen Ebenen der Verallgemeinerung, was es zu berücksichtigen gilt.

Lefebvre stellt zusammen mit Gilles Deleuze, Jacques Derrida und Jean-François Lyotard in den 1960ern einer der Ausgangspunkte einer »Philosophie der Differenz« dar. Er verstand Differenz als eine Weise, die verschiedenen Ebenen der gesellschaftlichen Wirklichkeit, das ›Reale‹ und Utopische sowie das Mögliche und Unmögliche in Verbindung zu setzen. Differenz anzuerkennen bedeutet für Lefebvre, Zentralität und Diversität produktiv werden zu lassen (Kofman & Lebas 1996a: 26f.). Bei ihm haben Differenzen ihren Ursprung in den Besonderheiten und Eigenheiten, die eng mit dem Lokalen und Regionalen, mit den ethnischen, sprachlichen und auch klimatischen Bedingungen verknüpft sind (hru: 102-5). Eigenheiten seien, so Lefebvre, bis zu einem gewissen Punkt resistent gegen die Entfremdung durch die kapitalistische Vergesellschaftung (ebd.: 124f.), sprich durch die bürokratische Kontrolle, die rationale Planung, die Dominanz des Tauschwertes, die Reproduzierbarkeit, die Kolonialisierung und Homogenisierung des Alltäglichen. Eigenheiten seien im Verlauf der Geschichte der Menschheit lange isoliert und fragmentiert geblieben. Erst die voranschreitende Urbanisierungen habe diese immer stärker in Beziehung gesetzt und aufeinanderprallen lassen, was im Konflikt die Differenz begründet. Differenzen zeichnen sich somit bei Lefebvre dadurch aus, dass sie nur in einem gegenseitigen in Relation Setzen von Eigenheiten zu verstehen sind, also erst der Konflikt die Differenzen hervorbringt (Schmid 2011: 33). Differenzen sind aber nicht klar bestimmt und können jeglicher Art sein, zumal es Lefebvre nicht darum ging, die Unterschiedlichkeiten klar zu benennen. Differenz ist für Lefebvre also eine dem Prozess der Urbanisierung eingeschriebene Kategorie und sollte demnach in das Nachdenken darüber integriert werden. Dies, weil das Urbane mit seinen drei zentralen Merkmalen *Gleichzeitigkeit*, *Begegnung* und *Differenz* ein spezifisches Raum-Zeit-Gebilde entstehen lasse, das sich dem Nebeneinander von lokalen Eigenheiten widersetzt und einen spezifischen Alltag produziert, in dem die Produktion von Differenzen nicht nur ermöglicht, sondern auch gefördert wird:

> »Die Form des städtischen Raumes fordert diese Konzentration und diese Streuung heraus und provoziert sie: Menschenmengen, Anhäufung von Kolossalem, Evakuierung, abrupte Vertreibung. Das Städtische definiert sich als der Ort, wo die Menschen sich gegenseitig auf die Füße treten, sich vor und inmitten einer Anhäufung von Objekten befinden, wo sie sich kreuzen und wieder kreuzen, bis sie den Faden der eigenen Tätigkeit verloren haben, Situationen derart miteinander verwirren, dass unvorhergesehene Situationen entstehen.« (hru: 46)

Bei Lefebvre basiert Differenz somit nicht auf einer Partikularität, Originalität oder Individualität, sondern entsteht aus dem Kampf, so Eleonore Kofman und Elizabeth Lebas (1996a: 26). Dies ist aber nur ein Teil, zumal Differenzen, wie aufgezeigt, aus Eigenheiten hervorgehen, deren Entwicklung nicht per se gesellschaftlich erklärt werden könne. Differenzen selbst entstehen bei Lefebvre also im Kampf, ihrer Grundlage – die Eigenheiten – basieren bei ihm aber auf einer nicht weiter erklärten, transzendent anmutenden Gründung in basalen Subjekteigenschaften.

Laclau und Mouffe dagegen wählen einen anderen Zugang, stellen Differenz aber auch in den Mittelpunkt ihrer Konzeption. Die Differenz nimmt dabei eine zentrale Rolle ein, da es ihrer bedürfe, um Bewegung im sozialen Feld in Gang zu bringen. Sie ist aber im Unterschied zu Lefebvre nicht als ein konflikthaftes Aufeinanderprallen von unterschiedlichen Eigenheiten im ›Ontischen‹ gedacht, sondern ist als radikale und unüberwindbare Differenz zwischen Innen, also dem, was als bedeutungsvoll dargestellt wird, und Außen, dem radikal Anderen, zu fassen. Die beiden Seiten der Differenz können per Definition nicht zusammenfallen und werden durch eine radikale Grenze getrennt. Die Differenz steht hier somit als Trennendes, als die Grenze zwischen einem Bedeutungssystem und seinem zwangsläufig vorhandenen Außen. Die Figur der Differenz taucht dabei als Differenz zwischen Innen und Außen, dem Partikularen und Universalen, dem Ontischen und Ontologischen und der Politik und dem Politischen auf. Dabei geht es immer darum, aufzuzeigen, dass die beiden Elemente, die durch die Differenz getrennt werden, nicht zusammenfallen können, sie also, um Bedeutungsproduktion, politische Handlungsmöglichkeit oder Subjektkonstitution überhaupt denken zu können, unüberwindbar getrennt sind. Differenz nimmt dabei denselben Status ein wie die Kontingenz und muss als Grundprämisse ihres Ansatzes gelten.

Während sich also Lefebvres Differenz als ein Produkt von in Konflikt tretenden Eigenheiten darstellt und so eine Differenz im ›Ontischen‹ entwirft, ist die Differenz bei Laclau und Mouffe ein konstitutives Element, um die *politische Ontologie* selbst zu denken. Dieser Umstand, zumal die Art der Differenz eine Rolle spielt, ist zentral, wenn Mustafa Dikeç (2002: 96) gefolgt werden und Lefebvres *Recht auf die Stadt* als ein *Recht auf das Politische* gelesen werden soll. Dies insbesondere, weil Lefebvre die Differenz *als* Trennendes nicht in Gänze anerkennt. Würde aber die Differenz *als* Trennendes mitgedacht, wäre es möglich, auch die lefebvresche Differenz als kontingent zu denken, also die im Urbanen produzierten Differenzen nicht als Produkt essentialisierter Eigenheiten zu verstehen, sondern als das Produkt einer spezifischen (evtl. urbanen) gesellschaftlichen Formation. Die lefebvresche Differenz wäre im Kontext von Laclau und Mouffe somit als Praxis der Artikulation zu verstehen, womit die Artikulation einer, aus einer spezifischen gesellschaftlichen Strukturiertheit gewachsenen, Forderung gemeint ist. Insofern wäre der Prozess der Urbanisierung sehr wohl von Bedeutung für die Art und Weise, wie Artikulation zustande kommt. Nur würde die Artikulation im ›Ontischen‹ nicht auf Eigenheiten basieren, sondern vielmehr auf spezifischen historisch gegebenen Erfahrungen in der urbanen Lebensrealität.

Wird dies akzeptiert, dann zeigt sich, dass das Urbane tatsächlich nahe *dem Politischen* liegt. Die materiell-räumliche Ordnung des Urbanen würde somit die soziale Konstellation des Ermöglichen *des Politischen* auf das Terrain darstellen und der Kampf um das Urbane würde, der lefebvreschen Raumproduktion folgend, die Konstitution einer Gesellschaftlichkeit unterstützen, in der *das Politische* auf ein entfaltbares Terrain trifft. Dies ist so, weil Lefebvre das Urbane als Ort der Gleichzeitigkeit versteht, dem produktive Konfrontation von Unterschieden, die Produktion von wechselseitigem Wissen und Anerkennung, ideologische und politische Auseinandersetzung, das Nebeneinander von Lebensweisen, kulturelles Schaffen und allgemein die Herausbildung eines demokratischen Gedankens eingeschrieben sind. Er versteht darunter also einen möglichst offenen Raum, in dem Konflikte auf der Basis von gegenseitigem Anerkennen ausgetragen werden können, kurz, einen Raum des Agonismus. Diese Definition weist sodann in der Tat wesentliche Analogien zu *dem Politischen* auf, verstanden als die Sphäre kontingenter und öffnender Artikulationen, als dem Moment in dem fixierte, scheinbar objektive Entitäten ins Wanken geraten und politisiert werden können. Das Urbane wäre so eine Bezeichnung für eine soziale und räumliche Strukturiertheit, die *das Politische* ermöglicht und unterstützt. *Recht auf das Politische*, wäre so in der Tat praktisch identisch mit *Recht auf Differenz*.

Werden die Ideen von Laclau und Mouffe angenommen und das Urbane mit *dem Politischen* zusammengedacht, stellt sich aber sofort auch die Frage, warum die Stadt denn ein privilegierter Ort des Kampfes und der Produktion einer emanzipatorischen Gesellschaft sein soll, das *Recht auf die Stadt* als Parole wird erneut, wie schon zuvor bei Lefebvre selbst, fundamental in Frage gestellt. Die Berechtigung dazu, Stadt und die Herstellung des Urbanen dennoch als einen zentralen Ort der Artikulation von Antagonismen zu betrachten und *Recht auf die Stadt* als politisches Projekt zu bewahren, liegt darin, dass unter den aktuell vorgefundenen gesellschaftlichen Verhältnissen Verstädterung eine enorm kraftvolle globale Tendenz darstellt. Diese Interpretation entspringt Lefebvres Beschreibung der Urbanisierung, die er für seine Zeit mit einer unglaublichen Präzision vorgenommen hatte, und wie zeitgenössische kritische Stadtforschung auch zeigt, durchaus auch für aktuelle Prozesse noch von Gültigkeit ist. Die Urbanisierung vermittelt über die räumliche Strukturiertheit von Stadt einen besonderen Erfahrungsschatz im Alltäglichen, sie macht in ihrer Materialität und Zugänglichkeit Ausgrenzung und Herrschaft in einer eigenständigen Weise erfahrbar, sie stellt eine drastische Verdichtung dar, fördert also Aufeinanderprallen in einer lefebvreschen Weise tatsächlich. Letztlich produzieren also städtische Lebensrealitäten und ihre Strukturiertheit eine spezifische Form der Subjektivierung, die spezifische Probleme erfahrbar werden lässt. Und dies ist ein Punkt, den Laclau und Mouffe im Übrigen auch explizit anerkennen, wenn sie in Anlehnung an Manuel Castells unterstreichen, dass gerade der massive Prozess der Urbanisierung und die städtischen ›Realitäten‹ auf eine spezifische Subjektivierung verweisen, die »ein Terrain für die Kämpfe gegen Ungleichheit und die Forderungen nach neuen Rechten bilden« (ech: 202). Urbanisierung ist also mit den Worten von Andy Merrifield (2002b: 9f.) eine Verschiebung der gesamten Alltäglichkeit und erzeugt neue Freiheiten wie Zwänge. Der Ursprung der Differenz ist dabei aber der konstitutive Status der Differenz *als* Trennendes und nicht der Prozess der Urbanisierung. Urbanisierung ist lediglich der kontingente Prozess der materiellen Verdichtung von Menschen und Herrschaft unter spezifischen Bedingungen, die u. a. als kapitalistisch bezeichnet werden können, die spezifische Formen der Artikulation von Antagonismen hervorbringt.

6. Perspektiven auf ein Recht auf die Stadt

Wie gezeigt kommt es auch aus der Perspektive der *radikalen Demokratie* darauf an die räumliche Strukturiertheit von Gesellschaft zu verschieben, um sie selbst verändern zu können. Es wurde ebenfalls gezeigt, dass in vielen Punkten der theoretische Ansatz von Laclau und Mouffe über die entessentialisierenden Bestrebungen Lefebvres hinausgeht, dass das Beibehalten zentraler Überlegungen Lefebvres aber durchaus berechtigt und gar notwendig bleibt. *Recht auf die Stadt* ist somit in keiner Weise einfach durch *radikale Demokratie* als utopische Zielausrichtung zu ersetzen; zu viel steckt in ersterem, das weit über letzteres hinausgeht. Doch was bedeutet dies und was kann der Ansatz der *radikalen Demokratie* in diesem Kontext für ein praxisbezogenes *Recht auf die Stadt* leisten?

6.1 Radikale Demokratie als Rahmen

Eine zentrale Leistung des Ansatzes der *radikalen Demokratie* ist, dass er das historische Feld der Möglichkeit zur Emanzipation in aller Deutlichkeit aufzeigt und gleichzeitig eine Perspektive darstellt, konkrete Politik auf ihren Grad der Ermöglichung von emanzipatorischen Praxen zu bewerten. Dabei gilt es, das Anerkennen des Antagonismus sowie *des Politischen* als ein emanzipatorisches Projekt zu lesen, im Sinne, dass Freiheit darin liegt, jegliche Objektivitäten und gesellschaftliche Strukturiertheit zu hinterfragen, politisch zu negieren und im Rahmen eines egalitären Prinzips verändern zu können. Gleichzeitig kann der Antagonismus aber weder aus der Gesellschaft äußeren Gründen, einem teleologischen Denken noch Essentialismen abgeleitet werden, sondern muss wegen des grundlegenden Status der Differenz in der Bedeutungsproduktion und der letztlichen Ungründbarkeit als immer potentiell vorhanden gedacht werden. Dieser Umstand verweist auf ein enormes Potential von Politisierungsmöglichkeiten und darauf, dass jedes Ausbeutungsverhältnis, jede Machtstruktur und jede Herrschaft herauszufordern ist, womit in einer überaus deutlichen Weise auf die grundlegende Veränderbarkeit der gegebenen Verhältnisse hingewiesen wird.

Lefebvres *Recht auf die Stadt* und auch *autogestion* sind, wird der obigen Argumentationslinie gefolgt, in weiten Teilen kombinierbar mit dieser Beschreibung, zumal beide Ansätze, gleich wie die *radikale Demokratie*, grundsätzlich darauf abzielen, Konflikte zu ermöglichen und produktiv werden zu lassen. So will das *Recht auf die Stadt* eine räumliche Strukturiertheit und die *autogestion* eine politische Praxis erkämpfen, die Konflikte zulässt, gar fördert und in einen steten Prozess der gesellschaftlichen Aushandlung überführt. Revolutionärer Wandel wird daher bei Lefebvre, gleich wie bei Laclau und Mouffe, nicht als Moment der endgültigen Revolution gesehen, sondern als langsamer und schrittweiser Prozess. Im Kontext dieser Diskussion geht Lefebvre aus einer praktischen Perspektive auf eine Problematik ein, die an zentraler Stelle auch bei Laclau und Mouffe, aber aus einer erkenntnistheoretischen Perspektive hergeleitet, diskutiert wird. Dabei geht es um die Gefahr der Vereinnahmung durch ›andere‹ Interessen und der Abweichung vom ›revolutionären‹ Projekt durch den revolutionären Prozess selbst. So sieht Lefebvre die zentrale Problematik der *autogestion* in der Frage der Freiheit. Denn es werde zwar mittels *autogestion* versucht Herrschaft zu überwinden, was aber nicht gelingen könne, ohne selbst eine gesellschaftliche Strukturiertheit zu schaffen, die Herrschaft bedeute. Die Frage der Freiheit wird somit im Prozess des revolutionären Wandels innerhalb der *autogestion* neu aufgeworfen. Herrschaft kann dem Gedanken nach per se nicht gänzlich überwunden, sondern nur minimiert und zurückgedrängt werden, und so steht *autogestion* in einem Spannungsverhältnis zum eigentlichen sie bestimmenden Gedanken der emanzipatorischen Befreiung und der Zerschlagung von Herrschaft selbst. Dies ist ein Aspekt, den auch Laclau aufgreift, wenn er unterstreicht, dass jede politische Praxis wegen der Notwendigkeit, eine Fundierung zumindest partiell vorzunehmen, dazu tendiere, sich einzuhegen und damit Freiheit einschränke. Dabei würde Freiheit immer weiter verringert, was ein Paradox darstelle, dem nicht zu entkommen sei (enr: 44). Die Konsequenz, die Laclau und Mouffe daraus ziehen, ist ein Verständnis von gesellschaftlichem Wandel als Produkt politischer Projekte, die über eine alleinige Ablehnungshaltung hinausgehen und versuchen müsse, und auf der Grundlage des Möglichen Neues anzustreben. Diese Perspektive einnehmend, ist ein historischer Endpunkt, in dem Freiheit ein für alle Mal gesichert sein wird, unmöglich, da Stillstand ein Ende der Praxis und das Ende der Gesellschaft bedeuten würde. Daraus folgt, dass ein politisches Projekt der Emanzipation nicht nur produziert, sondern immer auch reproduziert werden muss. Dies alles sind Aspekte, in denen sich das *Recht auf die Stadt* und die *autogestion* mit der *radikalen Demokratie* grundsätzlich treffen.

Jenseits der Übereinstimmungen – die Frage der Umsetzung

Im Zusammenhang mit Lefebvres *Recht auf die Stadt* und der *autogestion* ergeben sich in der Diskussion mit der *radikalen Demokratie* aber auch diverse

Problemstellen, gerade in Fragen, die die praktische Umsetzung betreffen. So ist Lefebvres Zugang weit stärker der konkreten Praxis verpflichtet, als es die *radikale Demokratie* ist (Purcell 2008: 57-61). Dies soll nicht heißen, dass die *radikale Demokratie* materielle Strukturiertheit, Herrschaft und Unterordnung weniger mitzudenken erlaubt, als die *autogestion* es tut, sondern dass diese Aspekte darin enorm abstrakt behandelt werden, was eine Übersetzung in konkrete Politiken erschwert. Letztlich ist aber gerade auch in der starken theoretischen Fokussierung und der damit einhergehenden Betonung der Ungründbarkeit und Kontingenz eine gewisse Vernachlässigung von konkret sich materialisierenden Herrschaftsverhältnisse zu erkennen, was nicht grundsätzlich notwendig wäre (Opratko 2012a: 142f.). Den Punkt, den es zu machen gilt, ist, dass *autogestion* und *Recht auf die Stadt* wesentlich sensibler für sich ›real‹ manifestierende Herrschaftsverhältnisse und deren Materialität und Räumlichkeit sind, als es der Ansatz von Laclau und Mouffe ist. Deutlich wird dies etwa in der Debatte um das lefebvresche Konzept der Ebenen der gesellschaftlichen Wirklichkeit (Kipfer 2009), der Frage der Reformulierung von citoyenneté, aktuell etwa im Kontext der Citizenship debatiert (vgl. Balibar 2006, Castles & Davidson 2000, Mezzadra 2004, Sassen 2003, 2005, Smith & McQuarrie 2012), und der Rolle der Städte innerhalb der kapitalistischen Vergesellschaftung, was aktuell im Zusammenhang mit der Neoliberalisierung des Städtischen besprochen wird (vgl. Brenner & Theodore 2002, Heeg & Rosol 2007, Holm 2010b, Peck & Tickell 2002).

Ohne an dieser Stelle auf alle diese Debatten vertieft eingehen zu können, soll hier dennoch am Beispiel des von Mouffe formulierten Modells eines Föderalismus von unten, in dem Städte im Mittelpunkt stehen und das auf ein emanzipatorisches Projekt innerhalb Europas ausgerichtet ist, auf einige Problemstellungen innerhalb der *radikalen Demokratie* und deren Formulierung als politisches Projekt eingegangen werden. Aufgezeigt werden soll insbesondere, warum auch aus einer praktischen Sicht das Starkmachen der lefebvresche *autogestion* und des *Rechts auf die Stadt* gegenüber der *radikalen Demokratie* sehr wohl Berechtigung hat. Problematisch ist das mouffsche Projekt nämlich aus zumindest dreierlei Gründen: Erstens missachtet Mouffe die Rolle, die Städte im globalen Wettbewerb spielen, zweitens vernachlässigt sie, dass politische Skalen wie Europa, aber auch Städte, politisch hergestellt sind und die Verschiebung von Entscheidungsebenen ein Mittel der Herrschaft darstellt, und drittens verkennt sie dabei, dass es eines politischen Setzens von Demos bzw. eines gesellschaftlichen Rahmens für die Demokratie bedarf, da ansonsten Hegemonie auf ein unendliches *Majoritär-Werden* abzielt.

Was den ersten Punkt angeht, so kann argumentiert werden, dass bereits Lefebvre im Kontext seiner Arbeiten zum Urbanen – bei aller Kritik an den enthaltenen Essentialismen und Teleologien in diesen Abschnitten seines Werkes – sehr pointiert und treffend herausarbeitet, wie kapitalistisch strukturierte Gesellschaften Städte produzieren. Dabei hebt er hervor, dass Städte zu Orten des Konsums und zu konsumierbaren Orten geworden sind, sie zu zentralen Orten des Tauschwertes, des Handels und des Wettbewerbs stilisiert wurden und sich Herrschaft in Städten enorm verdichtet hat. Im Anschluss an Lefebvre wurde in neueren Forschungsarbeiten in vielfacher Hinsicht darauf hingewiesen, dass Städte nicht nur kapitalistisch strukturiert sind, sondern dass städtische Politiken an der Herausbildung der Politik der Neoliberalisierung mitbeteiligt waren und von dem neuen Status als Akteurinnen auf dem globalen Markt teilweise auch profitieren konnten (vgl. Brenner & Theodore 2002, Harvey 1985, 1989, 2012, Heeg 2004, Holm 2008, Mayer & Künkel 2012, Sassen 1994). So führt David Harvey aus, dass neoliberale Politiken administrative Dezentralisierung und lokale Autonomie durchaus befördern, was einerseits in Teilen neue emanzipatorische Handlungsmöglichkeiten öffne, andererseits aber Dezentralisierung und Autonomie bedeutende Vehikel seien, um Ungleichheiten herzustellen, die dann wiederum ökonomisch in Wert gesetzt werden können (Harvey 2012: 82f.). Diese Darstellung sollte ganz klar machen, dass es im Kontext der heutigen Rolle von Städten im globalen Wettbewerb, um *radikale Demokratie* oder *Recht auf die Stadt* umzusetzen, nicht ausreichen kann, von einem städtischen Föderalismus von unten zu reden. Ein Projekt der Verschiebung von politischer Herrschaft nach ›unten‹ müsste daher immer auch eine antikapitalistische, antietatistische und allgemein eine antiherrschaftlich bzw. egalitäre Komponente beinhalten, da eine Verschiebung der politischen Macht auf die Ebene von Städten schon längst im Gange ist, ohne dass eine weitgreifende emanzipatorische Praxis zu erkennen wäre. Damit stellt sich Lefebvre einer radikal-demokratischen Auffassung, die an den Staat gebunden bleibt und letztlich die politische Sphäre von der ökonomischen abgekoppelt betrachtet, so wie dies bei Mouffe zumindest in Teilen der Fall sei, so Alex Demirović (2013: 212), ganz explizit entgegen.

Der zweite Punkt betrifft die Praxis der Verschiebung von politischer Macht über politische Skalen hinweg selbst. So betont Lefebvre in aller Deutlichkeit, dass die Ebenen, mit denen er die gesellschaftliche Realität zu fassen versucht, selbst Produkte von sozialer Produktion sind und Herrschaft in die Ebenen eingeschrieben ist. Politische Skalen – beispielsweise Kommune, Bundesland, Staat, Europa – sind also nicht als Hüllen zu verstehen, die beliebig gefüllt werden können. Vielmehr muss anerkannt werden, dass spezifische politische Skalen Produkte spezifischer Herrschafts- und Vergesellschaftungsformen sind. So wie es also nicht ausreicht, Staatsmacht zu erobern, um Gesellschaft zu verändern – was Laclau und Mouffe auch anerkennen –, so kann es nicht Inhalt einer emanzipatorischen Praxis sein, lediglich eine skalare Hülle zu erkämpfen, zumal die Skala in einem spezifischen Kontext aus bestimmten Gründen hergestellt wurde. Viel sinnvoller scheint es, in der politischen Praxis um die *skalare Ordnung* selbst zu ringen, also nicht Europa als Projekt in Besitz nehmen zu wollen, wie dies etwa Mouffe vorschlägt, sondern neue Formen von skalaren Ordnungen zu schaffen und eine eigene Praxis der gesellschaftlichen Aushandlung zu definieren. Sprich ein eigenes lokales und translokales Terrain zu schaffen, auf dem die soziale Auseinandersetzung auf eine Ebene geholt wird, auf der auch gekämpft und Erfolge gefeiert werden können – dies kann dann aber sehr wohl auch in ein neues Europaprojekt münden, wie dies etwa Karl Heinz Roth (2012: 84-94) vorschlägt.

Umso mehr gilt dies, da im Zuge der Neoliberalisierung der letzten Jahrzehnte transnationale und multinationale Kooperationen und auch Staatenbündnisse (wie die WTO, der IWF aber auch die EU) nicht zuletzt dafür genutzt wurden, politische Entscheidung aus dem Zugriff der nationalen und lokalen Demokratien herauszuheben. So verweisen etwa in der BRD Kommunalbehörden auf die Schuldenbremsen der Länderebene und die Bundes-Regierung auf die EU-Konvergenzkriterien, die im Vertrag von Maastricht festgehalten wurden, um zu argumentieren, warum das Geld nicht einmal reiche, um die soziale Grundversorgung zu finanzieren, warum ultimativ gespart werden müsse und warum dem Wettbewerb als Leitmotiv – dem Kommunalpolitiker_innen selbst aber nur allzu oft gerne folgen – nichts entgegengesetzt werden könne. Margaret Thatchers ökonomisches »there is no alternative« aus den 1980ern sowie die Neuauflage »alternativlos« von Angela Merkel, das sie in der gegenwärtigen EU-Krise prägt, werden so nicht zuletzt durch Entdemokratisierung über die skalare Neuordnung abgesichert. Damit ist angesprochen, dass politische Entscheidungen gezielt auf Ebenen verlagert werden, auf denen die ›Bürger_innen‹ weniger bis keinen Einfluss nehmen, in Teilen aber auch die nationalen Parlamente nur bedingt intervenieren können. Andererseits wurden und werden nicht selten auch politische Entscheidungen von der nationalstaatlichen Ebene an Kommunen delegiert, um so gezielt mehr Wettbewerbsdruck zu erzeugen und Forderungshaltungen – etwa im Bereich der finanziellen Mittel – einzudämmen. Wie schwierig Widerstand und Protest gegen solche Praktiken ist, verdeutlicht etwa Pia Eberhardt von »Corporate Europe Observatory«, einer NGO die sich gegen den Einfluss von Lobbyist_innen innerhalb der EU-Prozesse richtet, wenn sie betont, dass der Zugriff auf Wissen innerhalb der EU enorm schwer ist und die Politisierbarkeit von Prozessen mittels vielfältigen Abschirmungsmechanismen erschwert wird.[30]

Alternativen zum ermüdenden Abarbeiten an Windmühlen wären hierbei etwa, lokale Kämpfe explizit zu führen, sie in größere Kontexte einzubetten, sie über breite Netzwerke abzustützen und in ihnen neue Praxen der gesellschaftlichen Aushandlung und des Miteinanders zu erlernen. Über die Aneignung der Produktionsmittel, der Wohnungen, der gesellschaftlichen Institutionen, der Freizeiteinrichtungen usw. können diese gezielt der kapitalistischen Logik, der heteronormativen Zuschreibungen und der rassistischen Unterordnung entzogen werden. So würden in konkreten Auseinandersetzungen im Alltäglichen die multiplen Herrschaftszusammenhänge unterwandert und im besten Fall ausgehebelt. Dies soll nicht ein Plädoyer fürs Lokale darstellen, sondern soll als Aufforderung verstanden werden, mit Lefebvre das Ineinandergreifen der Ebenen an konkreten Punkten zu sehen und anzuerkennen, dass das Konkrete immer ein Produkt einer komplexen, auf vielen Ebenen angesiedelten Produktion darstellt, deren Infragestellung auch die Verhältnisse insgesamt in Frage stellen kann.

Für Lefebvre beinhaltet die urbane Revolution genau diese tiefgreifende Neudefinition der räumlichen Ordnung und Rekonfiguration von Gesellschaft (Kipfer 2009: 71): »Die generelle Signifikanz von Lefebvres These über eine urbane Revolution steht im Zusammenhang mit dem Faktum, dass Urbanisierung skalaren Grenzen wie jenen der ummauerten Stadt, der industriellen urbanen Region und dem Nationalstaat entwischt und diese rekonfiguriert.« (ebd.: 72, eigene Übersetzung) Mit seiner Konzeption der Alltäglichkeit und des Urbanen bietet Lefebvre also eine Möglichkeit, politische Praxis jenseits der Eroberung der großen politischen Ebenen zu denken, wenn auch letztlich diese ebenfalls angeeignet bzw. unterwandert

30 Pia Eberhardt an der Podiumsdiskussion »Wo tun? Räume des Widerstands – Geographien linker Politik« am 27. Juni 2013 im Café ExZess in Frankfurt am Main. Die Diskussion fand im Rahmen der AkG-Konferenz »Uneven Development. Geographien der Krise(n) – Räume des Widerstands« (27. – 29. Juni 2013) statt.

werden müssten, sollte die angestrebte tiefgreifende soziale Veränderung ermöglicht werden. Das *Recht auf die Stadt* ist dabei ein Aufruf, eigene Räume nach den kollektiven Bedürfnissen zu schaffen, ein Terrain zu bilden, auf dem Kämpfe auch gewonnen werden können. Konkret schlägt Lefebvre vor, auf der Grundlage eines politischen Vertrages, in dem auch das *Recht auf die Stadt* enthalten ist, Demos neu zu denken. Demos wäre für ihn sodann eine auf der Grundlage von Betroffenheit legitimierte politische Gemeinschaft von (Stadt-)Bewohner_innen. Insgesamt stellt das *Recht auf die Stadt* dabei eine deutliche räumliche Neuordnung von politischer Aushandlung dar, die mit der heutigen ›demokratischen‹ Ordnung von Nationalstaat und der kapitalistischen Globalität bricht. Die primäre Entscheidungsebene wird auf die Ebene des Alltäglichen bzw. der Stadt heruntergebrochen. Darüber können letztlich nicht alle Fragen der Verortung des Demos gelöst werden, zumal offen bleibt, wie Zuständigkeiten definiert werden, was Betroffenheit bedeutet, wie übergeordnete Problemstellungen ausgehandelt werden sollen etc. Jedoch bietet das *Recht auf die Stadt* die Möglichkeit, auf der Grundlage eines politischen Projekts Demos im Alltäglichen, abseits von Staatlichkeit und globalisierter Herrschaft zu denken (Purcell 2002: 103-5). David Harvey, der an diesem Punkt weiterzudenken versucht, verweist als mögliche Perspektive explizit auf den 2006 verstorbenen Anarchisten Murray Bookchin und dessen Konzept der Konföderation. Bookchins Konföderation sei dabei als politisch wie ökonomisch interagierendes und von unten nach oben strukturiertes Rätesystem zu denken, das primär auf der Grundlage der permanenten Abwahlmöglichkeiten der in die Räte delegierten Abgeordneten basiere, so Harvey (2012: 84f., 136-8, vgl. Bookchin 2012 [1990]).

Im Zusammenhang mit der Frage nach dem Demos wäre nun der letzte anzusprechende Aspekt, der auf die Hegemonie selbst abzielt, erreicht. Denn, wenn jede politische Praxis auf ein *Majoritär-Werden* abzielen muss, wie dies im Zusammenhang mit der *radikalen Demokratie* behauptet wurde, dann wird der Mangel an der politischen Setzung eines Demos, abgesehen von einer diffusen Referenz auf Europa und das Lokale, sehr deutlich. Dies, weil Hegemonie zumindest theoretisch immer auf die Globalität eines Diskurses abzielt, dies gilt auch dann, wenn der Diskurs als ein Idee der Vielfalt gedacht wird, also letztlich nicht auf Einheit sondern auf Vielfalt abzielt. Denn die Idee der Vielfalt muss sich letztlich auch hegemonial durchsetzen. Womit zu schließen ist, dass ohne die politische Setzung von *Demos* Hegemonietheorie immer eine ist, die – polemisch ausgedrückt – auf die Weltrevolution abzielt (Day 2005: 6-9). Lefebvre bietet hier mit seiner radikalen Umformulierung der räumlichen Ordnung mit dem Fokus auf die Ebene des Alltäglichen eine Möglichkeit, der Hegemonisierung im ›Ontischen‹ Einhalt zu gebieten (vgl. Guarnizo 2012). Klar ist dabei, dass es keine transzendente Gründung für Demos geben kann und dass es sich immer um eine politische Entscheidung handeln wird, auf welcher räumlichen Skala und auf Grund welcher Kategorien Ein- oder Ausschluss definiert werden. Letztlich bleibt also immer nur, die gewählten Kategorien und räumlichen Skalen auf ihren emanzipatorischen Gehalt zu befragen, was einerseits sehr abstrakt mittels der Kategorien *des Politischen* und des *Antagonismus*, andererseits aber auch über die lefebvreschen Konzeptionen des *Urbanen* geschehen kann. Alles in allem deutet das Gesagte darauf hin, dass eine Gesellschaft des Alltäglichen die zentrale Kategorie für einen emanzipatorischen *Demos* bilden sollte.

6.2 Ansätze für ein Recht auf die Stadt

Gerade in der Frage nach der praktischen Herangehensweise weist Lefebvres Konzept also gegenüber der *radikalen Demokratie* wesentliche Stärken auf. Dennoch scheint es sinnvoll *radikale Demokratie* als Raster hinzuzuziehen, um den emanzipatorischen Gehalt von Praxen zu bewerten. So kann bzw. muss nun gefragt werden, was vom *Recht auf die Stadt* übrig bleibt und was für eine Praxis des *Rechts auf die Stadt* von den Überlegungen bei Laclau und Mouffe mitgenommen werden soll. So werden im Folgenden fünf Punkte oder auch Thesen formuliert. Diese Punkte sind aber aufgrund der Herleitung, also dass von der Theorie auf die Praxis geschlossen wird, nicht unproblematisch. Da es hier keinesfalls darum gehen soll, Theorie über die ›Realität‹ zu stülpen, sollen diese Punkte eher als Aufforderung zur Reflektion und nicht als ›Wahrheiten‹ gelesen werden. So vermögen sie zusammen mit dem hier bisher gesagten evtl. produktiv in die eigenen politischen und theoretischen Auseinandersetzungen einbezogen zu werden.

1) Es kann festgehalten werden, dass das Projekt des *Rechts auf die Stadt* bei Lefebvre als kraftvolle mit Inhalten gefüllte politische Parole dienen kann, um partikulare Kämpfe – von denen es in Städten unzählige gibt – zu bündeln. Für die konkrete politische Praxis kann das *Recht auf die Stadt* möglicherweise aber auf einer zu abstrakten Ebene angesiedelt sein und es besteht die Gefahr, dass das unmittelbare Verständnis für die darin enthaltenen Forderungen verloren geht und somit gerade zu Beginn der Etablierung von po-

litischer Bewegung die Politisierung breiter gesellschaftlicher Schichten über das *Recht auf die Stadt* scheitert. Die Sprache des Rechts ermöglicht diesem Problem zu begegnen, da diese das *Recht auf die Stadt* in verständliche Forderungen zerlegt, womit in aller Deutlichkeit klar gemacht wird, in welche Richtung die Veränderung der Gesellschaft gehen soll und welche Kämpfe gebündelt werden sollen. So kann das Einfordern von konkreten Rechten als praktische Übersetzung der Kategorien der *Differenz* und des *Antagonismus* bei Laclau und Mouffe in ein politisches Projekt gelesen werden. Das Recht auf Freiheit, das Recht zur Individualisierung in der Sozialisation, das Recht auf Wohnen, das Recht auf Partizipation und Aneignung, das Recht auf eine andere Zentralität, auf Orte des Treffens und Austauschens, das Recht auf eigene Lebensrhythmen und Zeitverwaltung sowie das Recht darauf, die Räume und die Momente in ihrer Gänze zu nutzen, und die Kontextualisierung des *Rechts auf die Stadt* in einem breiteren Kontext der *citoyenneté* sind somit weit mehr als nur leere Floskeln. Dabei ist *autogestion* als eine Form der praktischen Umsetzung der *radikalen Demokratie* zu verstehen und es gilt über konkrete Kämpfe im Städtischen sich vorzuarbeiten, Projekte zu bündeln und dabei die generelle emanzipatorische Perspektive des *Rechts auf die Stadt* nicht aus den Augen zu verlieren.

2) Sollen die Argumente von Laclau und Mouffe ernstgenommen werden und darüber das *Recht auf die Stadt* erkämpft und das Urbane ermöglicht werden, müsste der Imperativ des ökonomischen Determinismus überwunden werden. Es gilt dafür, ein politisches Zusammensein zu etablieren, das Konflikte anerkennt und von den Widersprüchen, die sich daraus ergeben, profitiert. Auch wenn daraus die Maxime entsteht, dass jegliche Formen der Herrschaft und Unterdrückung von Antagonisierung zu hinterfragen sind, so kann mit Lefebvre dennoch betont werden, dass es in der gegenwärtigen Zeit in Bezug auf die Urbanisierung gerade die kapitalistische Vergesellschaftung und die staatliche Unterordnung sind, die in wesentlicher Weise Herrschaft und Ungleichheit produzieren. Das bedeutet, dass die Erschaffung der urbanen Gesellschaft nicht zuletzt die politische Suche nach neuen *Bedürfnissen* abseits von kapitalistischer Leitlinien und staatlicher Kontrolle sein muss. Jedoch sollte dabei nicht aus dem Blick geraten, dass Staat wie Kapital keine essentialistischen Kategorien sind, sondern mit gesellschaftlicher Subjektivierung und anderen vielfältigen Mechanismen des Ausschlusses zusammenfallen und somit, unter Berücksichtigung der Konzepte von Laclau und Mouffe, Lefebvres Ansatz durchaus umgestaltet und

für andere Kämpfe, die Unterdrückung und Ausschluss anprangern, geöffnet werden muss. So könnte dann *Recht auf die Stadt* als ganzheitlicher Ansatz verstanden werden, in dem öknomische Aspekte, Fragen nach Geschlecht, Rassismus, (post-)kolonialer Unterordnung sowie der Ökologie gleichzeitig und ineinander verwoben als Herrschaftselemente angesprochen werden.

Aus diesem Argument geht dann auch hervor, dass jegliches Primat einer bestimmten äußerlich definierten Klasse oder Gruppe im Kampf um das *Recht auf die Stadt* strikt abzulehnen ist. In diesem Zusammenhang sollte auch von einem »Protagonismus der Ausgegrenzten«, wie er zu Beginn angesprochen wurde (Holm 2008: 8f., Mayer 2011: 62f.), Abstand genommen werden. Da dieser letztlich wegen des Betonens einer primär anzusprechenden Gruppe, die in einer legitimeren Weise als andere Gruppen um das *Recht auf die Stadt* ringen, auf einem essentialistischen Klassenkonzept beruht und letztlich Herrschaftsverhältnisse nur umzukehren, anstelle sie grundsätzlich zu überwinden versucht. Nicht zuletzt beinhaltet der »Protagonismus der Ausgegrenzten« auch eine paternalistische Konnotation, da er aus einer Position der Informiertheit, die Uninformierten auf den richtigen Weg zu leiten vorgibt. Aus den gleichen Gründen kann das *Recht auf die Stadt* auch nicht im Besitz von einer Klasse – und schon gar nicht im Besitz der Herrschenden – sein oder als reiner leerer Signifikant betrachtet werden, der beliebig gefüllt werden kann, wie dies David Harvey (2008, 2009, 2012) handelt. Vielmehr ist es ein Konzept, um die Schaffung einer möglichst herrschaftsfreien Gesellschaft zu denken. Es ist also ein Bewertungskriterium für emanzipatorisches Handel. Über das *Recht auf die Stadt* kann nur bestimmt werden, ob eine bestimmte Praxis den gesetzten normativen Zielen genügt oder eben nicht. Die über das *Recht auf die Stadt* gesetzten Ziele und die abstrakte Messlatte der *radikalen Demokratie* können so ein Orientierungsrahmen für Politiken bereitstellen, an dem der emanzipatorische Gehalt von Praxis bemessen werden kann.

3) Aus der Betonung der *politischen Differenz* und der damit einhergehenden Erkenntnis, dass Gesellschaft und das Soziale selbst zu gründende Kategorien sind, kann der politische Charakter der lefebvreschen Rechte um ein Vielfaches unterstrichen werden. Es wird klargestellt, dass die Rechte nicht alleine aus dem Möglichkeitsfeld der Urbanisierung hervorgehen, sondern zutiefst eingebunden sind in das historische Feld der Kontingenz und Ungründbarkeit, was die Formulierung dieser Rechte als politisches Projekt, soll eine emanzipatorische Praxis erarbeitet werden, nicht nur wünschenswert

sondern notwendig macht. Denn kein historischer Zwang der Urbanisierung, keine basale Eigenschaft des Subjekts, kein historisch begründeter Klassenkampf wird dem Projekt des *Rechts auf die Stadt* zu Hilfe eilen. Das *Recht auf die Stadt* kann dabei aber als ein starkes politisches Projekt unter anderen in Erscheinung treten. *Recht auf die Stadt* steht und fällt also mit der Politisierung der segregierenden, entfremdenden und unterdrückenden Erfahrungen, die im (städtischen) Alltag gemacht werden. Es kann dabei nicht um die neue äußerliche Formulierung von *Klasse* als prädefinierte Gruppen und Subjekte des Wandels gehen. Stattdessen sollten politische Kämpfe von den Inhalten und den konkreten Situationen ausgehen, Bündnisse entlang der gesteckten Ziele und unter Berufung auf die fundamentalen Gleichheitsrechte, die dem *Recht auf die Stadt* und der *radikalen Demokratie* eingeschrieben sind, geformt werden. Um es deutlich zu sagen: Bündnisse mit reaktionären Kräften sind so undenkbar, es gibt kein *Recht auf die Stadt* für Nazis!

Wird also das *Recht auf die Stadt* als politische Praxis im Kontext der *politischen Differenz* gelesen, dann muss es beständig produziert wie reproduziert werden und dabei, um auf der Grundlage des Möglichen Neues anzustreben, über die ablehnende Haltung – die im Konzept eigentlich auch angelegt ist, aber in den konkreten Kämpfen oftmals verloren geht – hinausgehen. Dies weil ansonsten, wie Laclau nahelegt, auch nach einer allfälligen Überwindung der Unterordnung das Subjekt, welches den Kampf um das *Recht auf die Stadt* getragen hat, sich weiterhin durch seine Haltung des Verneinens der bereits überwundenen Ordnung herstellt, die Selbstdefinition des Subjekts würde in der Ablehnung verharren bleiben und damit das Überwundene Präsenz behalten. Wenn es also nicht gelingt, eine emanzipatorische und eigenständige Subjektivierung bzw. eigene Räume herzustellen, wird die alte Herrschaft, zwar als Verneintes und – im besten Fall – Überwundenes, unweigerlich vorhanden bleiben. Insofern gilt es, sich in der Praxis permanent zu vergegenwärtigen, welche Formen des Positiven geschaffen werden, um so den Grundstein zu legen, eine tatsächliche Emanzipation von der Unterordnung zu erreichen.

4) Wird anerkannt, dass *sozialer Raum Produkt von politischer Produktion ist*, dann wird klar, dass Fragen der Subjektivierung sowie der Produktion von Gesellschaft weit stärker in die Konzeption der Raumproduktion eingebunden werden müssen. Produzierte Räumlichkeit, in einem lefebvreschen Sinne, bleibt dabei also eine zentrale Kategorie und muss als mitbestimmen-

des Element für die Subjektivierung gelesen werden, da darüber, wie auch im laclauschen Raum, Platz zugewiesen und Herrschaft festgeschrieben sowie materiell verdichtet wird. Für das *Recht auf die Stadt*, das letztlich auf die Produktion des Urbanen oder eben einen Raum *des Politischen* abzielt, bedeutet dies, dass Raumproduktion weit mehr ins Zentrum rückt, da sie gleich zu obigem Argument aus sämtlichen teleologischen und essentialistischen Kategorien gelöst wird. Es geht also darum, sich in der Praxis immer zu fragen, welche Räume produziert, welche Ausschlüsse hergestellt und warum diese hergestellt werden. Raumproduktion muss daraufhin befragt werden, in welcher Weise sie die Artikulation von Widerspruch ermöglicht und diese verhindert. Denn wenn die Räume, selbst wenn es sich um eine Praxis mit emanzipatorischem Anspruch handelt, im Kontext der Praxis unnötig geschlossen werden, wird es auch keine emanzipatorischen Räume geben und damit auch keine Emanzipation. Gleichzeitig gilt, dass, wegen der Notwendigkeit von partieller Fundierung von Gesellschaft, eine gänzliche Offenheit und Pluralität von Räumen unmöglich ist, dass es aber um eine Politik der Öffnung gehen muss, die das politische Projekt des Anerkennens der Differenz vorantreibt, die Möglichkeit der Antagonisierung immer weiter vertieft und immer zugleich auch auf soziale Gleichheit abzielt. Es geht also nicht um die Schaffung von ultimativ offenen Räumen, sondern um die Produktion von – den Umständen angepasst – möglichst offenen Räumen.

5) Die Betonung von Ungründbarkeit und Kontingenz, womit die teleologische Kategorie der Urbanisierung entessentialisiert wurde, stellt aber ein erhebliches Problem für das *Recht auf die Stadt* dar. Denn weshalb sollte in einem Kontext, in dem überall Antagonismen erzeugt werden können, die Stadt als Ort gesondert angesprochen oder als bevorzugtes Terrain des Konfliktes erkannt werden? Mit Laclau kann argumentiert werden, dass über die Analyse der kapitalistischen Vergesellschaftung zentrale Aspekte der Urbanisierung erklärt werden können. Mitnichten aber kann erklärt werden, warum Stadt und der Prozess der Urbanisierung eine privilegierte Rolle für Emanzipation einnehmen sollten. Die Möglichkeit, *Recht auf die Stadt* zu bewahren, liegt aber darin, es als politisches Projekt neben vielen anderen zu erkennen. Für ein *Recht auf die Stadt* einzustehen macht also deshalb Sinn, weil Stadt in der aktuellen Form der Vergesellschaftung einen konkreten Ort der Produktion von Ausschlüssen, der Vermittlung von Macht und Unterordnung, der ethnischen und geschlechterspezifischen Platzzuweisung sowie einen zentralen Ort der finanzmarktlichen und in-

vestitionsorientierten kapitalistischen Akkumulation darstellt. Stadt macht als Ort des Kampfes Sinn, wenn berücksichtigt wird, dass Städte aufgrund ihrer Funktionen sowie räumlichen und sozialen Dichte, die aber immer selbst wieder kontextgebunden und auch von Stadt zu Stadt unterschiedlich sind, spezifische Subjektivierungen und unterschiedliche Erfahrungen produzieren. *Recht auf die Stadt* ist somit eine Möglichkeit, die spezifische, im historischen Prozess produzierte, städtische Vergesellschaftung in einen breiteren Kontext der Unterordnung einzubetten und dabei die Produktion von Stadt nicht als eine Eigenlogik zu sehen, sondern als integralen Bestandteil gesellschaftlicher Produktion, und von dem ausgehend ein emanzipatorisches Projekt zu lancieren.

Epilog

»Die Philosophen haben die Welt nur verschieden interpretiert*;*
es kommt aber darauf an, sie zu verändern.«
(Marx 1845)

Dieses oft verwendete Zitat dient hier zum Abschluss als Apell, nochmals hinzuschauen. Denn bei aller Berechtigung und Notwendigkeit theoretischer Auseinandersetzungen soll hier zum Schluss auf den Ausgangspunkt zurückgekommen werden: die konkreten Kämpfe und Auseinandersetzungen. Die Kämpfe um den Puerta del Sol, den Syntagma-Platz, den Rothschild-Boulevard, den Taksim-Platz, den Tahrir-Platz und um die vielen anderen Plätzen der Welt; die Auseinandersetzungen um Teilhabe am sozialen und politischen Leben, die Proteste gegen Mietsteigerungen, Zwangsräumungen, Gentrifizierung, repressive Sicherheitspolitiken usw. Das alles sind konkrete Auseinandersetzungen, die von einem politischen *Recht auf die Stadt*, wie es hier formuliert wurde, angesprochen werden können, aber nicht müssen.

Dieses ›nicht müssen‹ bedeutet, dass das Ansprechen nicht auf einer abstrakten Ebene geschehen kann, es geht nicht darum, von außen eine Kategorie an die Proteste anzulegen, um sie zu vereinheitlichen, ihnen einen Stempel aufzudrücken, den sie für sich gar nicht beanspruchen. Es gilt anzuerkennen, dass diese Proteste, auch wenn sich die Bilder in der Optik der Protestformen, deren Kulissen und auch der Repression sehr ähneln, alle vor sehr unterschiedlichen gesamtgesellschaftlichen Gegebenheiten stattfinden und in ihnen unterschiedliche Losungen und Ideen formuliert werden. So hatten die Menschen in Tel Aviv, Kairo, Athen oder Istanbul wohl sehr unterschiedliche Gründe, um sich an den Protesten zu beteiligen, und sie zielten auf unterschiedliche Konflikte ab.

Vor dem Hintergrund der Arbeiten von Lefebvre aber ist auf einer analytischen Ebene dennoch anzuerkennen, dass es auf einer abstrakten Ebene auch Parallelen gibt. Denn gerade die Städte sind im Laufe der historischen Entwicklung der letzten 200 Jahre zu zentralen Orten der selektiven Integration, des sozialen Ausschlusses, der Segregation, der Verdrängung und zu Symbolen der kapitalistisch strukturierten Gesellschaft geworden. Als räumliche Formen verstetigen Städte abstrakte soziale Prozesse und machen gesellschaftliche Strukturen erfahrbar – dies gilt zwar für alle sozialen Räume, jedoch kommt Städten zumindest seit dem Beginn der Urbanisierung eine besondere Rolle zu: Friedrich Engels (1845) nennt die Konzentration von Mensch und Kapital; David Harvey (u. a. 2012) verweist auf die Rolle der Städte als Orte der Reinvestition und Fixierung von Kapital innerhalb der Kapitalakkumulation; Manuel Castells (2012 [1972]) spielt auf die kollektive Konsumtion an, womit er jene Funktionen des gesellschaftlichen Lebens anspricht, die nur in größeren gesellschaftlichen Kontexten errichtet und gewährleistet werden können; und viele andere verweisen auf die spezifischen städtischen Erfahrungen in der gesellschaftlichen Alltäglichkeit, die etwa über die Zuweisung von Räumen Rassismen sowie Geschlechterkonstruktionen verräumlichen und reproduzieren (u. a. Bürkner 2011, Grell 2007, Gürsel et al. 2013). In und durch Städten werden also spezifische Alltäglichkeiten produziert, Anknüpfungspunkte für Protest geschaffen, soziale Verhältnisse politisiert und spezifische Antagonismen hervorgebracht, die sich dann gerade im Zuge der globalisierten Welt auch ähneln können. Dies bedeutet, dass Städte keineswegs alle gleich sind, dass aber an vielen Orten der Welt sich ähnelnde entfremdende, segregierende und das soziale Leben unterdrückende Prozesse stattfinden – wenn auch ausdifferenziert und pfadabhängig.

Aber gerade diese Ähnlichkeit in der Differenz, die Möglichkeit gemeinsame Erfahrung der vielfältigen Herrschafts- und Unterdrückungsmechanismen zu benennen, schafft auch Potentiale einer gemeinsamen Politisierung. Dem analytischen Potential des hier formulierten *Rechts auf die Stadt*, das die Parallelen erkennen lässt, kann also eine praktische Perspektive zur Seite gestellt werden. Ausgehend vom Gegenstand, vom Unterdrückenden, vom zu Politisierenden und nicht entlang irgendwelcher Rassismen, nationaler Mythen oder Geschlechterkonstruktionen ist so ein Zusammenkommen möglich. Es öffnet das Feld, Solidaritätsstrukturen jenseits von strukturalistischen Klassenkonzepten aufzubauen und Kämpfe zu unterstützen, deren Ursachen und Perspektiven vielleicht zuallererst einmal nicht per se zugänglich erscheinen bzw. vor sehr unterschiedlichen Hintergründen ablaufen. Oder wer hat wirklich verstanden, was in den jüngsten Protestwellen 2011 etwa in Kairo, Barcelona, Athen oder New York bzw. 2013 in Istanbul, Kairo oder São Paolo, jenseits der einheitlichen und oftmals verkürzten Botschaften der Medienberichterstattung, abgelaufen ist – abgesehen von der Artikulation eines dumpfen Unbehagens über die Prekarisierung der Lebensrealität und dem Wunsch nach mehr politischer Teilhabe. Das nicht in Gänze verstehen zu können, liegt aber nicht nur an einem Mangel an Informationen, sondern auch an der Dichte der Ereignisse selbst sowie dem beständigen Entzug der Erklärungsmöglichkeiten. So hält Tasos Sagris in der Einleitung zu einem Sammelband zum sozialen Aufstand in Griechenland, der im Dezember 2008 nach den tödlichen Schüssen auf den 15-Jährigen Alexis Grigoropoulos durch einen Polizisten ausgebrochen war, fest:

> »Die Straße hat ihre eigene Geschichte. Sie braucht keine Historiker, keine Intellektuellen oder Soziologen, die in ihrem Namen sprechen. Niemand kann die Geschichte des Dezember 2008 schreiben. [...] Ebenso wie wir über keine offizielle Geschichte der Pariser Kommune oder der Spanischen Revolution verfügen, ist dies hier nicht die Geschichte des griechischen Aufstands. Durch Fragmente, Gerüchte, Mythen und Erzählungen findet diese soziale Revolte ihren direkten Weg in die Herzen und Köpfe der Menschen der Zukunft.« (Sagris et al. 2010: 14)

Für die Proteste der letzten Jahre gilt einend aber auch, dass Straßen und Plätze zum Teil über Monate in Beschlag genommen und diese Orte in einer nicht der regulären Logik von Macht folgenden Weise umcodiert bzw. mit neuen Bedeutungen aufgeladen und materiellen Artefakten besetzt wurden. Und dies hat einen kämpferischen Wert an sich, was nicht zuletzt auch durch die massive Repression deutlich wird. Erinnert sei hier an die zu Beginn bereits zitierte Aussage von Pascalis, im Zusammenhang mit der Besetzung des Syntagma-Platzes in Athen im Sommer 2011: »Die Inbesitznahme des Zentrums hat [...] die Form eines Streiks der Stadt. Man interveniert sehr aktiv in die sozialen Abläufe einer Stadt, manchmal unterbricht man sie gar vollkommen, die Stadt als produktiver Ort wird lahm gelegt.« (Pascalis zit. nach Dimitra et al. 2011) Die italienischsprachigen Aktivist_innen, welche zu den Blockupy-Protesten Ende Mai 2013 in Frankfurt am Main angereist waren, sprachen im Kontext der Blockade-Aktionen gegen die EZB und weitere Krisenakteur_innen in der Innenstadt vom »sciopero sociale«, dem sozialen Streik, der die Stadt lahmlegt und so in der Dichte über sektoren- und soziale Realitäten hinweg wirkt und Vernetzungen ermöglicht. Diese räumliche Dimension betont auch Moritz Altenried in seiner Analyse der tagelangen *Riots* in Großbritannien im August 2011 (Altenried 2012: 45-54). In Bezug auf die Platzbesetzungen des Jahres 2011 stellt er auch fest, dass die Camps eine direkte Repolitisierung und Demokratisierung dieser Räume erreicht hätten, die an den gegenwärtigen Verfahren der Repräsentation vorbei zielen. »Es sind dann auch diese räumlichen Praxen [...] die die Besetzer_innen in Opposition zur Staatsgewalt bringen« (ebd. 71), den Antagonismus zurückholen und so den Bewegungen erlauben, »aus der erstickenden Umarmung der offiziellen Politik auszubrechen« (ebd.). Peter Birke und Max Henninger (2012) verweisen dabei folgerichtig darauf, dass Geschichte und gesellschaftliche Veränderungen also nicht nur Daten haben, sondern auch Orte, da Veränderung sich immer auch an einem Ort materialisiert.

Lefebvre hatte betont, dass »jede ›soziale Existenz‹, die es für sich in Anspruch nimmt, ›real‹ zu sein« (hpe: 53, eigen Übersetzung) auch einen ›eigenen‹ Raum produzieren müsse, da sie ansonsten in der reinen Abstraktion verharre. Und genau hier setzt das Potential des *Rechts auf die Stadt* als politische Kategorie für diese Kämpfe an. Es geht um die Produktion eines Raums, welcher die ausbeuterische und entfremdete Alltäglichkeit emanzipatorisch überwinden lässt, was aber, wie Lefebvre argumentiert, nur möglich ist, wenn auch gesellschaftliche Strukturen und Aushandlungsformen geschaffen werden, die die Produktion eines solchen Raums zulassen. Dies ist dann der Gehalt der *autogestion*. Erste zaghafte Schritte einer solchen organisatorischen, sozialen und räumlichen Praxis können in die Platzbesetzungen und sozialen Revolten der letzten Jahre, aber auch in die globalisierungskritischen Bewegungen der 2000er hineingelesen und historisch in unzähligen emanzipatorischen Kämpfen erkannt werden. So wurden schon in den sozialen Revolutionen und Aufständen des 19. und 20. Jahrhunderts radikaldemokratische Konzepte umgesetzt und theoretisch bearbeitet sowie neue räumliche Praktiken ausprobiert. Beispielhaft sind die Versuche radikaldemokratische Strukturen zu etablieren etwa im revolutionären Paris in den Jahren 1789-93, 1848 und 1871, zu Beginn der Sowjetunion 1917 sowie im Aufstand von Kronstadt 1921 oder der Machnowschtschina in der Ukraine 1917-22, in der deutschen Novemberrevolution 1918, oder in Spanien 1936 (Bookchin 1996, 1998, 2004, 2005, Mümken 2012). *Recht auf die Stadt* formuliert so eine Perspektive jenseits der entfremdeten Lebensalltäglichkeiten, welche tagtäglich von den vielfältigen Herrschaftsmechanismen erzeugt werden und diese auch reproduzieren. Das Konzept bedeutet aber auch eine vehemente herrschaftskritische, antietatistische und antikapitalistische Positionierung sowie den Versuch einer gezielten Verbindung von Politik und Ökonomie bzw. der Überwindung deren Spaltung. Es geht daher nicht darum, in der Stadt des *status quo* mehr Teilhabe zu erkämpfen, sondern auf der Basis von Differenz und demokratischer Umgestaltung der Alltäglichkeit die Gesellschaft als Ganzes zu verändern.

Die Veränderung der Gesellschaft, die tief von den multiplen Krisen der Gegenwart gekennzeichnet ist (vgl. Demirović et al. 2010), lässt sich aber nicht herbeischreiben und auch die heilsbringende Theorie sollte nicht erwartet werden. So liegt das aktuelle Unvermögen, die gegenwärtigen ausbeuterischen Strukturen zu überwinden, in denen wir leben, bestimmt nicht daran, dass zu wenige Konzepte eines emanzipatorischen Wandels oder zu wenig Wissen über mögliche hierarchievermindernde Organisationsformen historisch erprobt bzw. erarbeitet wären. Die Ursache liegt eher darin, dass Ideen einer radikaldemokratischen Veränderung gegenwärtig keine Präsenz im kollektiven Denken haben und dort, wo sie aufblitzen, mit gezielter Marginalisierung bzw. Delegitimierung oder Repression zu kämpfen haben – wofür es unzählige Gründe gibt. Allem voran wäre hier wohl die im Zuge der Neoliberalisierung als Regierungstechnologie stetig vorangetriebene tendenzielle Vereinzelung bzw. Auflösung jeder Gesellschaftlichkeit und jedes Gemeinschaftsdenkens (abgesehen von einem gefährlichen und plumpen Nationalismus, der in Zeiten der Entsolidarisierung von vielen als Bindendes wieder herangezogen wird) zu nennen. Diese tendenzielle Vereinzelung tendiert dazu, aus uns allen Unternehmer_innen unserer Selbst zu machen und Konkurrenz auf alle Lebensbereiche auszudehnen. Misserfolg wird zum persönlichen Scheitern, Erfolg zum Zeugnis der eigenen Überlegenheit. Jedoch ist dieser Prozess, wie Laclau und Mouffe deutlich aufzeigen, immer brüchig und es finden sich an vielen Stellen Kerben und Spalten, die qua Definition auch nie ganz verschwinden können – was eine positive Nachricht ist (!) –, in die eingehakt und Veränderung angestrebt werden kann. Und so ist eines der deutlichsten Signale der Revolten der letzten Jahre, dass aufgezeigt wird, dass Veränderung und Antagonisierung in breitem Maße möglich sind, dass die gegenwärtige Welt also bei Weitem nicht ›alternativlos‹ ist.

Eine der dringlichsten Notwendigkeiten der Zeit scheint aber zu sein, ein neues Kollektives jenseits von Geschlechterbinarität, Nationalismus und ökonomischem Wettbewerb zu schaffen, was aber das Zulassen der »Heterogenität der eigenen Identität und die Fragilität der eigenen Fundamente« (Marchart 2010a: 363) zwingend bedarf. Auf den Plätzen ist dies in Teilen geschehen, so mein Eindruck. Die rosarote Brille wäre aber ein schlechter Begleiter und es sind durchaus auch Szenen voller nationalistischem Hass und sexistischer wie patriarchaler Übergriffe zu konstatieren. Jens Kastner beschreibt für die aktuellen Bewegungen das Problem, dass einerseits neue Formen der Demokratie erprobt und in Teilen auch durchgesetzt werden, dass es ihnen dabei aber andererseits nicht gelinge »something deeper« (Kastner 2012: 55) im Diskurs zu verankern. Und genau dies sei, so Kastner, ein Grundproblem libertärer Bewegungen (ebd.: 54): »Plätze erobern, aber sie nicht halten können, Platzverweise empört zurückweisen, aber sie nicht eindämmen können, Platzverschiebungen einfordern und anmahnen, aber sie nicht auf Dauer stellen können.« (ebd.: 81f.)

»Wir sind ein Bild der Zukunft – auf der Straße schreiben wir Geschichte« (Schwarz et al. 2010), soll dabei als Aufforderung stehen, Geschichte und eine andere Gesellschaft in der Praxis werden zu lassen, aus Erfolg wie Scheitern zu lernen, Bündnisse zu schmieden und konkret an gemeinsamen Projekten der gesellschaftlichen Veränderung und Utopien zu arbeiten. Das hier formulierte *Recht auf die Stadt* kann ganz getreu der Aufforderung Lefebvres (1978a: 440f.), dass Theorie das Mögliche erforschen und dass das vermeintlich Unmögliche stets gewollt werden müsse, um das Mögliche zu erreichen, als theoretischer Zugang wie als emanzipatorischer Fluchtpunkt dienlich sein. Der Versuch der Formulierung des *Rechts auf die Stadt* ist somit auch der Versuch, Utopien des Möglichen zu formulieren, die das Hier und Jetzt ernst nehmen und, darauf aufbauend, eine andere Gesellschaft zu denken und diese in der Praxis auch zu erschaffen. Alles andere wäre, mit den Worten Lefebvres, reine Fiktion. Insofern,

auf zu neuen Ufern, denn unter dem Pflaster liegt der Strand!

Bibliographie

Siglenverzeichnis

h	**Henri Lefebvre**
hvq	Critique de la vie quotidienne (I: 1947, II: 1965), zit. nach der De. Übersetzung (1977c)
hmp	Métaphilosophie. Prolégomènes (1965), zit. nach der De. Übersetzung (1975 [1965])
hda	Henri Lefebvre ouvre le débat sur la théorie de l'autogestion (1966), zit. nach der Engl. Übersetzung (1966)
hdv	Le Droit à la ville (1968), zit. nach dem Franz. Original (1968)
hqm	La Vie quotidienne dans le monde moderne (1968), zit. nach der De. Übersetzung (1972 [1968])
his	L'irruption, de Nanterre au sommet (1968), zit. nach der De. Übersetzung (1969 [1968])
hru	La Révolution urbaine (1970), zit. nach der De. Übersetzung (1976 [1970])
hpe	La Production de l'espace (1974), zit. nach der Engl. Übersetzung (1991 [1974])
hme	A propos d'un nouveau modèle étatique (1979), zit. nach der Engl. Übersetzung (2001)
hcc	Du Contrat de citoyenneté (1990), zit. nach der Engl. Übersetzung (1990)
ec	**Ernesto Laclau & Chantal Mouffe**
ech	Hegemony and Socialist Strategy (1985), zit. nach der De. Übersetzung (1991 [1985])
ecp	Post-Marxism without Apologies (1991) zit. nach dem Engl. Original (1990)
e	**Ernesto Laclau**
enr	New Reflections on the Revolution of our Time (1990), zit. nach dem Engl. Original (1990)

ees Emancipation(s) (1996), zit. nach der De. Übersetzung (2007 [1996])
epr On Pupulist Reason (2007), zit. nach dem Engl. Original (2007b)
eip Ideologie und Post-Marxismus (2007), zit. nach vgl. (2007a)

c **Chantal Mouffe**
cdp The Democratic Paradox (2000), zit. nach der De. Übersetzung (2010 [2000])
cop On the Political (2005), zit. nach der De. Übersetzung (2007b)
ces Exodus und Stellungskrieg (2005), zit. nach vgl. (2009)
cpd Pluralismus, Dissens und demokratische Staatsbürgerschaft (2007), zit. nach vgl. (2007a)

Literaturverzeichnis

Adanali, Yasar Adnan (2013): *Istanbul brennt*, In: Le Monde diplomatique, Juli 2013, Berlin, S. 5.

AK Kritische Geographie Frankfurt (Hg.) (2012): *Wem gehört Frankfurt? Dokumentation des aktionistischen Kongresses vom März 2012*, organisiert aus dem »Wem gehört die Stadt?«-Netzwerk, Forum Humangeographie 9, Frankfurt a.M.

Altenried, Moritz (2012): *Aufstände, Rassismus und die Krise des Kapitalismus. England im Ausnahmezustand*, Münster, edition assemblage.

Arendt, Hannah (1958): *The Origins of Totalitarianism*, New York, Meridian Books.

– (1974): *Über die Revolution*, 2. Auflage, München, Piper.

Artus, Ingrid (Hg.) (2009): *Banlieues. Die Zeit der Forderungen ist vorbei*, Berlin/Hamburg, Assoziation A.

Balibar, Étienne (2006): *Sind wir Bürger Europas?*, Bonn, Bundeszentrale für politische Bildung.

Barnett, Clive (2004): *Deconstructing Radical Democracy: Articulation, Representation, and Being-with-Others*, In: Political Geography, 23(5), S. 503–528.

Baumeister, Biene & Zwi Negator (2005): *Situationistische Revolutionstheorie*, Stuttgart, Schmetterling Verlag.

Bedorf, Thomas (2010): Das Politische und die Politik. Konturen einer Differenz, In: Bedorf, Thomas & Kurt Röttgers (Hg.): *Das Politische und die Politik*, Berlin, Suhrkamp, S. 13–37.

Bedorf, Thomas & Kurt Röttgers (Hg.) (2010): *Das Politische und die Politik*, Berlin, Suhrkamp.

Belina, Bernd (2013): *Raum*, Münster, Westfälisches Dampfboot.

Belina, Bernd & Boris Michel (2007a): Raumproduktionen, In: Belina, Bernd & Boris Michel (Hg.)(2007): *Raumproduktionen. Beiträge der Radical Geography. Eine Zwischenbilanz*, Münster, Westfälisches Dampfboot, S. 7–34.

– (Hg.) (2007b): *Raumproduktionen. Beiträge der Radical Geography. Eine Zwischenbilanz*, Münster, Westfälisches Dampfboot.

Bergmann, Theodor (1994): *Arbeiterselbstverwaltung*, In: Historisch-kritischen Wörterbuch des Marxismus, http://www.inkrit.de, visited: 02.09.2013.

Berkman, Alexander (1923): *Die Kronstadt Rebellion*, http://www.anarchismus.at/anarchistische-klassiker/alexander-berkman/82-alexander-berkman-die-kronstadt-rebellion, visited: 19.08.2013

Bewernitz, Torsten (2005): *Update: Class War*, In: Diskus, 54(2), S. 21–25.

Birkner, Martin & Robert Foltin (2010): *(Post-)Operaismus. Von der Arbeiterautonomie zur Multitude. Geschichte & Gegenwart*, Theorie & Praxis, Stuttgart, Schmetterling.

Birke, Peter (2011): Zurück zur Sozialkritik. Von der »urbanen sozialen Bewegung« zum »Recht auf Stadt«, In: Holm, Andrej & Dirk Gebhardt (Hg.): *Initiativen für ein Recht auf Stadt: Theorie und Praxis städtischer Aneignungen*, Hamburg, VSA, S. 34–49.

Birke, Peter & Max Henninger (2012): *Krisen Proteste. Beiträge aus Sozial. Geschichte Online*, Berlin/Hamburg, Assoziation A.

Blume, Martha (2009): *Wir bleiben alle*, Broschüre zur Kampagne, Berlin, http://wba.blogsport.de/ images/wba2009.pdf, visited:11.07.2013.

Bookchin, Murray (1996): *The Third Revolution. Popular Movements in the Revolutionary Era*, Vol. 1, London, Cassell.

– (1998): *The Third Revolution. Popular Movements in the Revolutionary Era*, Vol. 2, London, Cassell.

– (2004): *The Third Revolution. Popular Movements in the Revolutionary Era*, Vol. 3, New York, Continuum.

– (2005): *The Third Revolution. Popular Movements in the Revolutionary Era*, Vol. 4, New York, Continuum.

– (2012 [1990]): *The Meaning of Confederalism*, The Anarchist Library, http://theanarchistlibrary.org/ library/murray-bookchin-the-meaning-of-confederalism.pdf, visited: 04.07.2013.

Bormann, Karl (2003): *Metahphysik*, Online-Wörterbuch Philosophie: Das Philosophielexikon im Internet, UTB, http://www.philosophie-woerterbuch.de/online-woerterbuch/, visited: 17.06.2013.

Bräuer, Holm (2003): *Ontologie*, Online-Wörterbuch Philosophie: Das Philosophielexikon im Internet, UTB, http://www.philosophie-woerterbuch.de/online-woerterbuch/, visited: 17.06.2013.

Brenner, Neil (2008): Henri Lefebvre's Critique of State Productivism, In: Goonewardena, Kanishka; Stefan Kipfer; Richard Milgrom & Christian Schmid (Hg.): *Space, Difference, Everyday Life. Reading Henri Lefebvre*, New York, Routledge, S. 231–249.

Brenner, Neil & Stuart Elden (2009a): Introduction State, Space, World. Lefebvre and the Survival of Capitalism, In: Brenner, Neil & Stuart Elden (Hg.) (2009): *State, Space, World. Henri Lefebvre Selected Essays*, Minneapolis, University of Minnesota Press, S. 1–48.

Brenner, Neil & Stuart Elden (Hg.) (2009b): *State, Space, World. Henri Lefebvre Selected Essays*, Minneapolis, University of Minnesota Press.

Brenner, Neil & Nik Theodore (Hg.) (2002): *Spaces of Neoliberalism. Urban Restructuring in North America and Western Europe*, Malden, Blackwell.

Brenner, Neil; Peter Marcuse & Margit Mayer (2009): *Cities for People, not for Profit*, In: City, 13(2/3), S. 176–184.

Brenner, Neil; Jamie Peck & Nik Theodore (2010): *After Neoliberalization?*, In: Globalizations, 7(3), S. 327–345.

Bröckling, Ulrich; Susanne Krasmann & Thomas Lemke (2000): Gouvernementalität, Neoliberalismus und Selbsttechnologien, In: Ulrich Bröckling; Susanne Krasmann & Thomas Lemke (Hg.): *Gouvernementalität der Gegenwart. Studien zur Ökonomisierung des Sozialen*, Frankfurt a. M., Suhrkamp, S. 7–40.

Burzan, Nicole (2007): *Soziale Ungleichheit. Eine Einführung in die zentralen Theorien*, 3. Aufl., Wiesbaden, VS.

Bürkner, Hans-Joachim (2011): Sozialraumliche Disparitaten und soziale Mischung: Aktuelle Diskurslinien in Forschung und gesellschaftlicher Praxis, In: Belina, Bernd; Norbert Gestring & Wolfgang Müller (Hg.): *Urbane Differenzen. Disparitäten innerhalb und zwischen Städten*, Münster Westf, Westfälisches Dampfboot, S. 16–42.

Busà, Alessandro (2009): *The Right to the City: The Entitled and the Excludes*, In: The Urban Reinventors Online Journal, 3, http://urbanreinventors.net/paper.php?issue=3&author=busa, visited:10.07.2013.

Butterwegge, Christoph; Bettina Lösch; Ralf Ptak & Tim Engartner (Hg.) (2007): *Kritik des Neoliberalismus*, Wiesbaden, VS.

Cacciari, Massimo (1999): *Pour un nouveau fédéralisme*, In: Krisis (Paris), 22, S. 105–110.

Calabi, Donatella (2008): *Storia dell'urbanistica europea. Questioni, strumenti, casi esemplari*, Milano, Bruno Mondadori.

Castells, Manuel (1977 [1973]): *Die kapitalistische Stadt. Ökonomie und Politik der Stadtentwicklung*, Hamburg, VSA.

– (1983): *The City and the Grassroots*, London, Arnold.

– (2012 [1972]): *Kampf in den Städten. Gesellschaftliche Widersprüche und politische Macht*, Hamburg, VSA.

Castles, Stephen & Alastair Davidson (2000): *Citizenship and Migration. Globalization and the Politics of Belonging*, New York, Routledge.

Castoriadis, Cornelius (2006): *Autonomie oder Barbarei*, Lich, Edition AV.

Celikates, Robin (2010): Ziviler Ungehorsam und radikale Demokratie. Konstituierende vs. konstruierte Macht?, In: Bedorf, Thomas &

Kurt Röttgers (Hg.): *Das Politische und die Politik*, Berlin, Suhrkamp, S. 274–300.

Critchley, Simon & Oliver Marchart (Hg.) (2004): *Laclau. A Critical Reader*, London/New York, Routledge.

Crouch, Colin (2008): *Postdemokratie*, Frankfurt a.M., Suhrkamp.

Danyluk, Roman (2012): *Befreiung und soziale Emanzipation. Rätebewegung, Arbeiterautonomie und Syndikalismus*, Lich, Edition AV.

Davies, Mike & Jules Dumas (2013): *Towards a Pan-African Network of Inhabitants Organizations*, In: Pambazuka News, 14.02.2013, Issue 616, http://pambazuka.org/en/category/advocacy/86213, visited: 23.08.2013.

Day, Richard J. F. (2005): *Gramsci is Dead. Anarchist Currents in the Newest Social Movements*, London, Pluto Press.

Demirović, Alex (2007): Hegemonie und diskursive Produktion der Gesellschaft, In: Nonhoff, Martin (Hg.): *Diskurs – radikale Demokratie – Hegemonie. Zum politischen Denken von Ernesto Laclau und Chantal Mouffe*, Bielefeld, transcript, S. 55–86.

– (2008): Leidenschaft und Wahrheit. Für einen neuen Modus der Kritik, In: Demirović, Alex (Hg.): *Kritik und Materialität*, Münster, Westfälisches Dampfboot, S. 9–40.

– (2009): *Rätedemokratie oder das Ende der Politik*, In: Prokla: Zeitschrift für kritische Sozialwissenschaft, 39(2), S. 1–28.

– (2013): *Multiple Krise, autoritäre Demokratie und radikaldemokratische Erneuerung*, In: Prokla, 43(2), S. 193–215.

Demirović, Alex; Julia Dück; Florian Becker & Pauline Bader (Hg.) (2010): *VielfachKrise. Im finanzmarktdominierten Kapitalismus*, In Kooperation mit dem Wissenschaftlichen Beirat von Attac, Hamburg, VSA.

Derrida, Jaques (1992): Forces of Law. The Mystical Foundation of Authority, In: Cornell, Drucilla; Rosenfeld, M.; Carlson, D. (Hg.): *Deconstruction and the Possibility of Justice*, New York, Routledge, S. 3–67.

Dikeç, Mustafa (2002): *Police, Politics, and the Right to the City*, In: GeoJournal, 58, S. 91–98.

– (2012): *Space as a Mode of Political Thinking*, In: Geoforum, 43(4), S. 669–676.

Dimitra, Vasilis, Paschalis & Evangelia (2011): »*Viele haben aufgehört in den Kategorien des Systems zu denken*«, ein Gespräch mit vier an den Protesten in Griechenland beteiligten Personen, Interview geführt von Daniel Mullis, In: Megafon, November 2011, http://rageo.twoday.net/stories/38824067/, visited: 23.06.2013.

Dominic (2013): *Sleepless in Istanbul V*, 10. Juli 2013, http://libcom.org/blog/sleepless-istanbul-v-10072013, visited: 11.07.2013.

Durgan, Andy & Joel Sans (2012): »Niemand repräsentiert uns«: Die Bewegung 15. Mai im spanischen Staat, In: Birke, Peter & Max Henninger (Hg.): *Krisen Proteste. Beiträge aus Sozial.Geschichte Online*, Berlin/Hamburg, Assoziation A, S. 133–153.

Dzudzek, Iris; Caren Kunze & Joscha Wullweber (Hg.) (2012): *Diskurs und Hegemonie. Gesellschaftskritische Perspektiven*, Bielefeld, transcript.

Elden, Stuart (2004a): *Understanding Henri Lefebvre. Theory and the Possible*, London/New York, Continuum.

Elden, Stuart (2004b): *Between Marx and Heidegger: Politics, Philosophy and Lefebvre's The Production of Space*, In: Antipode, 36(1), S. 86–105.

Elden, Stuart; Elizabeth Lebas & Eleonore Kofman (Hg.) (2003): *Henri Lefebvre. Key Writings*, New York/London, Continuum.

Engels, Friedrich (1845): *Die Lage der arbeitenden Klasse in England*, In: MEW (1972), Band 2, Berlin DDR, Dietz, S. 225–506.

– (1878): *Herrn Eugen Dühring‹s Umwälzung der Wissenschaft*, In: MEW (1962), Band 20, Berlin DDR, Dietz, S. 1–303.

Foucault, Michel (1984): Die Ethik der Sorge um sich als Praxis der Freiheit, In: Foucault, Michel (2005): *Analytik der Macht*, Frankfurt a.M., Suhrkamp, S. 274–300.

– (2006a): *Sicherheit, Territorium, Bevölkerung. Geschichte der Gouvernementalität I*, Vorlesung am Collège de France 1977 - 1978, Frankfurt a.M., Suhrkamp.

– (2006b): *Die Geburt der Biopolitik. Geschichte der Gouvernementalität II*, Vorlesung am Collège de France 1978 – 1979, Frankfurt a.M., Suhrkamp.

Füllner, Jonas & David Templin (2011): Stadtplanung von unten. Die »Recht auf Stadt«-Bewegung in Hamburg, In: Holm, Andrej & Dirk Gebhardt (Hg.): *Initiativen für ein Recht auf Stadt: Theorie und Praxis städtischer Aneignungen*, Hamburg, VSA, S. 79–104.

Gebhardt, Dirk & Andrej Holm (2011): Initiativen für ein Recht auf Stadt, In: Holm, Andrej & Dirk Gebhardt (Hg.): *Initiativen für ein Recht auf Stadt: Theorie und Praxis städtischer Aneignungen*, Hamburg, VSA, S. 7–24.

Geras, Norman (1987): *Post-Marxism?*, In: New Left Review, I(163), May-June, S. 40–82.

Gerhardt, Volker (2008): Nietzsche, In: Höffe, Otfried (Hg.): *Klassiker der Philosophie*, Band 2, München, Beck, S. 143–156.

Gilbert, Liette & Mustafa Dikeç (2008): Right to the City. Politics of Citizenship, In: Goonewardena, Kanishka; Stefan Kipfer; Richard Milgrom & Christian Schmid (Hg.): *Space, Difference, Everyday Life. Reading Henri Lefebvre*, New York, Routledge, S. 250–263.

Glasze, Georg (2012): Eine politische Konzeption von Räumen, In: Dzudzek, Iris, Caren Kunze & Joscha Wullweber (Hg.): *Diskurs und Hegemonie. Gesellschaftskritische Perspektiven*, Bielefeld, transcript, S. 151–171.

Gordon, Uri (2010), *Hier und Jetzt. Anarchistische Praxis und Theorie*, Hamburg, Nautilus.

Grell, Britta (2007): *Immigrant Rights Campaigns. Transnationale Migranten als Träger neuer städtischer sozialer Bewegungen*, In: Prokla, 37(4), S. 579–595.

Guarnizo, Luis Eduardo (2012): The Fluid, Multi-sclar, and Contradictory Construction of Citizenship, In: Smith, Michael P. & Michael McQuarrie (Hg.): *Remaking Urban Citizenship. Organizations, Institutions, and the Right to the City*, New Brunswick, Transaction, S. 11–35.

Guelf, Fernand Mathias (2010): *Die urbane Revolution. Henri Lefebvres Philosophie der globalen Verstädterung*, Bielefeld, transcript.

Gürsel, Duygu; Zülfukar Çetin & Allmende e.V. (Hg.) (2013): *Wer MACHT Demo_kratie? Kritische Beiträge zu Migration und Machtverhältnissen*, Münster, edition assemblage.

Harvey, David (1985): *The Urbanization of Capital*, Baltimore, John Hopkins University Press.

– (1989): *From Managerialism to Entrepreneurialism: The Transformation in Urban Governance in Late Capitalism*, In: Geografiska Annaler: Series B, Human Geography, 71(1), S. 3–17.

– (1991): *Afterword, to »The Production of Space« by Henri Lefebvre (1974)*, Oxford, Blackwell, S. 425–434.

– (2003): *Paris, Capital of Modernity*, New York, Routledge.

– (2003): *The Right to the City*, In: International Journal of Urban and Regional Research, 27(4), S. 939–941.

– (2005): *A Brief History of Neoliberalism*, Oxford, Oxford University Press.

– (2008): *The Right to the City*, In: New Left Review, 53, S. 23–40.

– (2009): *Wir müssen und das Recht auf Stadt zurückerobern*, In: Analyse & Kritik, Nr. 542.

– (2009 [1973]): *Social Justice and the City, Georgi*a, University of Georgia Press.

– (2012): *Rebel Cities. From the Right to the City to the Urban Revolution*, London, Verso.

Heeg, Susanne (2004): Globalisierung als catch-all-phrase für städtische Veränderungen? Das Wechselverhältnis zwischen global und lokal in Metropolen, In: Beerhorst, Joachim; Alex Demirović & Michael Guggemos (Hg.) (2004): *Kritische Theorie im gesellschaftlichen Strukturwandel*, Frankfurt a.M., Suhrkamp, S. 178–198.

Heeg, Susanne & Marit Rosol (2007): *Neoliberale Stadtpolitik im globalen Kontext. Ein Überblick*, In: Prokla: Zeitschrift für kritische Sozialwissenschaft, 37(4), S. 491–509.

Heidegger, Martin (2006 [1927]): *Sein und Zeit*, Tübingen, Max Niemeyer.

Holm, Andrej (2008): *Die Vergesellschaftung der Stadt. Neuordnungen des Städtischen in kapitalistischen Gesellschaften*, In: Marxistische Blätter, Nov. 2008.

– (2009): *Recht auf Stadt – Soziale Kämpfe in der neoliberalen Stadt*, Beitrag in der Veranstaltungsreihe »Die Stadt im Neoliberalismus« der Rosa-Luxemburg-Stiftung (Erfurt), https://gentrificationblog.wordpress.com/2009/07/29/recht-auf-stadt-soziale-kampfe-in-der-neoliberalen-stadt/, visited:10.07.2.

– (2010a): *Wir bleiben Alle!: Gentrifizierung – Städtische Konflikte um Aufwertung und Verdrängung*, Münster, Unrast.

– (2010b): Neuordnungen des Städtischen. Ungleiche Entwicklung des Raumes als Ausdruck und Folge von Krisendynamiken, In: Demirović, Alex; Julia Dück; Florina Becker & Pauline Bader (Hg.): *VielfachKrise. Im finanzmarktdominierten Kapitalismus*, In Kooperation mit dem Wissenschaftlichen Beirat von Attac, Hamburg, VSA, S. 199–210.

– (2011): *Das Recht auf die Stadt*, In: Blätter für deutsche und internationale Politik, 2011/8, S. 89–97.

Holm, Andrej & Dirk Gebhardt (Hg.) (2010): *Initiativen für ein Recht auf Stadt: Theorie und Praxis städtischer Aneignungen*, Hamburg, VSA.

Holm, Andrej; Klaus Lederer & Matthias Naumann (2011): Linke Metropolenpolitik für Berlin! Ein Ausblick, In: Holm, Andrej; Klaus Lederer & Matthias Naumann (Hg.): *Linke Metropolenpolitik. Erfahrungen und Perspektiven am Beispiel Berlin*, Westfälisches Dampfboot, Münster, S. 184–192.

Kastner, Jens (2011): Hegemonie, Alltag und »die langhaarigen und frenetischen Romantiker«. Antonio Gramsci und der Anarchismus, In: Kellermann, Philippe (Hg.): *Begegnungen feindlicher Brüder*, Unrast, Münster, S. 86–106.

– (2012): Platzverweise. Die aktuellen sozialen Bewegungen zwischen Abseits und Zentrum, In: Kastner, Jens; Lorey, Isabell; Rauning,

Gerald; Waibel, Tom (Hg.): *Occupy! Die aktuellen Kämpfe um die Besetzung des Politischen*, Wien/Berlin, Turia + Kant, S. 50–86.

Keil, Roger (2009): *The Urban Politics of roll-with-it Neoliberalization*, In: City, 13(2-3), S. 230–245.

Kipfer, Stefan (2008): How Lefebvre Urbanized Gramsci. Hegemony, Everyday Life, and Difference, In: Goonewardena, Kanishka; Stefan Kipfer; Richard Milgrom & Christian Schmid (Hg.): *Space, Difference, Everyday Life. Reading Henri Lefebvre*, New York, Routledge, S. 193–211.

– (2009): Why the Urban Question Still Matters: Reflections on rescaling and the Promises of the Urban, In: Keil, Roger & Rianne Mahon (Hg.): *Leviathan Undone?* UBC, Vancouver/Toronto, S. 67–83.

Kipfer, Stefan; Parastou Saberi & Thorben Wieditz (2012): *Henri Lefebvre: Debates and Controversies*, In: Progress in Human Geography, Mai 29, doi: 10.1177/0309132512446718.

Kofman, Eleonore & Elizabeth Lebas (1996a): Lost in Transposition: Time, Space and the City, In Kofman, Eleonore & Elizabeth Lebas (Hg.)(1996): *Writings on Cities*, Cambridge, Blackwell, S. 3–60.

Kofman, Eleonore & Elizabeth Lebas (Hg.) (1996b): *Writings on Cities*, Cambridge, Blackwell.

Kotti & Co (2012): *Merhaba, Salam und schönen guten Tag*, http://kottiundco.net/2012/08/03/merhaba-salam-und-schonen-guten-tag/, visited: 10.07.2013.

Kritidis, Gregor (2012): Die Demokratie in Griechenland zwischen Ende und Wiedergeburt, In: Birke, Peter & Max Henninger (Hg.): *Krisen Proteste. Beiträge aus Sozial.Geschichte Online*, Berlin/Hamburg, Assoziation A, S. 101–131.

Krüger, Karen (2013): *Was geht uns die Türkei an?*, In: FAZ Sonntagszeitung, Feuillton, 9. Juni 2013, S. 41.

Künkel, Jenny (2011): Soziale Kämpfe von SexarbeiterInnen gegen städtische Neoliberalisierung. Das Beispiel Madrid, In: Holm, Andrej & Dirk Gebhardt (Hg.): *Initiativen für ein Recht auf Stadt:*

Theorie und Praxis städtischer Aneignungen, Hamburg, VSA, S. 141–161.

Künkel, Jenny & Margit Mayer (Hg.) (2012): *Neoliberal Urbanism and its Contestations. Crossing Theoretical Boundaries*, Basingstoke, Palgrave Macmillan.

Laclau, Ernesto (1990): *New Reflections on the Revolution of our Time*, London/New York, Verso.

– (2007 [1996]): *Emanzipation und Differenz*, Wien, Turia + Kant.

– (2007a): Ideologie und Post-Marxismus, In: Nonhoff, Martin (Hg.): *Diskurs – radikale Demokratie – Hegemonie. Zum politischen Denken von Ernesto Laclau und Chantal Mouffe*, Bielefeld, transcript, S. 25–40.

– (2007b): *On Populist Reason*, London/New York, Verso.

Laclau, Ernesto & Chantal Mouffe (1990): Post-Marxism without Apologies, In: Laclau, Ernesto (Hg.): *New Reflections on the Revolution of our Time*, London/New York, Verso, S. 97–131.

– (1991 [1985]): *Hegemonie und radikale Demokratie. Zur Dekonstruktion des Marxismus*, Wien, Passagen.

Laika (Hg.) (2012): *Wenn die Toten erwachen. Die Riots in England 2011*, Hamburg, Laika.

Landauer, Gustav (1895): Friedrich Engels und die materialistische Geschichtsauffassung, In: Wolf, Siegbert (Hg.) (2009): *Gustav Landauer. Anarchismus*, Ausgewählte Schriften, Bd. 2, Lich, Edition AV, S. 176–179.

Lawrow, Pjotr L. (2003 [1880]): *Die Pariser Kommune vom 18. März 1871. Geschehnisse- Einfluss- Lehren*, Münster, Unrast.

Lefebvre, Henri (1959): Being a Communist, In: Elden, Stuart; Elizabeth Lebas & Eleonore Kofman (Hg.) (2003): *Henri Lefebvre. Key Writings*, New York/London, Continuum, S. 231–237.

– (1964): The Withering Away of the State: The Sources of Marxist-Leninist State Theory, In: Brenner, Neil & Stuart Elden (Hg.) (2009): *State, Space, World. Henri Lefebvre Selected Essays*, Minneapolis, University of Minnesota Press, S. 69–91.

- (1965): The Style of the Commune, In: Elden, Stuart; Elizabeth Lebas & Eleonore Kofman (Hg.) (2003): *Henri Lefebvre. Key Writings*, New York/London, Continuum, S. 188–189.
- (1966): Theoretical Problems of Autogestion, In: Brenner, Neil & Stuart Elden (Hg.) (2009): *State, Space, World. Henri Lefebvre Selected Essays*, Minneapolis, University of Minnesota Press, S. 138–152.
- (1968): *Le Droit à la ville*, Paris, Anthropos.
- (1969 [1968]): *Aufstand in Frankreich. Zur Theorie der Revolution in den hochindustrialsierten Ländern*, Frankfurt a.M./Berlin, Voltaire Handbücher, Band 7.
- (1972 [1968]): *Das Alltagsleben in der modernen Welt*, Frankfurt a.M., Suhrkamp.
- (1973): Space and Politics, In: Kofman, Eleonore & Elizabeth Lebas (Hg.)(1996): *Writings on Cities*, Cambridge, Blackwell, S. 185–202.
- (1975): *Hegel, Marx, Nietzsche ou le royaume des ombres*, Tournai, Casterman.
- (1975 [1965]): *Metaphilosophie. Prolegomena*, Frankfurt a.M., Suhrkamp.
- (1975 [1972]): *Die Stadt im marxistischen Denken*, Ravensburg, Otto Maier.
- (1976a): *De l'Etat. Tome 1. L'Etat dans le monde moderne*, Paris, Union générale d'éditions.
- (1976b): *De l'Etat. Tome 2. De Hegel à Marx par Staline. La Théorie marxiste de l'Etat*, Paris, Union générale d'éditions.
- (1976 [1970]): *Die Revolution der Städte*, Frankfurt a.M., Syndikat.
- (1977a): *De l'Etat. Tome 3. Le Mode de production étatique*, Paris, Union générale d'éditions.
- (1977b): *Die Produktion des städtischen Raumes*, Aus dem französischen übersetzter Vortrag vom 30. Mai 1975 in Strasbourg, In: An Architektur, 1(01), Juli 2002, S. 4–20.
- (1977c): *Kritik des Alltagslebens*, Band I und II, Kronberg, Athenäum.

– (1978a): *De l'Etat. Tome 4. Les contradictions de l'Etat moderne*, Paris, Union générale d'éditions.

– (1978b): The Worldwide Experience, In: Brenner, Neil & Stuart Elden (Hg.) (2009): *State, Space, World. Henri Lefebvre Selected Essays*, Minneapolis, University of Minnesota Press, S. 274–289.

– (1979a): *On the Situationist International*, Interview conducted and translated 1983 by Kristin Ross, http://slavepianos.org/rd/ut/rttcc.historical/text/Ross1997a.pdf, visited: 26.03.2012.

– (1979b): Space: Social Production and Use Value, In: Brenner, Neil & Stuart Elden (Hg.) (2009): *State, Space, World. Henri Lefebvre Selected Essays*, Minneapolis, University of Minnesota Press, S. 185–195.

– (1986): State, In: Elden, Stuart; Elizabeth Lebas & Eleonore Kofman (Hg.) (2003): *Henri Lefebvre. Key Writings*, New York/London, Continuum, S. 61–64.

– (1989): *Quand la ville se perd dans une métamorphose planétaire*, In: Le Monde diplomatique, Mai 1989, Paris, S. 16–17.

– (1990): From the Social Pact to the Contract of Citizenship, In: Elden, Stuart; Elizabeth Lebas & Eleonore Kofman (Hg.) (2003): *Henri Lefebvre. Key Writings*, New York/London, Continuum, S. 238–254.

– (1991 [1974]): *The Production of Space*, Oxford, Blackwell.

– (2001 [1979]): *Comments on a New State Form*, In: Antipode, 33 (5), S. 769–782.

Lefort, Claude (1990): Die Frage der Demokratie, In: Rödel, Ulrich (Hg.) (1990): *Autonome Gesellschaft und libertäre Demokratie*, Frankfurt a.M., Suhrkamp, S. 281–297.

Lenin, Wladimir I. (1917): *Staat und Revolution. Die Lehre des Marxismus vom Staat und die Aufgaben des Proletariats in der Revolution*, In: Wladimir Iljitsch Lenin Werke (1972), Band 25, Berlin DDR, Dietz, S. 393–507.

Lotta Continua (1972): *Nehmen wir uns die Stadt*, Schriften zum Klassenkampf Nr. 29, München, Trikont.

Malamatinas, John (2011): Die Krisenproteste in Griechenland, In: Hartmann, Detlef & John Malamatinas (Hg.): *Krisenlabor Griechenland. Finanzmärkte, Kämpfe und die Neuordnung Europas*, Berlin, Assoziation A, S. 13–41.

Marchart, Oliver (2002): *Kunst, Raum und Öffentlichkeit(en)*, In: transversal – EIPCP multilingual webjournal, 03(01), http://eipcp.net/transversal/0102/marchart/de.

– (2007): Politik und ontologische Differenz. Zum »streng Philosophischen« am Werk Ernesto Laclaus, In: Nonhoff, Martin (Hg.): *Diskurs – radikale Demokratie – Hegemonie. Zum politischen Denken von Ernesto Laclau und Chantal Mouffe*, Bielefeld, transcript, S. 103–121.

– (2010a): *Die politische Differenz*, Berlin, Suhrkamp.

– (2010b): Politische Theorie als Erste Philosophie. Warum der ontologischen Differenz die politische Differenz zugrunde liegt, In: Bedorf, Thomas & Kurt Röttgers (Hgg:): *Das Politische und die Politik*, Berlin, Suhrkamp, S. 143–158.

– (2013): *Das unmögliche Objekt. Eine postfundamentalistische Theorie der Gesellschaft*, Berlin, Suhrkamp.

Marx, Karl (1844): *Ökonomisch-philosophische Manuskripte*, In: MEW (1968), Band 40, Berlin DDR, Dietz, S. 465–588.

– (1845): *Thesen über Feuerbach*, In: MEW (1969), Band 3, Berlin DDR, Dietz, S. 5–7.

– (1859): *Zur Kritik der Politischen Ökonomie*, In: MEW (1961), Band 13, Berlin DDR, Dietz, S. 3–160.

– (1867): *Das Kapital*, Band 1, In: MEW (1962), Band 23, Berlin DDR, Dietz, S. 11–802.

– (1871): *Der Bürgerkrieg in Frankreich*, In: MEW (1973), Band 17, Berlin DDR, Dietz, S. 319–365.

Marx, Karl & Friedrich Engels (1846): *Die deutsche Ideologie*, In: MEW (1969), Band 3, Berlin DDR, Dietz, S. 5-530.

– (1848): *Manifest der Kommunistischen Partei*, In: MEW (1959), Band 4, Berlin DDR, Dietz, S. 459–493.

Massey, Doreen (1992): Politik und Raum/Zeit, In: Belina, Bernd & Boris Michel (Hg.)(2007): *Raumproduktionen. Beiträge der Radical Geography. Eine Zwischenbilanz*, Münster, Westfälisches Dampfboot, S. 111–132.

– (1995): *Thinking Radical Democracy Spatially*, In: Environment and Planning D: Society and Space, 13, S. 283–288.

Mayer, Margit (1987): *Städtische Bewegungen in den USA: ›Gegenmacht‹ und Inkorporierung*, In: Prokla, 17(3), S. 73–89.

– (2011): Recht auf die Stadt-Bewegungen in historisch und räumlich vergleichender Perspektive, In: Holm, Andrej & Dirk Gebhardt (Hg.): *Initiativen für ein Recht auf Stadt: Theorie und Praxis städtischer Aneignungen*, Hamburg, VSA, S. 53–77.

Mayer, Margit & Jenny Künkel (2012): Introduction: Neoliberal Urbanism and its Contestations- Crossing Theoretical Boundaries, In: Künkel, Jenny & Margit Mayer (Hg.) (2012): *Neoliberal Urbanism and its Contestations. Crossing Theoretical Boundaries*, Basingstoke, Palgrave Macmillan, S. 3–26.

McDonough, Tom (2009): *The Situationists and the City*, London/New York, Verso.

Kuymulu, Mehmet Bariş (2013): *Reclaiming the Right to the City: Reflections on the Urban Uprisings in Turkey*, In: City, 17 (3), S. 274–278.

Merrifield, Andy (2002a): *Metromarxism. A Marxist Tale of the City*, New York, Routledge.

– (2002b): *Dialectical Urbanism. Social Struggles in the Capitalist City*, New York, Monthly Review Press.

– (2006): *Henri Lefebvre. A Critical Introduction*, New York, Routledge.

– (2011): *The Right to the City and Beyond. Notes on a Lefebvrian Re-Conceptualization*, In: City, 15(3-4), S. 473–481.

Meyer, Liselotte (2013): *Zwangsräumungen gemeinsam verhindern!*, http://zwangsraeumungverhindern. blogsport.de/images/zrv_flyer_allgemein_a4.pdf, visited:11.07.2013.

Mezzadra, Sandro (Hg.) (2004): *Cittadinanza. Soggetti, ordine, diritto*, Bologna, CLUEB.

Mitchell, Don (2003): *The Right to the City. Social Justice and the Fight for Public Space*, New York, Guilford.

Mitscherlich, Alexander (1965): *Die Unwirtlichkeit unserer Städte. Anstiftung zum Unfrieden*, Frankfurt a. M, Suhrkamp.

Mouffe, Chantal (2007a): Pluralismus, Dissens und demokratische Staatsbürgerschaft, In: Nonhoff, Martin (Hg.): *Diskurs – radikale Demokratie – Hegemonie. Zum politischen Denken von Ernesto Laclau und Chantal Mouffe*, Bielefeld, transcript, S. 41–54.

– (2007b): *Über das Politische. Wider die kosmopolitische Illusion*, Frankfurt a.M., Suhrkamp.

– (2009): *Exodus und Stellungskrieg. Die Zukunft radikaler Politik*, Wien, Turia + Kant.

– (2010 [2000]): *Das demokratische Paradox*, Wien, Turia + Kant.

Mörtenböck, Peter & Helge Mooshammer (2012): *Occupy. Räume des Protests*, Bielefeld, transcript.

Mümken, Jürgen (2012): *Die Ordnung des Raumes. Foucault, Bio-Macht, Kontrollgesellschaft und die Transformation des Raumes in der Moderne*, Lich, Edition AV.

Neubert, Harald (2001): *Antonio Gramsci: Hegemonie – Zivilgesellschaft – Partei*. Eine Einführung, Hamburg, VSA.

nion (2009): *Not In Our Name, Marke Hamburg!*, http://buback.de/nion/, visited:10.07.2013.

Nonhoff, Martin (2007): Diskurs - radikale Demokratie - Hegemonie, In: Nonhoff, Martin (Hg.): *Diskurs - radikale Demokratie - Hegemonie. Zum politischen Denken von Ernesto Laclau und Chantal Mouffe*, Bielefeld, transcript, S. 7–24.

Opratko, Benjamin (2012a): *Hegemonie. Politische Theorie nach Antonio Gramsci*, Münster, Westfälisches Dampfboot.

Opratko, Benjamin (2012b): Ein theoretischer Universalschlüssel? Zur Ontologisierung des Hegemoniebegriffs bei Laclau und Mouffe, In: Dzudzek, Iris; Kunze, Caren; Wullweber, Joscha (Hg.): *Diskurs und*

Hegemonie. Gesellschaftskritische Perspektiven, Bielefeld, transcript, S. 59–83.

Peck, Jamie & Adam Tickell (2002): *Neoliberalizing Space*, In: Antipode, 34(4), S. 380–404.

Pereira, Eduardo (2013): *Umkämpfter Raum Spektakel und Gewalt*, Interview geführt von Sarah Lempp, In: Analyse & Kritik, Nr. 585, 14. August 2013, S. 8–9.

Polizei Hamburg (Hg.) (2014): *140103-3. Wiederholte Angriffe auf Polizeibeamte und polizeiliche Einrichtungen – Polizei Hamburg richtet Gefahrengebiet ein*, Pressemitteilung vom 03.01.2014, http://www.hamburg.de/clp/polizeimeldungen/clp1/polizeipresse/pm/6337/2632317/pol-hh-140103-3-wiederholte-angriffe-auf-polizeibeamte-und-polizeiliche-einrichtungen-polizei, visited: 15.01.2014.

Purcell, Mark (2002): *Excavating Lefebvre: The Right to the City and its Urban Politics of the Inhabitant*, In: GeoJournal, 58, S. 99–108.

– (2008): *Recapturing democracy. Neoliberalization and the struggle for alternative urban futures*, New York, Routledge.

Rancière, Jacques (1997): Demokratie und Postdemokratie, In: Riha, Rado (Hg.): *Politik der Wahrheit*, Wien, Turia + Kant, S. 94–122.

Rentsch, Thomas (2008): Heidegger, In: Höffe, Otfried (Hg.): *Klassiker der Philosophie*, Band 2, München, Beck, S. 242–257.

Ronneberger, Klaus (2009): Henri Lefebvre and the Question of Autogestion, In: Bitter, Sabine & Helmut Weber, (Hg.): *Autogestion, or Henri Lefebvre in New Belgrade*, Vancouver, Sternberg Press, S. 89–116.

– (2011): Das Recht auf die Stadt, In: *»Wem gehört die Stadt?«, Die Zeitung zum Aktionstag am 11. Juni 2011*, Frankfurt a.M., S. 5.

Roth, Karl Heinz (2012): *Griechenland: was tun?*, Hamburg, VSA.

Sagris, Tasos; Void Network & Laboratory for Cosmo-Political Consciousness (2010): Die Straße hat ihre eigene Geschichte, In: Schwarz, A.; Tasos, Sagris; Void Network: *Wir sind ein Bild der Zukunft – auf der Strasse schreiben wir Geschichte. Texte aus der griechischen Revolte*, Hamburg, Laika, S. 13–14.

Sassen, Saskia (1994): *The Global City: New York, London, Tokyo*, New Yersey, Princeton University Press.

– (2003): *The Participation of States and Citizens in Global Governance*, In: Indiana Journal of Global Legal Studies, 10(1), S. 5–28.

– (2005): *The Repositioning of Citizenship and Alienage: Emergent Subjects and Spaces for Politics*, In: Globalizations, 2(1), S. 79–94.

Schardt, Jürgen (2012): *Das bundesdeutsche Vergleichsmietensystem und der Frankfurter Mietspiegel 2010*, Forum Humangeographie 8, Frankfurt a.M.

Schmid, Christian (2005): *Stadt, Raum, Gesellschaft: Henri Lefebvre und die Theorie der Produktion des Raumes*, München, Franz Steiner.

– (2011): Henri Lefebvre und das Recht auf die Stadt, In: Holm, Andrej & Dirk Gebhardt (Hg.): *Initiativen für ein Recht auf Stadt: Theorie und Praxis städtischer Aneignungen*, Hamburg, VSA, S. 25–52.

Schmitt, Carl (1932 [2009]): *Der Begriff des Politischen*, Berlin, Duncker & Humblot.

Schneider, Marc Dieter (Hg.) (1971): *Die Pariser Kommune 1871. Texte von Marx, Engels, Lenin und Trotzki*, Band II, Reinbeck bei Hamburg, Rowohlt.

Schwarz, A.; Tasos Sagris & Void Network (2010): *Wir sind ein Bild der Zukunft – auf der Straße schreiben wir Geschichte. Texte aus der griechischen Revolte*, Hamburg, Laika.

Shafer, David A. (2005): *The Paris Commune*, New York, Palgrave.

Shmuely, Andrew (2008): Totality, Hegemony, Difference. Henri Lefebvre and Raymond Williams, In: Goonewardena, Kanishka; Stefan Kipfer; Richard Milgrom & Christian Schmid (Hg.): *Space, Difference, Everyday Life. Reading Henri Lefebvre*, New York, Routledge, S. 212–230.

Sim, Stuart (2011): *›Post‹ or ›Past‹?: Does Post-Marxism Have Any Future?*, In: Global Discourse. Online Journal, 2(1), http://global-discourse.com/contents/%E2%80%98post%E2%80%99-or-%E2%80%98past%E2%80%99-does-post-marxism-have-any-future-by-stuart-sim/, visited: 23.03.2012.

Situationistische Internationale (1966): *Über das Elend im Studentenmilieu*, übersetzt von Pierre Gallissaires, Straßburg, http://www.bildungskritik.de/Texte/ElendStudenten/elendstudenten.htm, visited: 30.01.2012.

Smith, Michael P. & Michael McQuarrie (Hg.) (2012): *Remaking Urban Citizenship. Organizations, Institutions, and the Right to the City*, New Brunswick, Transaction.

Sousa Santos, Boaventura de (1995): *Toward a New Common Sense: Law, Science and Politics in the Paradigmatic Transition*, New York, Routledge.

Souza, Marcelo Lopes de (2009): *Cities for People, not for Profit - from a Radical-Libertarian and Latin American Perspective*, In: City, 13(4), S. 484–492.

– (2010): *Which Right to which City? In Defence of Political-Strategic Clarity. Response to David Harvey*, In: Interface: a journal for and about social movements, 2(1), S. 315–333.

Stäheli, Urs (2000): *Poststrukturalistische Soziologien*, Bielefeld, transcript.

Stowasser, Horst (2006): *Anarchie. Idee – Geschichte – Perspektiven*, Hamburg, Nautilus.

Swyngedouw, Erik (2011): *Interrogating Post-Democratization: Reclaiming Egalitarian Political Spaces*, In: Political Geography, 30(7), S. 370–380.

Tan, Pelin (2011): Istanbul: Widerstand im Stadtteil und gegenkulturelle Räume, In: Holm, Andrej & Dirk Gebhardt (Hg.): *Initiativen für ein Recht auf Stadt: Theorie und Praxis städtischer Aneignungen*, Hamburg, VSA, S. 271–282.

Thatcher, Margaret (1987): *Aids, Education and the Year 2000!*, Interview geführt von Douglas Keay, In: Woman's Own, 31 October 1987, S. 8–10.

Thomassen, Lasse (2005): *Reading Radical Democracy: A Commentary on Clive Barnett*, In: Political Geography, 24(5) (5), S. 631–639.

Triantafyllopoulou, Eleni & Anastasia Chani (2011): *Socio-Spatial Transformations in Urban Landscape: Athens, a Capital in Crisis*, Paper auf der Konferenz »Space and Place – Exploring critical

Issues«, 6.-8. Nov., Prag, http://www.inter-disciplinary.net/wp-content/uploads/2011/10/chanisppaper.pdf, visited: 11.07.2013.

Tushnet, Mark (1984): *An Essay on Rights*, In: Texas Law Review, 62(8), S. 1363–1416.

Vogelpohl, Anne (2011): *Städte und die beginnende Urbanisierung. Henri Lefebvre in der aktuellen Stadtforschung*, In: Raumforschung und Raumordnung, 69 (4), S. 233–243.

Waite, Geoffrey (2008): Lefebvre without Heidegger. »Left-Heideggerianism« qua contradictio in adiecto, In: Goonewardena, Kanishka; Stefan Kipfer; Richard Milgrom & Christian Schmid (Hg.): *Space, Difference, Everyday Life. Reading Henri Lefebvre*, New York, Routledge, S. 94–114.

Wiegand, Felix (2013): *David Harveys urbane Politische Ökonomie. Ausgrabungen der Zukunft marxistischer Stadtforschung*, Münster, Westfälisches Dampfboot.

Wuchterl, Kurt (2003): *Existenzphilosophie*, Online-Wörterbuch Philosophie: Das Philosophielexikon im Internet, UTB, http://www.philosophie-woerterbuch.de/online-woerterbuch/, visited: 01.07.2013.

Wullweber, Joscha (2012): Konturen eines politischen Analyserahmens. Hegemonie, Diskurs und Antagonismus, In: Dzudzek, Iris; Kunze, Caren; Wullweber, Joscha (Hg.): *Diskurs und Hegemonie. Gesellschaftskritische Perspektiven*, Bielefeld, transcript, S. 29–58.

WSF (2005): *World Charter for the Right to the City*, World Social Forum, http://urbanreinventors.net /3/wsf.pdf, visited: 12.01.2011.

Zibechi, Raúl (2011): *Territorien des Widerstandes. Eine politische Kartografie der urbanen Peripherien Lateinamerikas*, Berlin, Assoziation A.